러일 전쟁 당시 조선에 대한 보고서

: 1899~1905년 사이의 격동과 성장

KOREA

BY

ANGUS HAMILTON

WITH MAP AND ILLUSTRATIONS

NEW YORK
CHARLES SCRIBNER'S SONS
1904

017
그들이 본 우리
Korean Heritage Books

러일 전쟁 당시
조선에 대한 보고서
: 1899~1905년 사이의 격동과 성장

앵거스 해밀튼 지음
이형식 옮김

살림

'그들이 본 우리' ─ 상호 교류와 소통을 위한 실측 작업

우리는 개화기 이후 일방적으로 서구문화를 수용해왔습니다. 지금 세계는 문화의 일방적 흐름이 극복되고 다문화주의가 자리 잡는 등 세계화라는 다른 물결 속에 있습니다. 이제 우리가 주체적으로 우리의 문화를 타자에게 소개함에 있어 진정한 의미에서의 상호 소통을 통한 상호 이해가 필요함은 주지의 사실입니다. 그리고 타자와 소통하기 위한 첫걸음은 그들의 시선에 비친 자신의 모습에 대한 진지한 탐색입니다. 번역은 바로 상호 교류를 통해 자신의 정체성을 확보하기 위한 작업이며, 이는 당대의 문화공동체, 국가공동체 경영을 위해 중요한 과제 중의 하나입니다. 우리가 타자에게 한 걸음 다가가기 위해서는 타자와 우리의 거리를 정확히 인식하여 우리의 보폭을 조절해야 합니다. 그런 의미에서 서구가

5

바라보았던 우리 근대의 모습을 '번역'을 통해 되새기는 것은 서로의 거리감을 확인하면서 동시에 서로에게 다가가기 위한 과정입니다.

한국문학번역원이 발간해 온 〈그들이 본 우리〉 총서는 바로 교류와 소통의 집을 짓기 위한 실측 작업입니다. 이 총서에는 서양인이 우리를 인식하고 표현하기 시작한 16세기부터 20세기 중엽까지의 우리의 모습이 그들의 '렌즈'에 포착되어 기록되어 있습니다. 그들이 묘사한 우리의 모습을 지금 다시 읽는다는 것에는 이중의 의미가 있습니다. 우선 우리는 그들이 묘사한 우리의 근대화 과정을 통해 과거의 우리를 확인할 수 있습니다. 하지만 이 작업은 다른 면에서 지금의 우리가 과거의 우리를 바라보는 깨어 있는 시선에 대한 요청이기도 합니다. 지금의 우리와 지난 우리의 거리를 간파할 때, 우리가 서 있는 현재의 입지에 대한 자각이 생긴다고 할수 있습니다. 이런 의미에서 이 총서는 시간상으로 과거와 현재, 공간상으로 이곳과 그곳의 자리를 이어주는 매개물입니다.

이 총서를 통해 소개되는 도서는 명지대-LG연암문고가 수집한 1만여 점의 고서 및 문서, 사진 등에서 엄선되었습니다. 한국문학번역원은 2005년 전문가들로 도서선정위원회를 구성하고 많은 논의를 거쳐 상호 이해에 기여할 서양 고서들을 선별하였으며, 이

제 소중한 자료들이 번역을 통해 일반인들에게 다가감으로써 우리의 문화와 학문의 지평을 넓혀줄 것으로 기대합니다. 한국문학번역원은 이 총서의 발간을 통해 정체성 확립과 세계화 구축을 동시에 이루고자 합니다. 우리 문학을 알리고 전파하는 일을 핵심으로 하는 한국문학번역원은 이제 외부의 시선을 포용함으로써 상호 이해와 소통이 현실적으로 가능하도록 더욱 노력하겠습니다.

끝으로 이 총서가 세상에 나오게 힘써주신 여러분들께 감사드립니다. 특히 명지학원 유영구 이사장님과 명지대-LG연암문고 관계자들, 도서 선정에 참여하신 명지대 정성화 교수님을 비롯한 여러 선생님들, 번역자 여러분들, 그리고 출판을 맡은 살림출판사에 감사드립니다.

2009년 5월
한국문학번역원장 김주연

서론

현재의 위기가 전쟁으로 귀결되는 것은 너무나 당연한 일이다. 그러나 마찬가지로 그보다 불확실한 일도 없다. 대치하고 있는 지역이 극동에 국한되지 않고, 일본과 대치하는 강대국이 러시아가 아니라면 전쟁 발발은 확실하게 예측될 수 있다. 그러나 러시아의 경우 만주에서의 전략적 위치에 대한 고려로 인해 움직임에 엄청난 영향을 받는다. 전사(戰史)를 잘 알고 있지 못한 사람들뿐 아니라 이 상황에 대한 폭넓은 지식을 가지고 있지 못한 사람들 모두에게 러시아가 처한 위치는 매우 강한 관심을 불러일으킨다. 모스크바를 향한 나폴레옹의 진격을 제외한다면 만주와 조선에서 러시아가 처한 과제에 해당할 만한 결과를 낳은 전쟁은 전쟁사에 없다. 더구나 러시아가 바다에서 차지하고 있는 위치도 육지에 비해 그다지 나을 게 없다. 육지에서는 적지를 관통하는 단선 철로가 뤼순(旅順)[1]에서 끝난다. 바다에서는 블라디보스토크가 기후 때문에 접근이 불가능해지면서 위치상으로도 고립되어 있다. 블라디보스토크와 뤼순이라는 두 지점은 러시아가 만주에서 점유하고 있는 전략적 위치의 절박함을 규정한다. 이 시점에서 블라디보스토크를 특별한 고려에서 제외한다면 뤼순은 가능성이 열려 있는 유일한 수이다. 따라서 후미에 단 하나의 커뮤니케이션 수단을 가진 뤼순은 작전의 중추가 된다.

바다에서 본 뤼순의 면모는 구미가 당기지 않는다. 랴오둥(遼東) 반도를 갈라놓은 산맥들의 지류인 험준한 산들은 만(灣) 주위에 몰려 있고 나무나 식물이 없이 해변을 잠식하면서 헐벗고 황량한 분위기를 풍긴다. 항구의 갑(岬) 내에는 해변의 굴곡을 따라 몇 개의 만이 있는데, 수심이 얕고 별 볼 일 없지만 때가 되면 현재 항구가 소유하고 있는 얼마 안 되는 심해에 중요한 부속물이 될 것이다. 준설 작업이 시행되었지만 너무나 작업이 힘들어 현재의 제한된 능력에 뭔가 보탬이 되려면 많은 세월이 걸릴 것이다. 항구

---

1 중국 랴오둥 반도의 항구 도시: 지금은 다롄(大連)과 통합되어 뤼다(旅大)시를 형성하고 있다.

로 쏟아지는 강물에 씻겨온 진흙이 이미 심해 지역에 영향을 미쳤고, 항구가 건설된 이래로 이 침전물들은 해안의 깊은 지역을 상당히 잠식해 왔다. 부두의 60피트 내에 정박하는 증기선들은 한 자가 약간 넘는 물에서 펄 위에 놓여 있게 되고, 공간이 너무 작아 12척의 배가 항구에 편안하게 정박하는 것이 불가능할 정도이다. 증기선의 크기가 중국이나 일본에서 뤼순에 들르는 작은 연안 무역선보다 조금이라도 클 경우에는 입구에서 닻을 내리고 정크선이나 거룻배로 짐을 내리고 실어야 한다. 함대의 필요와 관련해서도 뤼순은 크기가 충분하지 않다. 순양함이 보급품을 실을 때 군함들은 바깥에 정박해 있어야 하는데, 이것은 비상 시기에는 분명히 불편한 것이다. 뤼순의 필요만을 특히 충족시킬 수 있도록 당국에서 상업적인 도크와 부두를 갖춘 신도시를 다롄—요새로부터 몇 마일 떨어지고 파티언 완(Patien-wan) 만 내에 있는—에 건설한 것은 바로 이러한 이유에서이다.

뤼순은 해군 기지가 성공적으로 구성될 수 있도록 하는 데 필수적인 요소를 모두 갖추고 있다. 약간 약하고 부실하지만 드라이 도크는 길이 385피트, 깊이 34피트, 폭 80피트이며, 해군 도크는 주 항구에서 증기선이 사용할 수 있는 전체 면적과 맞먹는다. 항구의 만에서의 준설 작업이 완성되면 평균 4자의 수심이 확보될 것으로 희망하고 있다. 이처럼 체계적으로 수심을 확보하게 되면 1평방 마일이 넘는 수면 정박지가 함대에 생기게 될 것이지만, 작업이 완성될 때까지는 성공적인 해군 기지로서 뤼순의 가치는 난공불락의 기지로서 지금 누리고 있는 명성보다는 훨씬 못할 것이다.

뤼순에는 작은 연병장, 사격장, 포 연습장, 어뢰 보관소, 훈련장이 있는데 만을 개방하면 확대될 것이다. 또한 섬광 기지와 각종 학교(어뢰, 포, 전신)가 있으며 해군 도크 주변과 해군 연병장 내에 건설된 무기고와 작업장은 시설을 완비하였다. 그러나 이 모든 것들은 러시아가 뤼순을 점령하면서 러시아에 넘어갔다. 그리고 현재 이 모든 것들은 러시아가 이 항구를 소유하면서 얻게 될 이점을 과소평가하는 것이 얼마나 불가능한지, 그리고 솔즈베리 경이 그것의 강탈을 묵인하면서 저지른 실수가 얼마나 엄청난 것인가를 보여주는 역할을 하고 있다.

지금까지 러시아는 방어진을 제외하고는 뤼순에 더 보탠 것이 없다. 부대는 주로 낡은 중국의 가옥이나 예전 중국 군인들의 막사에 수용되어 왔고, 방어라는 더 중요한 임무 때문에 다른 업무는 약간 등한시되어 왔다. 그러나 지금은 훌륭한 막사가 건축 중이며, 전쟁이 일어나지 않으면 몇몇 만의 해변과 언덕에 풍부한 숙소가 곧 마련될 것으로 기대되고 있다. 방어진은 정말 굉장하다. 중국인들이 살던 시대에 존재했던 요새는 거의 남아 있지 않다. 러시아 정부가 소유를 시작한 이래로 방어진의 반경을 넓히는 것과 요새를 강화하는 작업은 끊임없이 지속되어 온 일이었다. 러시아 당국이 일을 대충 끝내지는 않을 것이라는 것은 확실하다. 뤼순을 얻었으니 그것을 지켜내려고 하는 것이다. 항구 입구 오른쪽에 바로 솟아 있는 절벽 위에는 21인치 크럽(Krupp) 포 6문의 포대로 이루어진 유리한 고지가 있다. 그것은 항구 몇 피트 위에 있는 요새의 보강을 받고 있는데, 이곳은 정면을 내려다보는 10인치 크럽포 8문으로 이루어져 있다. 맞은편 갑에는 비슷한 고도에 동일한 포대를 갖춘 두 개의 비슷한 요새가 있으며, 항구 내의 지뢰밭은 두 개의 저지대 진지에서 통제한다. 산을 남쪽과 북쪽으로 따라가면 다른 요새들도 나온다. 특히 큰 요새는 산맥의 최고 꼭대기에 위치하고 있는데, 가장 높은 위치에서 바다를 굽어보며 상당한 거리에서 항구에 접근하고 있다. 이 포들의 특징을 간파할 수는 없지만 포의 위치, 요새의 범위, 그리고 그 역할로 보아 500파운드의 포탄을 발사할 수 있는, 적어도 27톤급의 포일 것이다. 요새의 내부 또한 그에 못지않게 막강하며, 뤼순은 포격만으로는 결코 함락시킬 수 없을 뿐 아니라 육로로 공격하는 부대도 러시아인들이 자신의 측면과 목을 지키는 유리한 위치로 인해 심각한 피해를 입게 될 것이다. 그러나 현재는 수비대에 있는 군인들에게 야포가 부족하고, 게다가 최근에 건설된 요새 중 많은 곳에서는 포가 없다. 이곳 전체가 너무나 요새화되어 있어서 실제 러시아 병력을 배치하는데 있어서 궁극적으로는 약점이 될 수 있다는 의견도 조심스럽게 제기될 수 있다.

물론 제해권(制海權)을 위한 싸움은 육상 공격에 우선해야 한다. 일본은 이미 일본의 수비대 타운이 된 부산과, 러시아와 공동 소유권을 다투고 있는 항구인 마산으로부터 증기선으로 15시간 내에 있다. 일본과 조선 사이의 해협은 거리가 200마일밖에 되지 않는 반면 러시아의 가장 가까운 항구는 900마일 떨어진 뤼순과 1,200마일 떨어진 블라디보스토크이다. 따라서 일본 군대가 상륙하는 것은 만주가 아니라 조선이 될 것이다. 일단 조선에 자리를 잡으면 일본은 대등한 조건에서 제해권을 다툴 수 있게 될 것이다. 이 점에서 일본이 수많은 어뢰정을 갖추게 된다는 것은 일본에 분명한 이점을 주게 될 것이다. 왜냐하면 러시아 함대가 움직임을 저지하려고 할 경우 일본에게는 어뢰정을 사용할 능력이 있기 때문이다. 피해를 복구할 장비가 없기 때문에 러시아 함대는 가능한 한 심각한 접전을 피하려고 할 것이 분명하다. 이 점에서 러시아가 일본보다 우위를 선점하기는 어려울 것이다. 많은 순양함을 진수

시킨 요코스카(橫須賀)에는 넓은 조선소가 있고, 일본은 또한 쿠레(吳)와 나가사키(長崎)에 대형 선박이 정박할 수 있는 도크를 가지고 있다. 모두 합쳐서 일본은 길이가 400피트 이상인 도크 6개 정도를 즉시 가동할 수 있고, 숙련된 정비공과 일반 기술자들을 부릴 수 있다. 뤼순은 겨울철 전쟁시에 러시아가 극동에서 사용할 수 있는 해군기지라는 실용적 목적으로 접근해야 할 것이다.

블라디보스토크는 실제로 사용하기에는 너무 멀리 떨어져 있다. 그러나 러시아는 이 항구에 대규모 드라이 도크와 301피트의 떠 있는 도크를 건설했고, 두번째 드라이 도크도 놓여졌다. 이처럼 러시아가 서로 떨어진 외딴 기지를 가지고 있는데 비해 일본은 자기 나라 해변의 다음 지역에 해군 기지, 무기고, 도크를 가지고 있다.

요코스카: 무기고, 조선대와 드라이 도크
쿠레: 무기고, 조선대, 드라이 도크, 갑판 작업소
사세보: 무기고
마이즈루: 새로운 도크장
나가사키: 세 개의 도크
다케시마: 석탄기지, 해군기지
오미나토: 기지 혹은 작은 함정

고베: 어뢰 수리창

마츠마이: 재설치 기지

이 전쟁에서 일본과 러시아가 구축하게 될 함대는 가공할 만하며, 지난 몇 달 동안 양국은 함대의 위력을 기르기 위해 힘든 노력을 해왔다.

1903년 1월 러시아 태평양 함대의 총 톤수는 전함 페레스비에트, 페트로파블로브스크, 폴타바, 세바스토폴 그리고 순양함 로시아, 그로모보이, 루리크, 그리고 다른 작은 선박을 포함하여 8만 7,000톤이었다.

3월에는 발트 해에서 순양함 아스콜드가 도착한 덕분에 톤수가 9만 3,000톤으로 올라갔다.

5월에는 순양함인 디아나, 팔라다, 노빅 그리고 전함 레트비잔이 합세했다.

6월에는 순양함 보가티르와 보야린이 등장했다.

7월에는 전함 프로블레다가 도착했다.

11월에는 전함 차레비치와 순양함 바얀이 러시아의 힘을 보태 주었다.

12월에는 전함 오슬랴비야, 장갑 순양함 디미트리 돈스코이, 그리고 엄호를 받는 순양함 오로라와 알마즈, 11척의 어뢰정이 도착했다.

1904년 1월에는 전함 알렉산더 황제 3호가 발트 해를 떠나 극동으로 왔다.

러시아는 불리한 조건 하에서도 이 지역에서 자신의 입지를 확보하려 애써왔다. 제한된 조선 능력과 불리한 지리적 위치로 인해 러시아는 일본처럼 태평양 함대를 추가하는 기회를 그동안 잡지 못했다. 실제로 그런 것은 아니지만 사실상 러시아는 네 개의 함대를 유지할 수밖에 없다. 불행하게도 각각은 서로 수백 마일씩 떨어져 고립되어 있다. 해군 함대는 발트 해, 흑해, 카스피 해, 그리고 태평양에 집중되어 있다. 태평양 함대는 최근에 설립했으며 가장 현대적으로 구축되었다. 그것은 러시아의 해군 증강 정책이 시작되었던 1898년으로 거슬러 올라간다. 프랑스, 독일, 미국에서 순양함과 전함에 대한 수주가 이루어졌으며, 석탄은 카디프에서 구입했고, 짧은 시간에 강력한 함대의 핵이 생기게 되었다. 현재 이 새로운 군함들은 여러 가지 평가에서 결함이 있는 것으로 드러났고, 수백 명의 정비사, 포수, 기술자들을 흑해 함대에서 빼내 태평양 함대에서 근무하도록 배치했으며, 이들은 시베리아 횡단 철도를 통해 흑해에서 태평양으로 이동하고 있다. 현재의 심각한 위기 단계가 사라질 때까지, 혹은 선전포고가 되기 전까지의 러시아 태평양 함대의 배치는 다음과 같다.

뤼순에는 전함 페트로파블로브스크 폴타바 세바스토폴 페레스비에트 레트비잔 프로블레다 차레비치, 1급 순양함 바얀 아스콜드 팔라다 다이아나와 바리야그, 포함 보브르 그렘야시치 코리츠, 수송선 아무르 에니세이 앙가라, 어뢰 순양함 브사드니크와 가이다마크, 구축함 베즈슘니 베즈포샤드니 브디텔니 베즈스트라시니 보에보이 부니마텔니 부뉴시텔니 비포슬리비 블라스트니 부르니 보이키가 있다.

블라디보스토크에는 일급 순양함 로시아 그로모보이 루리크 보가티르, 포함 만드추르, 수송선 레나가 있다.

제물포에는 2급 순양함 보야린과 구축함 그로소보이가 있다.

마산포에는 2급 순양함 라스보이니크가 있다.

뉴창에는 포함 오트바즈니와 시부치가 있다.

나가사키에는 포함 길바크가 있다.

이 목록에서 보면 러시아가 사실상 태평양 함대 전부를 서해와 그 주변에 배치하고 있음을 알 수 있다. 이 병력 외에도 극동을 향해 연속적으로 오고 있는 함대가 있으며 최근에 비제르트를 통과하였다. 이 함대는 전함 오실랴비야, 2척의 2급 순양함 오로라와 디미트리 돈스코이, 11척의 어뢰정 구축함으로 구성되어 있다. 비레니우스 제독이 지휘하는 이 보강된 병력이 도착할 때 러시아가 갖추게 될 추가된 힘으로 인해 러시아는 일본에 수적 우세를 갖게 될 것이다. 너무나 두드러진 일본 함대의 기술적 우위와 효율성으로 인해 이러한 우세는 중간 정도의 수준으로 떨어질 것이다. 그러나 뤼순에 있는 예비 해군 여단의 진형이 잘 보여주듯이 러시아도 낮잠만 자고 있지는 않을 것이다. 한편 증보된 상세 목록은 러시아 태평양 함대의 주요 전함들을 제시하고 있다. 지휘관들은 다음과 같다.

해군소장 스타크
해군중장 우크톰스키 왕자
해군중장 슈타켈베르그 공작
해군대장 비레니우스(합류 예정)

전함

	건조(년)	배수량(톤)	속력(노트)	장비
차레비치(기함)··········	1901	13,000	18	{ 4 x 12 in 12 x 6 in.
프로블레다··············	1900	12,000	19	{ 4 x 10 in 11 x 6 in.
폴타바·················	1894	11,000	17	{ 4 x 12 in 12 x 6 in.
세바스토폴·············	1895	11,000	17	{ 4 x 12 in 12 x 6 in.
페트로파블로프스크······	1894	11,000	17	{ 4 x 12 in 12 x 6 in.
페레스비에트············	1898	12,000	19	{ 4 x 10 in 10 x 6 in.
레트비잔················	1900	12,700	18	{ 4 x 12 in 12 x 6 in.

여기에 전력 강화를 위해 12,000톤 배수량에 10인치 포 4개, 6인치 포 6개로 무장한 오슬랴비아 호, 9,000톤 배수량에 12인치 포 4개, 6인치 포 8개를 장착한 나바린 호, 그리고 알렉산더 3세 호가 추가되었다.

순양함

	건조(년)	배수량(톤)	속력(노트)	장비
아스콜드	1900	7,000	23	12 x 6 in.
바얀	1900	8,000	21	$\begin{cases} 2 \text{ x } 8 \text{ in} \\ 8 \text{ x } 6 \text{ in.} \end{cases}$
그로모보이	1899	12,000	20	$\begin{cases} 4 \text{ x } 8 \text{ in} \\ 16 \text{ x } 6 \text{ in.} \end{cases}$
로시아	1896	12,000	20	$\begin{cases} 4 \text{ x } 8 \text{ in} \\ 16 \text{ x } 6 \text{ in.} \end{cases}$
루리크	1892	11,000	18	$\begin{cases} 4 \text{ x } 8 \text{ in} \\ 16 \text{ x } 6 \text{ in.} \end{cases}$
보가티르	1901	6,000	23	12 x 6 in.
바랴크	1899	6,000	23	12 x 6 in.
디아나	1899	7,000	20	8 x 6 in.
팔라다	1899	7,000	20	8 x 6 in.
보야린	1900	3,000	22	6 x 4.7 in.
노빅	1900	3,000	25	6 x 4.7 in.
자비우카	1878	13,000	14	야포
디지트	1878	13,000	13	3 x 6 in.
라스보이니크	1879	13,000	13	3 x 6 in.

여기에 나키모프 제독의 그레먀시치 호, 코르닐로프 제독의 아우로라 호, 그리고 디미트리 동스코이의 오트라즈니 호가 추가되었다.

이 기지의 포함은 9척, 구축함은 18척, 수송선은 6척이다. 13척의 구축함이 합류할 예정이다.

보강이 이루어지고 나면 이 함대는 일본 전체의 해군력과 수에 있어서 다음과 같이 비교된다.

	전함	순양함
러시아	10	21
일본	7	26

일본 순양함의 일정 부분은 해안선 방어에 필요할 것이므로 러시아는 해상 작전에서는 수에 있어서 더 우위에 있게 된다. 게다가 러시아에는 흑해 증기 항해회사의 10척의 증기선으로 구성된 강력한 보조 함대가 있다. 이 배들 대부분은 타인에서 건조되었으며 평균 14노트의 속력을 낸다. 러시아 의용 함대 협회에는 타인과 클라이드에서 건조된 12척의 배가 있다. 그것은 또한 당국의 통솔 하에 있다.

이런 전투 태세에 대비해 일본인들도 같은 크기와 톤수의 선박으로 맞대응할 수 있다. 실제 강철의 무게에 있어서는 일본인들이 불리하지만 철갑의 두께 면에서는 양자 간의 우열이 거의 없다. 이처럼 대치하고 있는 함대가 비교적 대등하긴 하지만, 일본이 자신의 요새화된 항구를 해군기지로 사용할 수 있다는 점에서 유리한 것이 사실이다. 실제로 이것은 너무나 중요해서 이런 사실에 근거하여 일본은 단번의 접전에 전력투구할 생각을 할 수도 있다. 또한 최근에 엄청나게 증가한 상선에 있어서도 일본은 전쟁 함대에 대한 보조나 수송의 목적으로 가동할 수 있는 모든 것을 이용할 것이다. 일본 해군의 주요 함정은 다음과 같다.

군함

	배수량(톤)	마력	통상속도 (노트)	무장	현측 (파운드)
하츠네 아사히 }·········· 사키시마	15,000	15,000	18.0	14 x 6 in.	4,240
미카사 ·············	15,200	16,000	18.0	14 x 6 in.	4,225
야시마 후지 }···········	12,300	13,000	18.0	14 x 6 in.	4,000

무장 순양함

	배수량(톤)	마력	통상속도 (노트)	무장	현측 (파운드)
토키와 아사마 }···········	9,750	18,000	21.5	6 x 6 in.	3,568
야쿠모 ·············	9,850	16,000	20.0	6 x 6 in.	3,368
아즈마 ·············	9,436	17,000	21.0	6 x 6 in.	3,368
이즈마 이와테 }·············	9,800	15,000	24.7	6 x 6 in.	3,568

　여기에 1904년 1월에 이탈리아에서 아르헨티나 정부로부터 구입한 두 척의 순양함이 곧 해전에 사용될 수 있다.

장갑 순양함

	배수량(톤)	마력	통상속도 (노트)	무장	현측 (파운드)
타카사고 ··············	4,300	15,500	24.0	4½ x 2 in.	800
카사기 } ········· 치토세	4,784	15,500	22.5	4½ x 0 in.	800
이츠쿠시마 } ········· 하시다테 마츠시마	4,277	5,400	16.7	11 x 4 in.	1,260
요시노 ··············	4,180	15,750	23.0	—	780
나니와 } ········· 타카치코	3,727	7,120	17.8	—	1,196
아키츠시마 ···········	3,150	8,400	19.0	—	780
니카타 } ········· 츠시마	3,420	9,500	20.0	—	920
수마 } ········· 아카시	2,700	8,500	20.0	—	335

일본 함대의 제1분함대와 관련하여 흥미로운 사실이 드러났는데, 그것은 영국과의 연관성 때문에 보통의 흥밋거리 이상이 될 것이다. 전쟁이 발생할 경우 한 개의 예외를 제외하고는 이 분함대를 구성하는 선박 모두가 영국에서 건조된 것이다. 디자인, 장갑판, 무기가 영국 해군의 타입과 기준을 따르고 있으며, 따라서 발생할지도 모르는 어떤 충돌의 결과에 대해서도 우리는 깊이 동요를 받을

수밖에 없을 것이 분명하다. 각국은 과학과 기술로 만든 최신 장비들을 장착한 선박을 극동 해상에 보유하고 있다. 함대에 국가의 안보를 일차적으로 의존하고 있는 영국 국민들에게 접전에 대한 관심은 자연적으로 더 높을 수밖에 없는데, 접전하게 될 한쪽 편의 선박과 우리 해군의 선박이 너무 유사하기 때문이다. 전쟁용 페인트를 칠하고, 뤼순에서 약 585해리 떨어진 나가사키에 집중된 이 선박들은 다음과 같다.

	건조지	배수량	장비
하츠네(전)··························	엘스윅	15,000	4 x 12 in. 14 x 6 in.
시키시마(전)·····················	템즈	15,000	4 x 12 in. 14 x 6 in.
아사히(전)·························	클라이드	15,000	4 x 12 in. 14 x 6 in.
후지(전)···························	블랙월	12,500	4 x 12 in. 10 x 6 in.
야시마(전)·························	엘스윅	12,500	4 x 12 in. 10 x 6 in.
이와테(순)·························	엘스윅	10,000	4 x 8 in. 10 x 6 in.
아사마(순)·························	엘스윅	10,000	4 x 8 in. 10 x 6 in.
이즈마(순)·························	엘스윅	10,000	4 x 8 in. 14 x 6 in.
토키와(순)·························	엘스윅	10,000	4 x 8 in. 10 x 6 in.
타카사고(순)·····················	엘스윅	4,300	2 x 8 in. 10 x 4.7 in.
카사기(순) ························	크램프 (필라델피아)	5,000	2 x 8 in. 10 x 4.7 in.

35척에 이르는 어뢰 함대는 이 분함대 소속이다. 이 함대의 다른 분함대는 다음과 같이 구성되어 있다.

	제2분함대	제3분함대(본부)
전함	2	
순양함	10	8
소형 보트	30	80

이 외에도 보조 함대에는 40척의 증기선이 있고, 대부분 일본 유선회사 소속이다.

일본 군대의 현재 체제는 1873년부터 갖춰진 것이며 병력은 (1) 예비군과 징집예비군을 포함한 상설 혹은 정규군 (2)국방 의용군 (3)민병대 (4)해안의 여러 섬의 민병대로 구성되어 있다. 군복무는 17세에서 40세까지이며, 모든 신체 건강한 남성을 대상으로 하고 있다. 이 기간 동안 3년은 상설 혹은 정규군에서 복무하며, 4년 4개월은 정규 예비군, 5년은 국방 의용군, 나머지는 민병대에서 의무를 다한다. 예비군을 갖춘 정규군은 해외에서 작전을 수행하며, 국방 의용군과 민병대는 국토방위를 한다. 국방 의용군과 민병대는 피바디와 레밍턴제 단발 소총을 갖추고 있다. 예비군을 제외한 전시 체제의 정규군의 최신 병력은 다음과 같다.

	장교	사병	말
보병, 3개 대대로 구성된 연대 52개, 총 156개 대대	4,160	143,000	52
기병, 3개 대대로 구성된 연대 17개, 총 51개 대대	400	9,300	9,000
야전포병, 6개 포대로 구성된 연대 19개, 포 6문씩으로 무장한 114개 포대(684문)	800	12,500	8,800
요새, 20개 대대	530	10,300	70
공병 { 작전 공병 대대 13개 철도 공병 대대 1개	270 20	7,000 550	215 15
수송부대, 13개 대대	220	7,740	40,000

총 = 포 684문, 장교 6,400명, 사병 190,390명, 말 58,152마리

예비군은 보병 52개 대대, 17개 기병대대, 26개 공병과 수송
중대, 114문을 갖춘 19개 포병중대로 이루어지며 총 1,000명의
장교, 3만 4,600명의 사병, 9,000마리의 말이 소속되어 있다. 따
라서 동원시 해외에서 복무할 수 있는 육군의 최대 가동 병력은
7,400명의 장교, 22만 4,000명의 사병, 798문의 포, 6만 7,152마
리의 말이다. 이 병력의 배후에는 386개 보병대대, 99개 기병대대,
26개 공병과 수송중대, 약 70개 포병중대, 혹은 1만 1,735명의 장
교, 34만 8,100명의 사병, 1,116문의 포, 8만 6,460마리의 말로
구성된 국토 방위군이 있다.

정규군의 보병과 공병은 최근에 메이지 탄창 소총으로 재무장
했다. 아래의 명세서는 1891년 모델인 러시아의 무기보다 일본의
개인 화기가 훌륭하다는 것을 보여준다.

일본 '메이지' 모델 1897				
구경	총구속도 (피트/초)	사거리	무게	장전탄알
.225인치	2,315	700	9파운드 2온스	5
러시아 '스리라인' 모델 1891				
.299인치	1,900	2,500	9파운드 12온스	5

정규 기병대는 메이지 카빈을 갖고 있다. 예비군은 1894년 모델의 무라타 탄창 소총으로 무장했는데, 구경 .312인치, 총구속도 2,000피트/초, 사거리 2187야드, 총검 포함 무게 9파운드 1온스이다. 야전에서 보병이 메고 다니는 장비는 43.5파운드이다.

정규 야전포대와 산악포대는 10파운드의 포탄을 쏘는 수입식의 2.95인치 속사 장비로 무장하고 있다. 이것은 아리사카 장비라고 알려져 있다. 요새포대와 포위포대는 크럽과 슈나이더-카넷사의 최신 모델로 공성포(攻城砲), 진지포, 박격포를 갖추고 있다. 예비군 야전포대는 옛날 이탈리아 모델의 2.95인치 청동 라이플 포를 가지고 있다. 일본군에는 기병포대가 없고, 야전포대와 산악포대의 유일한 차이점은 후자가 짧고 가벼우며 사거리도 그다지 길지 않다는 데 있다. 기병대는 부대 중 가장 효율성이 떨어진다. 검과 카빈을 갖추었지만 창은 없다. 말의 훈련 상태는 엉망이고 병사들은 말 타는 솜씨가 서툴다.

만주에 있는 러시아군의 전력은 88개 대대, 60개 기병대대와 50개 포병중대인데, 수비대의 병력과 요새 무기를 합치면 20만 명의 병력과 300문의 포에 달한다. 만주에 있는 이들 부대는 1진의 2개 군단과 2진의 2개 군단으로 구성되어 있다. 두 개의 새로운 소총여단이 기존 병력에 추가되었다. 그것은 다음과 같이 구성되었다.

제7여단	제8여단
포트 아서	블라디보스토크
콘드라텐코 장군	아르타마노프 장군
제25연대	제29연대
제26연대 ⎫	제30연대 ⎫
제27연대 ⎬ (신규)	제31연대 ⎬ (신규)
제28연대 ⎭	제32연대 ⎭

러시아인들은 행군에 있어서는 타의 추종을 불허한다. 장비의 실제 중량은 58파운드 2온스이다. 섹션 당 6명이 하나의 텐트를 운반한다. 개별 병사는 2.5일 분의 비스킷을 배낭에 휴대한다. 전시 일용 식량은 다음과 같다.

비스킷: 1파운드 13온스　　　차: 9/40온스

육류: 7과 1/4온스　　　설탕: 8/20온스

곡류: 4와 4/5온스　　　술: 1/27파인트

소금: 4/5온스

실전의 긴급 상황에서 러시아 군인은 스스로 먹을 것을 구해야 한다. 그러나 어떤 상황에서도 그는 아주 소량의 영양분으로 자신을 지탱하며, 대개 자신이 찾을 수 있는 것에 의존한다. 러시아 기병대는 검, 소총, 총검으로 무장한다. 총검은 거의 항상 '착검' 상태이며 총을 멜 때에도 그렇게 한다. 창을 지니는 연대는 몇 안 된다. 야전포는 오부코프에서 제작한 철제 후장포(後裝砲)이다. 그것은 크럽 패턴과 비슷하다. 그러나 많은 포들이 나사식 포미(砲尾)와 드 뱅(de Bange) 대포의 포미 밀폐 장치를 사용한다. 현재 러시아 군대에는 다양한 종류의 포가 있으며 특히 요새화된 진지에는 러시아인들이 의화단 사건 때 중국인들로부터 탈취한 포들을 갖다 놓았다. 그들은 프랑스, 독일, 영국 대포의 모델들을 채택했다.

육상에서는 러시아의 예비 병력의 숫자가 엄청나게 우세하기 때문에 해상에서만 싸울 경우 일본인들이 누릴 수 있는 이점이 감소된다. 동시에 러시아 군대는 동작이 느리며 엄청난 인내심이 있고 전투는 잘할 것으로 간주되지만, 러시아 장교들의 진취성 부족으로 인해 일본 군대의 정신에서 구현되는 과단성과 능란한 작전을 보기 힘들다는 사실을 기억해야 한다. 흥미롭게도 각각의 군대는 대륙식 보병과 기병 전략을 선호하며, 일본 군대 훈련의 기본 원칙은 튜튼 식 방법을 세밀하게 따르고 있음을 보여준다. 따라서 어느 쪽도 그들이 달성한 단결의 정도로 인해 이득을 보지는 못할 것이다. 양쪽의 겨울 외투는 색깔이 거의 같으며, 따뜻한 날씨에는 일본군이나 러시아군 모두 흰 블라우스를 선호한다. 일본군이 카키색을 채택할 것이라는 말이 최근에 있었다. 반면에 러시아 군인의 블라우스는 관례상 흰색이나 카키색이다. 육로 운송이라는 더 중요한 면에 있어서는 만주 철도가 러시아 당국에게 최고의 승리를 안겨줄 것처럼 보일 것이다. 그러나 불행하게도 엉망으로 놓이고 서툴게 가설된 철도의 엄청난 길이는 군사 자원에 영원한 스트레스를 안겨줄 것이다. 주민들이 전신주와 전선, 철도 침목과 선로, 철제 기둥과 다리의 들보에 대해 선의의 중립성을 유지할 것이라는 믿음만 있다면 교통의 심각한 중단 가능성은 상당히 줄어들 것이다. 그러나 적을 괴롭힐 기회를 절대로 놓치지 않는 원주민들의 태도와 행동은 러시아군의 효율적인 합동작전을 방해할 수밖에 없다.

러시아군에 대한 이러한 본능적인 반감이 있는 반면, 일본군에 대해서는 모든 중국인들 사이에 인종적인 공감이 있다. 특히 만주에서는 일본인들이 사람들 사이에서 높은 명성을 누리고 있다. 무엇보다도 중일전쟁 중에 지역 주민의 모든 책임을 즉각 면제해주었다는 사실은 그 지역 사람들에 대한 침략자들의 정책에서 돋보이는 부분이었다. 이러한 자비의 정책은 위화단 위기 중에도 재차 발휘되었고, 러시아군과의 비교에서 일본인들이 보여준 놀라운 사례를 중국인들은 결코 잊지 않게 되었다. 만주에서는 이러한 것들을 오늘날에도 기억하고 있으며, 이것이 조선에서 일어날 수 있는 어떤 반동적인 정서도 상쇄할 것으로 보인다. 교전 중인 두 나라의 병원 시설에 대해서는 선택의 여지가 없다. 일본인들에게 의료 서비스의 효율적인 시스템이 있다면, 러시아인들은 철도를 통한 부상자 수송의 용이함을 갖추고 있다. 그러나 주된 의료 서비스(러시아 적십자사)는 전적으로 애국심에 의한 것이며, 전혀 군사적 조직이 아니라는 사실을 지적해야 할 것이다. 큰 작전이 종료되고 나면 언제라도 현장에서 철수될 수 있는 것이다.

이러한 몇 가지 언급 외에 확실한 의견을 내놓기란 불가능하지는 않지만 어려울 것이다. 다만 뤼순에 대한 투자가 바다 쪽으로 만족스럽게 성취되고, 블라디보스토크가 얼음으로 갇히면 압록강과 리코 강 어귀는 차지할 만한 훌륭한 지점이 될 것이라는 말을 마지막으로 첨언할 수 있다. 왜냐하면 그곳에서는 만주 전역에 걸친 러시아의 위치가 위협받을 수 있기 때문이다. 그러나 육상에서의 전쟁 발발에 대한 예측은 전쟁을 촉발시킬 해상 접전의 결과를 모르는 한 어불성설이다. 한편 영국인 납세자라면 당연히 전쟁 비용에 대해 너무나 잘 알고 있기 때문에 양국의 재정적 상태에 대해 눈을 놀리지 않을 수 없다. 러시아의 공채에 대해 관심이 있는 유명한 독일 재정가는 최근에 시베리아 횡단철도와 만주 철도 외에 러시아 횡단 철도 건설을 위해 마련한 기금의 상당 부분이 전쟁 기금을 보충하기 위해 수시로 적립되어 왔다고 내게 설명해주었다. 이 금액은 드 비트의 동의로 무라비에프 백작이 모금한 기금, 그리고 과거 재정부의 운용으로 국고에 쌓인 자금을 포함하여 1억 파운드 정도이다. 이러한 적립금과 대비해 볼 때 일본의 재정 사정은 매우 유리하다. 내가 알기로 런던에 있는 약 4,000만 엔을 비롯해 중앙은행에는 1억 1,300만 엔에 해당하는 정화(specie reserve)가 있다. 게다가 은행의 통화 발행 마진은 3,500만 엔이고 그것은 새해가 되면 더 커질 것이다. 재무부에는 1902년 채권 판매에서 남은 수백만 엔이 런던에 있을 뿐 아니라 5,000만 엔에 달하는 세 개의 자본금이 있다. 마지막으로 전국의 은행에 잠자고 있는 큰 금액이 있으며, 정부에 무한한 크레딧을 제공하는 법령이 포고되었다.

물론 만주에서 러시아인들의 최근 동향은 전쟁이 임박했다는 견해를 지지하게끔 한다. 그럼에도 불구하고 허풍은 러시아 외교의 중요한 부분이었으며, 진행되고 있는 준비나 만주에서의 러시아 행정 관료들의 행동이 암시하는 것처럼 극동에서의 러시아의 의도가 전쟁을 일으키려는 것이 아니라고 믿을 만한 근거가 있다. 러시아의 외교는 언제나 반대 방향으로 시위를 하면서 원래의 계획이 진행되는 것을 숨겨왔다. 현재 러시아가 조선 영토를 점유하고 있는 것은 위장에 지나지 않고, 그 뒤에서 러시아는 만주에 대한 장악력을 확보하려는 것이다. 러시아는 전쟁이 아니고서는 만주에서 절대로 물러나지 않을 것이다. 그러나 러시아 영토가 러시아 보호령으로 과연 유지될 수 있을까 하는 의문이 남지만, 일본과 러시아 사이에 어떤 타협이 이루어지는가에 따라 압록강 하류 지역을 지배할 결정적인 조치가 나오게 될지도 모른다. 사실상 이상하게 보일지 모르지만 압록강 입구는 두 강대국 사이의 분쟁지역이다. 왜냐하면 러시아가 압록강을 지배할 수 있게 되면 조선 국경에서 특별한 위치를 즉시 점유하게 되는 것이고, 그것을 일본은 저지하고 싶은 것이다. 여기서 일본은 외교정책의 급격한 전환에 의존할 수밖에 없다. 즉, 용암포에 대한 러시아의 점령을 막을 수는 있지만 강 맞은편에 있는 단둥(丹東)에서의 진행은 막을 수 없는 것이다. 그러므로 압록강에 있어서 지배적 위치가 결국 러시아에게 떨어지게 되는 것은 어쩔 수 없는 것처럼 보인다. 단둥은 만주 영토 내에 속한 것이다. 압록강은 만주와 조선 사이의 국경을 이루는 강이고 용암포에는 중요한 러시아 거주지의 핵이 설립되었다. 현재의 어려움이 곧 해결될 것 같은 조짐은 보이지 않는다. 잘해야 전망이 불투명할 뿐이다. 러시아가 뉴촹(牛莊)[2]에서 철수하지도 만주에서 쫓겨나지도 않을 뿐 아니라 압록강에서의 자리를 포기하지도 않을 것이라는 사실만은 분명하고 명확히 제시될 뿐이다. 뉴촹에서의 러시아의 위치는 과거 사건에 의해 드러났고, 만주에 대한 지배는 오래된 이야기이며, 이제 단둥에 대한 관심을 급속도로 발전시키고 있다. 이 항구의 위치는 남다른 이점을 부여하며 이곳의 상업적 가능성도 크다. 단둥은 용암포 맞은편 15마일 상류에 위치한다. 현재 수출은 기장과 누에고치에 한정되어 있지만 후자의 과잉 생산은 세심한 기술 지도가 필요하다. 단둥에서 8마일 아래쪽 강의 오른편 둑에는 통관세를 받는 쌴타오란타오(San-tao-lan-tao)라는 곳이 있는데, 정크선과 뗏목이 계속 진행을 하기 위해서는 규정된 세금을 내야 한다. 그리고 강은 북동쪽으로 휘어지고 또 다시 7마일을 가면 같은 둑에 단둥이 나오는데 그곳은 강이 갈라지는 곳이며, 동쪽 지류가 압록강이 된다. 단둥은 최근에 건설되었는데, 몇 년 전에는 기장 밭이 그곳을 덮었었다. 현지 상

---

2 오늘날의 잉구(營口): 1858년 영국과의 톈진조약에 의해 개항된 조약항이다.

인들의 보살핌 하에 크고 견고하게 보이는 집들이 지어졌고 넓은 길이 났으며 예사롭지 않은 번영의 분위기가 이곳의 특징이 되었다. 배가 닿는 곳에는 정크선이 몰려 있고 목재는 마을 경계 아래 엄청난 양이 쌓여 있다. 연안선 타입의 바다로 가는 증기선이 여기서 짐을 싣고 부릴 수 있어 타퉁카오(Ta-tung-kao)에서 짐을 옮겨 싣는 일이 필요 없게 되었다.

압록강 입구에 위치한 타퉁카오와 즈푸(芝罘)[3] 사이의 무역은 현재 모스키토(Mosquito) 선단의 작은 증기선과 중국 해운회사(버터필드와 스와이어 씨)의 황호(Hwang-ho)라는 영국 배에 의해 운반된다. 한편 대용량의 수출품과 수입품은 중국 정크선으로 이곳저곳으로 옮겨진다. 즈푸 항구로부터의 항해는 185마일이고, 북동쪽으로 가는 데 걸리는 시간은 22시간이며, 증기선은 타퉁카오에서 4마일 떨어진 항구에 정박한다. 타퉁카오는 대부분 단둥으로 오고가는 수출품과 수입품을 옮겨 싣는 곳이면서 동시에 번화한 타운이다. 증기선이 타퉁카오에 접근할 수 없다는 사실 때문에 단둥은 압록강의 실제 비즈니스 중심이 되었다. 단둥에 대해서 말하자면 200명의 러시아 기병대가 2년 반 동안 그곳에 주둔해오고

---

3 중화인민공화국 산둥성 옌타이 시의 현급 행정구역이다

있다. 병영은 마을의 북쪽 경계를 이루는 작은 산에 자리 잡고 있으며 벽이 없다. 늘 그렇듯이 압록강 계곡 전체에서 이 군인들은 원주민들로부터 마을대로 약탈을 자행하여 나쁜 명성을 얻었다. 단둥에서 뻗어나가는 길은 베이징 '대로'(Great Road)인데, 랴오양(遼陽)까지 달려간다. 단둥에서 강은 갈라지고 여울이 존재하며 강이 얕아서 원주민의 나룻배만이 다닐 수 있다. 의주는 동쪽으로 약 10마일쯤에 위치하며, 단둥에서 4마일 남쪽 마오케위샨(Mao-kewi-shan) 서쪽 지점에 만주 철도의 지선의 종점이 있고, 이 선이 강을 건널 예정이다. 공사는 1904년 봄에 시작할 것이다. 처음 80마일은 거의 장애가 없으며 본선까지의 연결이 이루어질 때까지 공사를 밀어붙일 계획이다. 따라서 러시아는 극동에서의 정책의 결과를 무시할 수 없으며, 동시에 그동안 애써 공들여 왔던 큰 이권들을 일본의 요구 때문에 희생할 수도 없게 되었다.

논란이 되는 문제와 관련해서 조선의 입장은 희망적이라고 할수 없다. 불행하게도 조선 정부는 러시아의 진출이나 일본의 영향력 확산을 막기에는 역부족이다. 조선 정부는 실제로 사용할 만한 육군이나 해군도 없으며, 한 나라가 스스로를 위해 목소리를 높일수 없을 때 처하게 되는 운명에 놓여 있다. 단지 몇천 명뿐인 육군은 지난 몇 년 동안 유럽식 무기 사용을 훈련받아 왔다. 그들은 그

라스, (단종된 패턴)의 무라타, 마르티니, 그리고 다양한 총구 장전식의 활강총으로 무장하고 있다. 그들의 사격 능력은 부실하기 짝이 없으며 게다가 용기와 훈련도 부족하다. 포병은 없고 기병대는 승마에 대한 지식이 전혀 없으며 무기와 임무에 대해 무식한 몇백 명의 남자로 한정되어 있다. 위기 상황에서는 기병과 보병 모두 철저하게 사기가 꺾일 것이다. 장군들은 꽤 많이 있으며, 해군에는 23명의 제독과 최근까지 일본 증기선 회사의 소유였던 철제 석탄 거룻배가 있다. 조선은 일본의 변덕이나 러시아의 변덕의 무력하고 불쌍한 희생양이다. 이 책에서 이 나라의 상태에 대해 공정하게 연구하여 밝히는 것이 나의 목적이었다. 만주에 대해서는 너무나 많은 사람들의 펜이 그곳의 사정을 다루어왔기 때문에 나는 조선에 대해 살펴보는 것으로만 한정하였다. 이 점에 있어서 비난을 받지는 않을 것이라고 믿는다.

내 책에 만주 문제에 대한 언급을 포함시키는 것이 좋겠다고 생각하는 사람들을 만족시키기 위해 서문에서 이 문제만을 다루는 장을 할애하였다. 이제 작업을 마무리하는 마당에 그 어느 것 못지않게 즐거운 일이 기다리고 있다. 조선에 대한 나의 메모 외에도 나는 은자의 왕국의 동시대 역사에 대해 관심이 있는 많은 사람들(작가, 여행가, 학생)로부터 정보를 모았다. 이제 서둘러 이들에게 감사를 표하려 한다. 따라서 나는 그들의 이름을 거명함으로써 그들이 내게 베푼 친절에 대한 감사를 표시하고 싶다. 조선 해상세관의 맥리비 브라운 씨, 경성의 영국 공사관 소속이었던 거빈스 씨에게 감사한다.

조선에 대한 출판물로 말로 다할 수 없는 귀한 도움을 주신 친구 호머 헐버트(Homer B. Hulbert) 교수에게도 심심한 감사를 드린다. 조선에 대한 흥미롭고 중요한 기고를 해주신 비숍(Bishop) 부인, 영 허스번드(Young husband) 대령, 그리피스(Griffith) 목사님, 굴드 아담스(Gould Adams) 소령에게 감사를 표한다. 조선어 이름의 표기를 게일(Gale) 박사의 표준에 맞도록 해주신 콜리어(Collyer) 목사님께도 감사한다. 지리적 데이터에 대한 나의 부족함을 인내심 있게 도와준 롱 에이커의 지도 제작회사 스탠포드 소속의 볼튼(Boulton) 씨에게 감사한다. 오랫동안 극동에서 특파원으로 근무하도록 해준 「폴 몰 가제트」(Pall Mall Gazette)의 편집장인 더글러스 스트레이트(Douglas Straight) 경에게도 감사한다. 「모닝 포스트」(Morning Post)의 편집장 니콜 던(Nicol Dunn) 씨에게도 감사한다. 「데일리 익스프레스」(Daily Express)의 S. J. 프라이어(Pryor) 씨에게는 이따금 그들의 기관지에 칼럼으로 실렸던 내 글의 일부를 이 책에 다시 싣도록 허락해준 데 대해 감사하는 마음을 기록해야겠다. 그리고 무엇보다도 나의 독자들에게는 이 책을 만든 데 대한 즉각적인 사과로 책의 많은 결점에 대한 속죄가 이루어질 수 있기를 바라며 이 책을 바친다.

1903년 12월 15일

차례

1장

조선의 연안 지역·탐색 정보의 부족·섬의 식물들
잊혀진 항해자들·미신과 신념·역사의 개관

조선의 해안에 대해 과거 일본인들이 해놓은 탐사 작업에도 불구하고 수많은 섬과 군도, 뱃사람들에게 공포를 안겨주는 여울목과 암초들에 대해 현존하는 지식은 거의 없다. 1816년에 알세스트 (Alceste) 호와 라이라(Lyra) 호가 이곳을 항해하기 전에는 당시 일본이나 중국의 어떤 지도에도 외딴 바위섬들의 위치가 표시되어 있지 않았다. 17세기에 베이징(北京)에서 예수회 수사들이 만든 지도에는 현재 조선의 군도가 점유하고 있는 공간을 코끼리 그림이 차지하고 있는데, 그것은 당시 지도 제작자들이 잘 모르는 부분을 표시할 때 사용하는 그림이었다. 더 오래된 이 나라 지도에는 본토가 여러 무리의 섬들을 감싸고 있는데, 조선 사람들이 자신들의 해안 지형에 대해 얼마나 모르고 있는지를 잘 보여준다. 그러나 최근에 조선 정부는 이 사실을 인식했고, 1903년 초 일본 정부에 '은자의 왕국'에 대한 완벽한 답사 지도를 만들어 달라고 요청했다. 이 작업은 현재 진행 중에 있고, 해안선의 윤곽은 이미 완성되었다.

조선은 공간이 넓은 뛰어난 항구가 많기로 유명하다. 서해안과 남해안에서는 이 나라가 화산 활동기를 겪었음을 나타내는 표시를 수많은 군도에서 볼 수 있다. 남서 연안에 있는 섬 중에 하나를 골라 꼭대기에 올라가면 북쪽과 남쪽으로 뻗어 있는 130곳이나 되는 작은 섬들을 셀 수가 있는데, 이곳은 바닷새들의 낙원이지만 황량하고 거의 사람들이 살지 않는다. 더 중요한 많은 섬들은 경작이 되어 있으며 동네 어민들에게 피난처와 살 곳을 제공한다.

이 바다를 항해하는 것은 유달리 위험하다. 많은 섬들이 한사리에 잠겨 있고, 해협의 방향도 조류의 급물살 영향을 받아 일정하지 않다. 해도와 지도 없이 항해를 나선 배들이 섬들에 둘러싸인 해안에서 많이 난파를 당해왔다. 화란(和蘭), 미국, 프랑스, 영국의 배들이 해안에서의 체포나 바다에서의 죽음이라는 공통의 종

말을 향해 음울한 침묵의 행진을 했던 것이다. 이러한 비운의 항해사들 중 몇몇은 그런 일을 겪고도 살아남아서 1653년에 퀠파트(Quelpart)[4]에 상륙한 화란의 프리깃함 스파르웨르(Sparwehr)의 화물 관리인 헨드릭 하멜처럼 그의 모험의 역사와 기록을 잘 믿으려고 하지 않는 후손들에게 이름을 남겼다. 해안에서 떨어진 대부분의 섬들에는 산림이 우거져 있다. 보기에는 아름답고 다가가기에는 위험한 이 섬들은 경외와 미신이 혼합된 감정의 대상이었는데, 고대인들이 스킬라(Scylla)와 카리브디스(Charybdis)[5]의 공포에 대해 품었던 두려움과 별반 다르지 않다. 더구나 외딴 위치 때문에 이 섬들은 중국과 조선 간의 밀수의 중심지가 된다. 무방비 상태로 인해 이 섬들은 또한 섬을 약탈하려는 해적들의 쉬운 표적이 된다.

남서 해안의 섬들은 많은 동물들의 안식처가 된다. 바다표범은 바위에서 아무런 방해를 받지 않고 노닌다. 나무가 많은 정상에는 사냥감이 풍부하다. 상오리, 두루미, 마도요, 꿩 등 수많은 작은 새들은 그곳을 번식지로 삼는다. 해변은 박물학자들의 최고의 채집 장소이며 다양한 해산물이 군도 도처에서 발견된다. 눈에 잘 띄

---

4 제주도의 별칭
5 희랍신화에 나오는 바다 괴물의 이름.

는 다양한 종류의 해면(海綿)도 채집할 수 있으며, 산호 바닥은 강렬한 색깔과 부드러운 음영을 드리워 아름다운 컬러로 비할 데 없는 광채의 바다 정원을 만든다. 이 섬들의 식물들도 그에 못지않은 찬란한 여름 풍경을 보여준다. 멋지고 거대한 참나리, 수선화, 과꽃, 다양한 종류의 선인장이 고사리, 야자수, 덩굴 식물과 함께 나란히 자라나 거의 열대지방 같지만 가을과 겨울의 추위를 잘 견뎌내어 봄이 올 때마다 새로운 아름다움으로 맞이하곤 한다. 공기는 벌레들의 노랫소리와 웅웅거리는 소리로 진동하고, 맑은 날은 화려한 나비로 빛난다. 눈처럼 흰 왜가리는 얕은 물에 서 있다. 가마우지, 갈매기와 오리들이 암초를 무리지어 다니다가 보금자리를 누가 침범이라도 하면 사납게 소리를 내면서 떼를 지어 날아오른다. 깊은 물속에는 각양각색의 물고기들이 있다. 고래 떼는 해안을 따라 무리를 옮겨 다니며 물기둥을 높이 불어 올리거나 수면에서 한가하게 잠을 잔다.

조선의 해안에는 이전 세기에 찬란한 '아침의 나라'를 방문하려고 했던 외국 항해자들의 이름이 드문드문 새겨져 있다. 이들은 거의 예외 없이 거부를 당했다. 잡혀서 고문을 당한 사람들도 있었다. 많은 사람들은 즉시 떠나라는 명령을 받았으며 환대를 받은 사람은 거의 없었다. 이 새로운 땅에 머물도록 초청받거나 이 땅의 신기하고 놀라운 것들을 조사하도록 허락받은 사람은 아무도 없었다. 일본인들을 제외한다면 이 나라 주위를 따라 세심하게 구축되고 굳건히 유지되어온 고립의 벽을 파고드는 데 성공한 사람들은 어떤 모략의 무의식적인 희생자가 되어 포로의 신분으로 육지로 호송되었다. 그들이 어떤 대접을 받았는지는 이 항해의 개척자들이 운좋게 찾아내어 그 위험을 피할 수 있었던 곳과 갑, 섬과 여울목에 붙여진 신기한 이름에 어쩌면 잘 드러나 있다. 이들 중 많은 이름들은 오래전에 잊혀졌다. 시간의 경과로 인해 유럽의 수로학자들은 지도를 만든 사람들이 그토록 많은 것을 무릅쓰고 찾아낸 것들을 이 나라의 지도와 바다의 해도에서 지워버렸다. 그러나 서해의 많은 해안 지역에서는 충청도 해변을 따라 이러한 원래 이름이 보존되어 왔다. 오늘날 이런 이름들은 초기 탐험가들의 열정과 용감무쌍함에 대한 찬사가 된다. 이들의 공로를 알아주는 것은 너무나 당연한 보상이며, 그들의 의심할 바 없는 용기와 업적은 반드시 인정받아야 한다.

유난히 변덕스러운 운명이 그들의 뒤를 따르면서 그들이 미래의 후손들에게 지침으로 남겨 놓은 것은 결국 자신들이 오판한 것을 기록한 것이 되었다. 이들이 남긴 짧은 이야기들을 통해 판단한다면 환대를 받지 못한 해변에서 이들이 했던 일의 결과는 그들이 예상했던 것을 훨씬 능가한다. 이 용감한 사람들의 방문은 조선 사람들의 호기심을 자극했고, 자신들이 수세기 동안 배척해 왔던 바깥 세상에 대해 처음으로 알게 하였다. 그러나 이제 자기들에게 주어진 황금 같은 기회에도 불구하고 그들은 그것을 계속 무시했다. 검은 배와 붉은 수염(화란인들)—연안에 나타났다가 결국 침몰하게 된 낯선 선박과 낯선 악마들을 그들은 이렇게 불렀다—의 기억은 그들의 마음에 오래 남았다. 그들이 비교적 관대하게 이들을 대했지만 자신들의 땅의 비밀과 신성함은 그대로 보존하려고 애썼다. 그들은 괴물 같은 배를 타고 정말 이름밖에 남기지 않은 낯선 이들의 제안을 완고하게 거부했다. 따라서 조선의 해변 여러 곳에 좋지 않은 이름을 가진 곳이 많이 있다는 것은 놀랄 일이 아니다. 기만의 만, 모욕의 섬, 거짓의 강은 육체적 불편함을 당했다는 암시를 주며, 그것을 말없이 견디기는 너무 힘들었던지라 이 지역과 연상되는 지울 수 없는 인상을 남긴 것이다.

이 왕국의 금지된 해변에 최초로 도착한 사람들이 1627년의 화란 선원들이었다면 다음 세기에는 영국 항해사들의 활동이 가장 두드러진다. 16문을 장착한 영국 포함 프로비던스(Providence)의 선장인 W. R. 브로튼(Broughton)은 그가 침투했던 만과 항구, 자신의 고향인 먼 섬나라의 명예를 높이면서 그가 이름을 지었던 곳과 해협으로 오늘날까지도 잘 알려져 있다. 1797년의 브로튼과 더불어 1816년 알세스트 호의 맥스웰(Maxwell), 영국 포함 라이라의 선장 바실 홀(Basil Hall)은 그들의 이름을 따라 명명한 곳과 바다로 인해 뛰어난 명성을 누릴 만한 사람들이다. 그들의 이름은 서해, 동해, 남해에서 경계표 역할을 한다. 맥스웰과 홀이 조선 군도의 발견과 조사에 관심을 집중했다면 브로튼—그가 언급은 하지 않고 있지만 브로튼 해협의 발견자가 여기에 무지했을 리는 없다—은 서해안의 전반적인 지도를 그리다가 960킬로미터 북쪽에 있는 브로튼 만에서 잠시 중단을 했다. 홀은 바실 만에 이름을 남겼고, 그곳은 구츠라프(Gutzlaff)가 1832년에 상륙하여 감자를 심고 책과 씨앗을 남긴 곳이다. 한 세대 후인 1866년에 북서쪽의 군도는 영국 황태자의 이름을 따서 명명되었고, 황태자는 1878년 줄루랜드(Zululand)에서 사망했다. 충청도로 가는 입구에 있는 제롬 왕자 만은 1867년에 왕릉에 매장된 보물과 귀중한 유물을 대량으로 빼내려던 오페르트[6]의 유명한 시도가 있었던 곳이다. 서해안과 동해안의 이런 이름들은 실제로 그것을 둘러싼 로맨스는

---

6 프로이센의 유대계 상인으로 조선과의 교역을 시도하다가 실패하자 흥선대원군의 의부인 남연군 구(球)의 묘를 파헤치려 하다가 실패하였다.

전혀 암시하고 있지 않다. 기껏해야 그 이름들은 그곳의 주인이었던 무서운 사람들의 어렴풋한 실루엣만을 떠올리게 하며, 이 바다에서의 발견의 여정들은 이들의 기억과 불가분하게 엮여 있다.

동해와 서해가 폭풍우 같은 혼란 속에 서로 섞이는 제주도 주변 바다의 엄청난 위험에 매료된, 그리고 이 땅의 신비에 매료된 항해자들은 영국인만이 아니었다. 러시아와 프랑스의 항해자들도 위험한 여울목과 유사(流砂)를 거쳐, 꼬불꼬불하고 흙탕물인 강을 따라, 이 섬들을 본토와 갈라놓는 좁은 해협을 통과하여, 항구로 들어갔다. 해안선은 과학자들과 항해사들의 유명한 이름들로 넘친다. 꼬불꼬불한 해안선을 따라서 묻혀버린 이름들이 수없이 드러나는데, 이것은 죽어서 잊혀진 사람들이 남긴 마지막 증거이다. 이 마지막 안식처마저 그들의 명예를 지켜주지 못한다는 것은 참 슬픈 일이다. 라자렐리(Lazarelli)는 브로튼 만과 이름을 공유한다. 운코프스키(Unkoffsky)는 자신의 이름을 딴 만에서 좌초되었다. 불운의 라 페루스(La Pérouse)는 1787년 6월 오늘날 천문학자들의 이름—대글렛(Dagelet), 듀록(Durock), 펠리지에(Pellisier), 슈워츠(Schartz)—을 갖게 된 섬을 동해에서 발견했다. 그들과 그들의 운명과 그 후의 행적에 대해 우리가 아는 것이 무엇인가? 적어도 그들의 이름만이라도 그들의 수고와 노동, 직면했던 어려움, 시도했다가 성취한 것에 대한 작은 기쁨—지루하고 공허하게 오랜 시간 밤을 지샌 것에 대한 유일한 위안—에 대해 증거해 주어야 하지 않겠는가?

조선은 특별한 아름다움이 있는 땅이다. 관습, 문학, 그리고 지리적 명명법은 반도의 뛰어나고 감동적인 경치를 그 나라 사람들도 소중히 여겼다는 것을 입증한다. 조선의 해안선이 많은 서양 선원들의 모험심 강한 정신을 입증하듯이 조선 사람들 자신이 붙인 산과 강의 이름도 소박함, 투박함, 그들의 미신적인 사상과 믿음을 반영한다. 조선에는 모든 산이 의인화되어 있다. 일반인들에게 산은 대개 용을 연상시킨다. 모든 마을은 산신령에게 제물을 바친다. 여행자들이 신령에게 제물을 바치고 복을 얻을 수 있도록 길가와 산길에는 사당이 세워져 있다. 조선 사람들은 산이 어떻게 해서든 사람들을 보호하는 선한 영향력을 미친다고 믿는다. 조선의 수도에는 수호산이 있다. 모든 마을은 계속 존재하기 위해서 수호 신령에 의존한다. 무덤도 명당에 만들어야 하며 그렇지 않으면 가문이 번성하지 못한다. 조상들의 묘자리에 따라 태어날 아기들의 성격이 결정된다는 믿음도 지배적이다. 험하고 울퉁불퉁한 지형에서는 전사나 군인이 나온다. 부드럽고 완만하게 내려오는 산에서는 학자가 나온다. 뛰어난 매력과 자태를 지닌 산은 아름다운 여인과 관계가 있다. 호수와 연못, 강과 시내도 산처럼 풍수지리적인 힘이 행사되며 이곳에는 선하거나 아니면 사악한 유령이 산다. 호수에는 용과 그보다 못한 괴물들이 있다. 그러나 산에 있는 연못에는 누군가 물에 빠져죽지 않으면 유령이 살지 않는다. 이런 불운한 일이 일어나면 죽은 자의 영혼이 연못에 깃들어 있다가 이러한 불행을 맞은 그 다음 사람의 영혼에 의해 풀려난다. 뱀은 용과 거의 같은 말이다. 뱀은 산에서 천년, 물에서 천년을 보내면 용의 사나움을 갖게 된다. 이 모든 유령들은 제사와 기도로 달랠 수 있다.

금강산맥이 지나가는 강원도에서는 초자연적 괴물의 존재에 대한 믿음을 상징하는 봉우리가 몇 개 있다. 하나의 아득한 봉우리는 이름이 황룡이고, 두번째는 비상하는 불사조이며, 세번째인 숨겨진 용은 땅에서 승천하여 구름 위로 올라가지 못한 악마를 가리킨다. 조선 사람들이 강, 호수, 마을, 그리고 산에 붙이는 이름은 땅의 아름다움을 좀더 독특한 특징과 연관시키려는 소망을 보여준다. 그러나 이러한 독특함은 산의 경우에 특히 두드러진다. 월출봉, 일출봉, 고요한 바다, 얼음골, 백운대라는 이름은 이런 욕망을 강조한다. 조선의 가장 북쪽에 있는 함경도에서는 높은 산봉우리에 항덕봉, 천불봉, 영원한 평화(Lasting Peace), 검산(Sword Mountain), 천향봉, 접운산 등의 이름이 붙는다. 그러므로 이 나라의 유명한 곳의 명명 체계에는 초자연적인 존재에 대한 존경심 못지않게 자연의 아름다움에 대한 이해가 그 바탕에 깔려 있다. 이 땅의 독특한 아름다움은 이런 일을 할 수 있는 여유를 제공하고, 사람들은 자신의 상상력에 깃든 독특한 특성들을 마음껏 발휘한다.

조선은 이제 독립된 제국이다. 옛날부터 1895년까지 조선의 왕은 중국의 신하였으나 중국 황제의 통치권은 1895년 황제의 칙령에 의해 완전히 포기되었다. 이것은 중일전쟁의 결과이며, 그것은 같은 해 5월 시모노세키(下關)에서 서명한 평화조약에 의해 중국에 의해 비준되었다. 조선의 군주제는 세습제이며 현 왕조는 1392년 이래로 계속 왕위를 지켜왔다. 5000년 이상의 역사와 전통을 가진 민족이 이 땅에 거주하면서 작은 부족이 큰 부족에 흡수되고, 약한 정권이 큰 정권에 넘어가는 다양한 변화를 겪어온 조선은 점점 하나의 왕국으로 발전했고, 수세기 동안 다양한 요소가 합쳐진 안정된 정권을 세계에 보여주었다. 한때 중국의 신하였으며, 그것 때문에 중국과 일본으로 하여금 전쟁을 벌이게 했던 나라가 이제는 오랜 이웃과 옛 주군보다 훨씬 큰 발전의 발걸음을 내딛고 있음에 틀림없다. 베이징과 경성이 각각 나라의 수도—모든 좋은 것과 새것이 모이는 대표적 중심지—로 간주되고 있기 때문에 그곳의 환경이 훨씬 좋다는 것도 의심의 여지가 없다.

조선이 최초의 현대적 조약을 맺은 것은 1876년이다. 조약 당사국인 일본과 조선 사이에 사절의 교환이 이루어진 것은 3년 뒤였다. 조약을 맺었음에도 불구하고 1883년의 제물포 개항으로 조선이 지금 누리고 있는 경제적 이득이 드러나게 될 때까지는 조선은 새로운 관계를 통해 이득을 보려는 마음을 전혀 보이지 않았다. 그러는 동안 중국은 계속 외국과 관계를 맺어왔다. 베이징에는 공사관이 설치되었고, 영사들이 항구를 담당했으며, 상무(商務) 조약이 체결되었다. 중국은 서양 사람들과의 거래에서 알게 된 지식을 이미 노련하게 사용할 줄도 알았다. 그러나 중국은 헌정사에서 유례를 찾아볼 수 없는 고집으로 스스로 침잠하였고, 일본이 한 세대 만에 강대국의 위치로 진보했으며, 조선조차도 이전의 주군 국가보다 앞서게 될지도 모르겠다. 조선은 그동안 중국이 격렬히 반대하는 산업적이거나 인도적인 업적을 증진하여 왔다. 조선의 자유주의적인 경향은 일본과의 관계에서 영향을 받은 것이 분명하다. 일본이라는 열정적인 국가의 인도가 없었다면 조선이 오늘날 누리고 있는 위치는 실로 불확실했을 것이다. 두 나라 간의 교류는 전적으로 이로운 것이었다. 그것을 지속하는 것만이 조선의 자원을 궁극적으로 개발할 수 있는 확실한 보장이 된다.

2장

지리적 특징·발전의 방향·개혁과 번영의 지표
제물포·인구·정착·교역

조선은 엄청나게 산이 많은 나라이다. 섬, 항구, 그리고 산은 조선의 가장 두드러진 자연적 특징이며, 해안선의 거의 전부가 바다와 연결되는 여러 산맥의 사면(斜面)으로 구성되어 있다. 서해안에는 밭이 많이 있어서 동해안보다는 가파르거나 험하지 않다. 해안선은 산의 굴곡을 따라가는 것처럼 보인다. 특히 동해안은 숲으로 옷을 입은 이 나라의 높고 접근 불가능한 장벽을 보여줌으로써 모든 항해자의 존경을 받았고, 험하고 바위가 많은 해안에서 재난을 만난 사람들에게는 공포감을 심어주었다. 백두산에서 의주까지는 눈으로 덮이고 구름으로 둘러싸인 꼭대기, 풍성한 곡식과 낮은 초가집들이 기묘하게 자리 잡은 아름다운 골짜기, 그 사이로 은빛으로 굽이치는 강이 자연의 장엄한 파노라마를 보여준다. 북쪽에는 어딜 가나 모양과 크기가 기괴한 산이 많다. 그리고 산에는 광물이 풍부하다. 산은 죽은 자의 무덤이면서 산 자의 광산이다. 왜냐하면 그곳에는 세월의 보고인 석탄과 철과 금이 묻혀 있기 때문이다. 산 정상에는 죽은 자들의 무덤이 하늘 밑이나 바위 능선의 구석에 놓여 있다. 광업과 농업은 조선의 거의 유일한 천연자원을 활용한 산업이다. 그러나 국민들의 움트는 에너지와 본능에는 큰 가능성이 깃들어 있어서 당장 필요한 것 이상의 것을 경작하여 자신들만의 시장을 개척할 수도 있다. 그러나 이미 시작된 발전과 정부가 도입한 산업 계획에도 불구하고 개혁 운동은 응집력이 결여되어 있다. 이 나라는 정말 야심이 없다. 하지만 그렇다고 절망적인 것만은 아니다. 이미 옳은 방향으로 성취된 것들도 있다.

현재 조선은 전환기의 상태에 있다. 모든 것이 확실하지 않고 분명치 못하다. 과거는 엉망이고 현재와 미래는 미완성이다. 개혁을 시작한 지는 10년도 채 되지 않았고, 많은 문제들이 개선되었지만 개혁 운동은 뒷받침과 이해와 관용의 부족으로 고전 중이다. 소수의 열망이 너무나 천천히 전국에 퍼져가고 있다. 발전은 더디고 그 간격은 지루하다. 다행히 개혁 운동의 상업적인 국면은 활력에 차 있고, 설립된 공장들은 열망을 통해 기업의 모습을 보이고 있다. 현재의 상업 활동은 외국인들의 제안과 도움 덕분이며 이제 그들은 서양식 교육도 도입하고 있다. 하지만 이러한 노력에 대한 미온 적인 반응이 나라를 옳은 방향으로 이끌어 나가려고 애쓰는 것을 힘들게 한다. 사람들이 옛날의 보수주의로 되돌아갈 수는 없겠지만 서방 열강들 사이에서 냉소적이고 흥미로운 관찰의 대상이 된 불행한 상황 때문에 주저앉을 수도 있다. 조선은 흡수, 합병, 혹은 분열될 수도 있다. 독립을 유지하려고 애쓰다가 나라를 사로잡는 전반적인 무정부 상태에 의해 파산할 수도 있다. 조선은 많은 가능성을 보여 왔다. 세관 업무도 개설하고 우편연합에도 가입했으며 항구도 열었다. 철도와 전신을 도입했으며, 국내의 외국인들의 모든 형편에 친절과 배려와 호의를 베풀었다. 하지만 조선의 자신감은 어린 아이의 그것과 같은 것이며, 잘못은 바로 그 유아적인 것에 있다. 조선은 나이가 많이 들었으면서도 너무나 어리다. 기구한 운명의 조선은 과거 역사에서 거듭해서 일어났던 상황을 이제다시 직면하고 있다.

서양의 문물이 들어오면서 오늘날의 조선의 삶에서 많은 관습들이 없어졌는데, 이 관습들은 옛날부터 조선 사람이나 그 전통에 이 작은 왕국의 특징인 평정과 아름다움을 부여해온 것들이었다. 어쨌든 20세기 조선은 백성들을 자극하는 발전을 빠르게 이루어 내고 있다. 한때 극동에서 가장 뒤처진 나라였던 조선은 이제 일본이 서양의 사상과 방법을 재빨리 받아들인 것만큼이나 눈에 띠는 예외적인 발전을 하고 있다. 특히 중요한 외국인 거주지와 개항 장이 생겨난 제물포는 수도에서 몇 년 동안 일어난 완전한 변신은 보여주지 못하고 있지만, 많은 발전을 거듭해왔다. 제물포가 외국 무역에 문을 연 지도 20년이 지났으며, 오늘날 제물포는 화려한 부두, 넓은 거리, 멋진 가게, 그리고 수도와 연결되는 열차 서비스 를 자랑한다. 하늘에는 전화와 전신줄들의 미로가 얽혀 있으며, 서 양 방식으로 운영되는 몇 개의 호텔과 국제 클럽도 있다.

새로운 세기의 문턱에서 제물포는 흥미로운 연구 대상이 된다. 군사시설이 있는 마을인 인근의 하도와 함께 제물포는 지난 20년 동안에 만석동 강가의 작은 어촌 마을에서 번성하는 2만 명 인구 의 큰 도시로 성장했다. 미국 제독 슈펠트(Shufeldt)에 의해 1882 년 5월 22일 서양과 맺은 최초의 조약 이후로 제물포의 성장은 놀라운 것이었다. 이전 역사는 이처럼 빠르고 중요한 발전의 가능 성을 보여주지 못했었다. 그러나 이제 무역이 번성하고, 항구의 호황은 지역의 부동산 가치를 올려놓을 것이다. 하지만 조선의 미래의 불확실성과 혼란으로 볼 때 지금의 풍요로운 상황 속에는 발전을 지연시키고 현재의 번영에 재앙을 미칠 수 있는 침체의 위험 또한 도사리고 있다는 사실을 기억해야 한다. 처음에는 작고 불확실했으나 잘 건축되고 조명 시설도 좋은 네 곳의 거주지가 생겨나 외국인, 일본인, 중국인, 조선인 지역으로 확장되었다. 일본인 구역은 위치도 가장 좋고 발전 가능성도 가장 높다. 일본의 관심은 항구의 수출입 무역에서 가장 두드러지며, 그런 입장은 일본이 눈독을 들이고 있는 이권의 중요성 때문에 훨씬 더 강조되는데, 그중에서도 특히 수도인 경성과 제물포, 그리고 부산까지 이어지는 철도가 가장 중요하다. 일본인 인구는 1901년에 500명이 증가했다. 당시의 숫자는 4600명이었으며 그중 몇백 명은 거주지를 위한 임시 수비대의 군인들이었다. 그러나 중국과 조선에 관한 이민법을 일본 정부가 개정한 이래로 1902년 초에 두 나라를 여행하는 데 여권이 필요 없게 되면서 조약을 맺은 항구에서의 일본인 거주자 수가 크게 증가했다. 현재 제물포에는 1282채의 일본인 가옥이 있으며 인구는 성인만 5973명이다. 중국인 거주지의 통계는 계절 별로 바뀐다. 상당수의 농부들이 여름 동안에 산둥(山東)에서 조선으로 왔다가 겨울에는 고향으로 돌아간다. 중국에서 사람들이 빠져나오는 기간에는 중국인 인구가 1200명을 넘는다. 일반 외국인 거주지의 전체 인원은 86명이며 그중 29명이 영국인이다. 제물포에는 조선의 유일한 영국인 회사가 설립되었다.

제물포에는 다양한 국적의 사람들이 있으며 일본인과 중국인을 제외한 그들의 작은 커뮤니티는 다음과 같이 구성되어 있다. 영국인은 29명인데 1명은 회사에 소속되어 있고, 나머지 28명은 부영사관, 세관, 선교단체에 소속되어 있다. 미국인은 8명에 회사가 2개이며, 프랑스인은 6명에 1개의 회사, 독일인은 16명에 1개의 회사, 이탈리아인은 7명에 1개의 회사, 러시아인은 4명에 2개의 회사, 그리스인은 2명에 1개의 회사로 되어 있고, 포르투갈인은 7명, 헝가리인은 5명, 화란인은 2명인데 회사가 항구에 있지 않다.

영국인들의 관심이 제물포에서 물질적으로 표현되지 않은 반면, 다른 나라들은 그처럼 뒤처져 있지 않다. 시베리아 횡단 철도를 통해 런던에서 제물포까지의 여행은 21일 내에 이루어질 수 있다. 경부선 철도가 완성되면 동양과 서양의 연결은 훨씬 더 쉬워질 것이다. 제물포와 도쿄(東京) 간의 연결은 이틀이 안 걸릴 예정이다. 한편 뤼순(旅順), 다롄(大連), 제물포를 오가는 중국 동부 철도회사의 증기선은 속도가 붙었다. 게다가 근사한 새로운 사무실이 제물포항에 세워졌다. 조선의 항구까지 오는 영국 정기 증기선이 없다는 것은 유감이다. 영국 증기선 회사의 무관심과 특히 대조를 이루는 것이 제물포까지의 정기 항로를 마련해 놓은 함부르크-아메리카 회사의 행동이다. 상업적인 관점에서 제물포항은 이제 중요한 집산지가 되었다. 수도 및 인근 지역의 외국과의 무역이 제물포를 통해 이루어지며 중요한 금광 채굴권을 가진 미국, 일본, 프랑스, 영국의 네 명의 행정관이 이곳에 정착했다. 정부가 지원하는 담배 공장이 제물포에서 현재 가동 중이다. 1901년에는 93척의 군함이 제물포에 들어왔는데, 그중 35척이 일본, 21척이 영국, 15척이 러시아, 11척이 프랑스, 5척이 오스트리아, 4척이 독일, 1척이 각각 이탈리아와 미국 군함이다. 증기선과 범선은 1036척이었는데, 그중 567척이 304척의 증기선을 포함한 일본 배였고, 369척의 조선의 정크선과 증기선, 21척의 러시아 증기선, 8척의 미국 범선과 1척의 증기선, 4척의 영국 증기선, 3척의 독일 증기선, 62척의 중국 정크선, 그리고 1척의 노르웨이 증기선이 있었다. 이것은 1900년보다 군함이 47척, 상선이 70척 많은 것이다. 1900년 동안에 제물포를 입출한 선적량은 37만 416톤으로 전년도보다 약간 증가한 것이다. 그중 28만 7,082톤을 실은 500척의 증기선이 일본, 4만 5,516톤을 실은 261척의 증기선이 조선, 2만 7,999톤을 실은 41척의 증기선이 러시아, 4,416톤을 실은 2척의 증기선이 영국, 2,918톤을 실은 4척의 증기선이 독일 배였다. 1902년에 조선의 개항에 들어온 모든 선적의 완전한 통계표는 책 말미에 따로 도표로 첨부했다.

외국 무역에 문호를 개방한 조선의 모든 항구가 그렇듯이 제물포에는 조선 왕실의 해운세관 지부가 있는데, 이것은 로버트 하트 경의 지휘 하에 중국에 있었던 뛰어난 업무의 파생물이다. 맥리비 브라운(McLeavy Brown) 씨가 주로 책임을 지고 있는 조선 세관의 활동은 특히 성공적이며, 통치권의 신용을 높이는 데 큰 보탬이 되고 있다. 관리들의 부조리, 무관심, 연약함이 특히 문제가 되는 시기에 이 뛰어난 영국인의 봉사가 조국의 필요를 위해 더 직접적으로 기여할 수 없다는 것은 안타까운 일이다. 두 명의 존경스러운 영국인 관리가 일하는 것을 보면 그들의 활동 영역이 멀리 떨어져 있는 것이 안타까울 뿐이고, 그들의 끈질긴 열정에 대해 감탄하지 않을 수 없다. 외떨어진 상태에서 같은 일을 열심히 하고 있는 두 명의 책임자만큼 이런 감정을 불러일으키는 공무원은 거의 없다. 그런데 배신과 기만의 분위기 속에서 수행한 그들의 일은 너무나 자주 배은망덕한 대접을 받을 뿐이다.

조선의 무역이 이룩한 발전은 정직한 정부 밑에서는 잠재적인 가능성이 있다는 것을 보여주는 충분한 증거이다. 세관의 수입이 덜 중요한 대상으로 빼돌려지지만 않는다면 이 기관이 발전할 것이라는 희망이 있다. 황제는 최근에 세관 수입에서 1백만 엔을 항해 보조 시설을 위해 쓰도록 재가했는데, 31곳의 등대가 건설될 예정이다. 가장 일찍 만들어진 등대는 제물포가 위치한 한강 입구 쪽의 로즈(Roze)와 라운드(Round) 섬에 위치하게 될 것이다. 이것들이 모두 지어지면 항구에서의 선적 작업 증가는 물론이고 조선의 자원 면에서도 비슷한 발전을 분명히 초래하게 될 것이다.

조선 전체에서 외국과의 직접 무역을 통한 수출입 금액은 순금의 수출을 제외하고 2,300만 엔 이상(23,158,419)이었고, 금 수출은 400만 엔을 약간 초과(4,993,351)했다. 일본 엔화의 환율이 2실링 반 페니이기 때문에 전체 무역의 총 금액은 영화 287만 3,827파운드가 된다. 이 시기의 제물포의 무역은 1,113만 1,060 엔인데, 이것은 지난 3년의 무역 수입에서 거의 1백만 엔이 증가한 것이다. 수출품은 금, 쌀, 콩, 목재와 가죽이었다. 수입품은 대부분 미국과 일본제였고, 영국과의 무역은 규모도 작고 감소하는 추세였다. 외국으로부터의 전체 수입은 557만 3,398엔에 달했고, 수출은 431만 1,401엔이었다. 이듬해인 1902년의 통계는 수출 26만 9,747파운드, 수입 81만 4,470파운드였다. 1891년 이래의 상황과 비교할 때 제물포를 통과하는 전체 무역에서 외국인 비중은 꾸준히 상승하고 있다. 1891년의 총 수입은 30만 엔에 조금 못 미쳤으나 이 기간 동안의 전반적인 경기 부상이 나라 전체의 수입에 영향을 미치면서 이 금액은 55만 엔 이상으로 증가했다.

1901년과 비교하면 조선의 전체 무역은 1902년에 감소했다. 1902년에 전체 해외 무역은 274만 5,346파운드에 달했는데 그것은 다음과 같이 구성되었다.

수입: 138만 2,351파운드
수출: 84만 6,034파운드
금수출: 51만 6,961파운드

따라서 무역수지 적자는 1만 6,356파운드 정도였던 반면, 지난 5년간 수출 대비 수입의 초과는 10만 7,309파운드였다. 1900년에만 수출이 수입보다 많았다. 지난 5년간 무역의 평균은 237만 75파운드였으며 실제로 1902년에만 평균보다 37만 8,271파운드 많았다. 사실상 1902년 12월에는 제물포에서 전보다 많은 양이 거래되었고, 관세도 더 많이 걷혔다. 구체적으로 보면 바로 전년도와 비교해서 1902년의 수입은 11만 7,914파운드 적었고, 수출은 7,567파운드 감소했다. 1901년으로부터 많은 재고가 넘어왔고, 따

라서 무역 양의 감소는 불가피했다. 그러나 외국과의 무역 면에서
조선의 경제 사정을 더 잘 이해하기 위해서 나는 여기서 다룬 연
도의 수익률을 하나의 도표로 만들었고, 거기다 1898년을 기점
으로 5년마다의 평균치를 덧붙였다.

3장

경성으로의 이동·평화로운 도시·외국 영향·시초·교육
상점들·복장·기원·우편과 전신·청결의 방법

경성의 위치는 매혹적이다. 높은 언덕과 산이 도시 가까이에 솟
아 있고, 산등성이는 검은 나무 덤불이나 나무들이 살려고 안간
힘을 쓰는 곳을 제외하면 험하고 황량하다. 이러한 가파른 언덕
안과 성벽 밖에 있는 골짜기는 신선하고 푸르다. 중간에 초가집들
이 있는 작은 논은 경성과 제물포 항구 사이에 펼쳐져 있다. 대기
는 맑다. 공기는 달콤하다. 도시는 깨끗하고 정돈되어 있다. 더구나
3층짜리 벽돌 건물에서 편안하게 사는 것도 가능하다. 그 건물은

성벽 밑에 자리 잡고 있는 여러 개의 조선식 건물들을 개조해서 스테이션 호텔로 만든 것이다.

경성을 둘러싼 성은 하나뿐이다. 그것은 베이징의 성처럼 높거나 웅장하지 않다. 그러나 도시를 둘러싼 산으로 인해 아름다움이 더해져서 훨씬 더 그림처럼 보인다. 경성의 성벽은 아무 거리낌없이 산 가장자리에 달라붙어 정처 없이 헤매면서 외진 곳까지 기어 올라가는 모습이 난징(南京) 관문의 성벽을 닮았다. 성벽은 북한 산의 높은 봉우리를 넘어 남산의 아름답고 외로운 꼭대기를 가로질러 한쪽으로는 숲을 감싸고, 다른 쪽으로는 텅 빈 벌판을 끌어안으며, 이쪽 골짜기로 떨어졌다가 다시 몇백 미터 높이의 산등성이로 솟아오르곤 한다. 성벽의 보존 상태는 훌륭한 편이다. 그것은 겉에 돌을 붙인 진흙 성벽이 군데군데 있지만 대개는 단단한 석조 구조물로서 둘레가 14마일, 높이가 25~40피트 정도이며 성벽 전체에 성가퀴가 만들어져 있고, 8개의 돌 아치로 된 출입구가 있다. 아치는 대문 역할을 한다. 대문의 꼭대기에는 높은 기와 탑이 있고, 박공은 중국식으로 곡선을 이룬다.

이 돌 성벽의 반경 내에서 도시는 평야를 가로지르거나 산등성이 위에, 혹은 골짜기의 아늑한 보금자리 속에 펼쳐져 있으며 상쾌하고 시원하고 편안한 은둔을 즐긴다. 도심지에는 지친 구경꾼의 눈을 즐겁게 하는 풍경의 변화가 있다. 이 경계를 넘어서면 나라의 외관과 성격은 매우 상쾌하며, 평야가 단조롭게 끝없이 펼쳐져 베이징에서처럼 성벽 외곽에 당도하자마자 수도의 질이 확 떨어지는 그런 면이 없다. 이 광활한 풍경 속에는 언덕과 울창한 골짜기가 있다. 촌락들은 짙고 시원한 숲의 그늘 밑에 자리 잡고 있다. 언덕 위에는 많은 웅장한 묘소들이 있으며 나무 울타리가 바람으로부터 그것을 보호한다. 어디를 가나 아름다운 산책길이나 승마 도로가 있으며 평화롭고 괴롭힘을 당할 우려가 없다. 외국인들이 지나가도 농부들은 쳐다보지도 않으며, 한가하게 밭을 고르거나 힘센 황소로 논을 쟁기질하면서 시간을 보낸다. 이 땅이 이렇게 비옥하게 된 것은 세심한 관리나 목적에 맞게 열심히 노력을 해서라기보다는 관대한 자연의 덕분이다.

몇 년 전에는 옛 도시의 영화가 사라졌다는 생각을 했었다. 실제로 수도가 엄청나게 방치된 상태를 보면 이런 견해를 갖는 것도 당연하다. 그러나 지금은 번영의 조짐이 보이고 있다. 옛 질서가 새로운 질서에 자리를 내주고 있다. 외국과의 교류의 결과를 사람들이 너무 재빨리 깨달았기 때문에 몇 년이 지나면 경성에서 옛날의 수도와의 연관성을 찾아보기 힘들게 될 것이다. 그것은 약간 급격한 변화이다. 전신의 도입으로 밤마다 산꼭대기의 봉화를 통해 나라의 안전을 알리는 일이 필요 없게 되었다. 대문도 더이상 밤에 닫아놓지 않는다. 해질 녘에 도시 전체에 저녁 종이 큰소리로 울리지도 않으며, 관리의 가마 앞을 달리는 사람들도 자기 주인의 행차를 쉰 목소리로 알리는 일을 중단한 지 한참 되었다. 도시의 환경에 가해진 이런 개선—거리와 집, 위생적인 조치와 의사소통의 방법—들이 낡은 습관을 대치하게 되었다. 훌륭하고 빠른 기차가 제물포에서 출발한다. 전차는 시내와 시외로 빠른 이동을 제공한다. 심지어 은자의 왕국의 수도의 어떤 지역에서는 밤에 전깃불이 들어온다. 더구나 수도관도 거론되고 있다. 경찰력이 재구성되었다. 하수도가 도입되면서 악취도 사라졌다. 1903년의 수도의 인구는 성인만 19만 4,000명이었다. 이것은 1902년의 인구에서 2,546명이 감소한 것이다.

나라가 외국에 개항을 한 이래 주민들은 외국인을 구별하는 특별한 차이에 익숙해지는 시간을 갖게 되었다. 그 기간 동안 조선 사람들은 자신의 복지를 증진하고 동시에 전통과 결별하는 데 대한 보상을 제공한다고 생각되는 제도들을 직접 선택할 기회를 무수히 갖게 되었다. 조선의 수도는 전차 선로의 개설, 장거리 전화와 전신의 제공, 전깃불의 설치, 주요 도로와 건물의 전반적인 개축, 하수도 시스템의 개선을 통해서만 주민들 사이에서 일어나고 있는 새로운 기운을 표현하고 있는 것이 아니다. 교육에서의 개혁도 일어나고 있다. 학교와 병원도 문을 열었다. 은행과 외국인 가게와 대리점도 생겨났다. 도자기 제조 공장이 가동 중이다. 외국 선교사들이 사람들에게 전도하고 있는 종교의 수와 종류도 중국에서만큼 놀랍고 다양하다. 앞으로는 종교적인 위안의 근원이 되는 위로의 예언이 부족할 일은 없을 것이다. 교육 업무의 운영은 외국 과목의 수업을 위한 모든 설비를 제공한다는 원칙 위에서 이루어지고 있다. 외국인 교사의 감독 하에 정부가 운영하는 외국어 특수학교도 세워졌다. 실제로 도시의 일반 학교의 커리큘럼에도 놀랄 만한 변화가 일어나고 있다. 외국어 외에도 수학, 지리학, 역사 등이 이들 학교에서 배우는 과목들이며 최근에는 외국인이 감독하는 측량 학교가 개교했다. 하류 계층 전체에 퍼져 나가는 계몽의 물결은 상류층이 이 나라의 발전을 바라보는 시각과 정서를 마침내 바꾸어 놓고야 말 것이다. 시대의 징조로서 몇몇 외국어 신문이 발간되었다는 것은 주목할 만하다. 한편 비즈니스의 증가는 금융 거래를 위한 개선된 시설의 필요성을 창출했고, 이런 발전은 다이이치(第一) 은행의 구미만을 당긴 것은 아니었다. 노중(Russia-Chinese) 은행도 이런 일본 금융기관과 경쟁하려 하고 있다. 제물포에 러시아 은행 지점을 설치하는 것이 고려되고 있으며, 거기서는 일본 은행의 여러 화폐와 경쟁할 루블 지폐가 발행될 것이다. 더구나 정부는 도심에 서양 양식의 큰 건물을 세울 준비를 하고 있는데, 조선의 중앙은행 본관으로 사용될 것이다. 그것은 3층짜리 건물이 될 것이고, 조선의 모든 13개 도에 지점을 설치할 계획이다. 은행의 주된 목표는 정부 기금의 원활한 유통이며, 그것은 그동안 정부에 큰 짐이 되어왔다. 그러나 중앙은행은 일반 은행 업무도 할 것이며, 그것을 목적으로 중앙 은행장인 이용익은 정부의 조폐국에서 1, 5, 10, 100달러 지폐를 발행할 준비를 하고 있다.

이것들과 함께 우편과 전신 서비스도 적지 않은 관심을 받아왔다. 1883년까지 조선에는 전신 통신이 없었다. 그 당시 일본은 대마도에 중계국을 두고 나가사키(長崎)와 부산을 잇는 해저 케이블을 놓았다. 얼마 후인 1885년에 중국은 종주국의 특권을 이용하여 전직 덴마크 전신국의 직원이었으며 수년 동안 중국에서 일해왔던 전신 기사 J. H. 뮤렌스테스(Muhlensteth) 씨를 파견하여 제물포에서 서울, 평양을 거쳐 압록강의 의주까지 전신선을 구축하도록 하였으며, 의주 맞은편의 중국 국경 기지 단둥(丹東)에서 중국 전신 종합시스템과 연결되었다. 북서쪽의 이 전신선은 몇 년 동안 조선의 수도와 외부 세계를 연결하는 유일한 전신 통신의 수단이었다. 그것은 중국 정부의 비용과 통제 하에 운용되었으며, 전신선의 거의 대부분이 파괴된 중일전쟁이 일어난 후에야 조선 정부가 그것을 다시 구축했다.

1889년에 조선 정부는 서울에서 부산까지의 전신선을 건설했다. 중일전쟁 후에는 전신 통신이 서울에서 원산과 목포까지 확장되었다. 최근에는 지속적인 발전이 이루어져 국내의 전신망은 3,500킬로미터에 달하며 27개 국에 113명의 국장, 기사, 비서, 교환수, 303명의 학생을 고용하고 있고, 모르스 시스템이 사용되고 있다. 전기는 르클랑슈(Leclanche) 배터리를 사용해서 발전한다. 전보는 조선어, 중국어, 혹은 중국 행정부가 사용하는 코드, 그리고 국제전신협정이 승인한 여러 개의 외국어로 보낼 수 있다. 오지와의 통신을 원활하게 하기 위해서 국내의 여러 전신국에서는 말을 통한 중계 시스템이 운영된다.

아래의 도표는 최근에 일어난 조선 전신시스템의 발전상을 비교를 통해 보여준다.

	1899	1900	1901	1902
정보(건)	112,450	125,410	152,485	209,418
수입(달러)	50,686,89	72,443,26	86,830,86	112,337,18
전신선의 길이 (리)	5,000	5,090	6,510	7,060
전신국(사무소 개수)	19	22	27	27

조선 왕실의 우편제도 설립은 비교적 최근의 일이다. 수년 동안,

사실 수세기 동안 조선에는 우리가 생각하는 우편 서비스가 없었다. 각 도의 도지사들에게 보내는 서찰을 전달하는 공식적인 파발 제도가 운영되었다. 이 파발꾼들은 나라의 여러 지역에서 유지되는 파발마를 갈아타고 여행했다. 개인적인 서찰은 여행객이나 장사꾼들을 통해 전달되었고, 보내는 사람이 매번 심부름꾼과 개인적으로 조율을 해야 했다. 1877년에 우편연합에 가입하고 조선과의 조약을 체결한 일본은 이미 조선에 상당수 들어와 있는 자국민들의 필요를 위해 부산, 원산, 제물포에 우체국을 설치했다. 1882년에는 세관에서도 각 항구들은 물론이고 조선과 중국 간에도 일종의 우편제도를 시행하였다. 그러나 이러한 기관들은 항구 간의 교신에만 한정되어 있었고, 내륙으로 편지를 보내고자 하는 사람은 개인적으로 알아보아야만 했다. 1884년에 조선 정부는 모든 사람이 이용할 수 있는 공식적인 우편제도를 최초로 실시하려는 시도를 했다.

그러나 조선의 우편 서비스가 일본인들의 감독 하에 마침내 실시된 것은 중일전쟁이 끝나고 난 후인 1895년이 되어서였다. 몇 년 동안 이 서비스는 조선 내에서만 한정이 되었고 외국 우편은 취급하지 않았다. 1897년에 조선 정부는 우편연합에 가입하기로 결정했고, 이것을 목적으로 2명의 대표가 그해 5월과 6월에 워싱

턴에서 열린 만국우편회의에 파견되었다. 그리고 그들은 국제협약에 서명했다. 마침내 1898년에 정부는 프랑스 우편전신국의 직원인 클레망세(Clemencet)를 우편국의 고문이자 강사로 채용했고, 1900년 1월 1일에 조선은 우편연합에 가입했다.

우편 서비스는 경성의 중앙우체국 외에도 37개의 지방우체국에서 풀가동 중이며, 326개의 우편지국에서는 국내나 국외의 일반 혹은 등기우편 업무를 하고 있다. 이 우체국들이 담당하는 우편 경로 상엔 747개의 우체통이 설치되었다. 완전 가동 중인 우체국만이 체신부 대신의 관할 하의 하급 공무원에 의해 운영되며, 756명 중에 114명이 공무원과 비서이고, 642명은 배달부와 경비원 등이다. 우편지국의 운영은 내무아문(內務衙門)의 통제를 받는 도지사의 관할이며, 우편 시스템의 통제와 운영이 직접적으로 문제가 되지 않는 한 체신부와는 아무런 관련이 없다. 경성에서 출발하여 일곱 개의 간선도로를 따라 달리는 육상 우편 경로망은 우편배달부들에 의해 양방향으로 매일 운행된다. 각 지방 우체국은 배달 업무를 통제하고 그것은 또 더 작은 우편지국과 연결된다. 우편지국에서는 총 472명에 달하는 도보 우편배달부를 통해 1주일에 세 번 배달을 한다. 우편배달부는 등에 최대 20킬로그램의 짐을 지고 다닌다. 우편물이 이 한계를 초과하면 사람이 추가

투입되거나 소포용 말을 사용한다. 우편배달부는 매일 최소 40킬로미터의 거리를 담당해야 한다. 조선의 중심부와 남쪽, 그리고 북서쪽에서는 닷새 안에 모든 배달 경로를 오갈 수 있고, 북쪽과 북동쪽에서는 왕복하는 데 8일이 소요된다.

조선이 우편연합에 가입한 이래 우정국에서는 육상 배달 서비스 외에도 조선의 여러 항구와 외국 우편물 배달을 위해 여러 해상 서비스를 실시한다. 조선의 우편물을 운송하는 여러 증기선 회사를 보자면 일본 유선해상의 배들은 고베(神戶), 나가사키, 부산, 목포(가끔), 제물포, 즈푸, 타쿠, 원산 그리고 블라디보스토크에 기항한다. 오사카(大阪) 조선해상의 배들은 부산, 마산, 목포, 제물포, 진남포에 기항한다. 진남포는 12월에서 3월까지 얼음으로 덮인다. 나가사키, 제물포, 뤼순, 즈푸를 경유하여 블라디보스토크와 상하이(上海) 사이를 왕래하는 중국동방철도회사의 배들도 이용된다.

조선의 세관을 성공적으로 발전시킨 역할을 한 사람은 경성을 수리하는 일에도 놀라운 능력을 발휘했다. 새로운 모습의 경성은 7년이 채 되지 않았지만, 맥리비 브라운 씨와 지금은 전근되었지만 열정적이었던 조선인 시장은 많은 사람들이 사는 더럽고 좁은 지역을 청소하고 재건축하는 일을 시작해서 4주 안에 끝내버렸다. 도시의 이전 상태를 아는 사람들에게 이 과업은 불가능한 일처럼 보였을 것이다. 그럼에도 불구하고 특별한 변신이 일어났다. 썩어가는 골목, 겨울 동안 쌓인 모든 종류의 오물, 찐득거리는 더러움과 코를 찌르는 악취가 있는 옛 경성은 수도의 도성 안에서만큼은 거의 완전히 사라졌다. 거리는 멋지고 널찍하고 깨끗하고 잘 만들어졌으며, 하수도 시설도 잘 되어 있다. 좁고 더러운 골목은 확장되었다. 도랑은 복개되었고 길은 넓어졌다. 기차, 자동차, 전기, 전신망, 기차역 호텔, 벽돌집과 유리창이 있는 경성이 마침내 동양에서 가장 흥미롭고 깨끗한 최고의 도시가 되는 것도 얼마 남지 않았다. 그러나 경성은 아직 유럽화된 도시는 아니다. 왜냐하면 순전히 조선식의 원칙의 아름다움과 건축 기준이 종교적일 정도로 유지되고 있고, 앞으로의 발전 과정에서도 지켜질 것이기 때문이다.

가게들은 여전히 도랑 옆에 붙어 있다. 보석 가게는 도시의 하수구 위에 매달려 있다. 장롱과 밥상 제조상들은 주요한 신작로 양쪽을 점거하고 있으며, 그들의 귀한 가구는 더러운 도랑에 반쯤 잠겨 있다. 조선의 장롱은 아주 아름다운 물건이다. 장롱은 놋판으로 장식되고 놋으로 된 못이 박혀 있으며 웅장하고 열장이음이 잘 되어 있고 디자인과 마무리가 우수하다. 보석상의 작품은 개별적으로 보면 예술적인 개념을 보여주는 작품이 있을지 몰라도 조잡하고 볼품이 없다. 주된 장식품으로는 은팔찌와 머리핀, 귀고리,

그리고 머리를 장식하는 데 필요한 다양한 액세서리들이 있다. 양 곡상과 야채상은 길가에서 장사를 한다. 조선의 상인들은 기회만 있으면 큰길을 잠식하는 것을 좋아한다. 일단 도시의 큰길에서 벗어나면 골목 양쪽의 가게주인들이 자기 물건을 길 안쪽으로 눈에 띄게 밀어 놓으려고 하기 때문에 통행이 완전히 막히게 된다. 조선에서 백정 일은 직업 중에서 가장 천박하다. 지역사회에서 가장 천한 계급조차도 이들에겐 열려 있지 않다. 푸줏간은 기분 나쁘게도 하수구 근처에 있다.

경성에는 궁궐이 수없이 많지만 폐하께서 재산을 불리고 싶어 하기 때문에 또 다른 건물을 왕궁의 용도로 바꿔야 할 가능성이 있다. 궁궐의 경내는 많은 재상들의 특징을 익힐 수 있는 기회를 외국인들에게 언제나 제공한다. 폐하께 주청을 드리려고 안달이 난 이들은 자신들의 시기가 나라에 미칠 운명에는 아랑곳하지 않고 서로 싸우거나 음모를 꾸미고, 거기에 대한 대비를 하거나 이미 가진 패를 위해 싸운다. 가마가 입궐하는 행렬은 언제나 눈에 띄며 경내에 주인을 내려놓은 시종들과 추종자들은 알현이 끝날 때까지 거기서 서성거린다. 그러고 나면 재상들은 똑같이 말없는 근엄함으로 이상한 모자와 옷을 입은 사람들의 무리 사이를 빠져나가는데, 사람들도 당당한 나리들의 행차를 눈여겨보지 않는다.

관리들은 태도와 외모에서 우아함을 자랑한다. 직위에 따른 의상의 차이는 값의 차이에서 가장 잘 드러난다. 귀족의 의상은 값어치가 몇백 달러나 된다. 그것은 조선의 직기에서 짠 최고의 비단으로 만들었으며 결도 부드럽고 크림색이다. 폭이 넉넉하며 목욕가운처럼 몸을 충분히 감싼다. 옷은 오른쪽 가슴 위에 단 두 개의 큰 호박 단추로 여민다. 자주색 끈으로 만든 비단 허리띠가 겨드랑이 밑에서 몸을 두른다. 한 사람의 의상은 티 하나 없는 백색 비단이나 크림색 비단으로 된 두루마기 여러 벌에다 푸른 비단으로 된 겉옷으로 구성된다. 비슷한 스타일로 옷을 입은 이 사람들의 움직임은 나뭇잎이 우거진 숲에 산들바람이 바스락거리는 것과 같다. 지위가 덜 높은 사람들의 옷은 티 없는 청결함을 그다지 인상적으로 보여주지는 못한다. 값어치도 몇 달러에 불과하다. 그것은 거친 옥양목이나 여러 종류의 질감을 가진 모시로 만들었고, 먼저 세탁을 한 후 다듬이질을 하고 말린 다음 윤이 날 때까지 다시 다듬이질을 한다. 이것은 하층 여성들의 유일한 일이며 낮이고 밤이고 규칙적인 다듬이 소리는 많이 들린다.

여성의 의복은 어떤 면에서 경성만의 특징을 가지고 있다. 상의는 흰색이나 크림색의 주아브(zouave) 재킷 같은 것으로 되어 있고, 비단, 천, 혹은 옥양목으로 만들 수 있다. 저고리 몇 인치 밑에서 흰색 속치마가 시작되는데, 돛처럼 풍성하고 사방에서 바닥까지 내려오며 넓은 띠로 연결된다. 이 두 의복 사이에는 맨 살만 있어서 가슴이 완전히 노출된다. 밖에서 볼 수 있는 여성은 대개 나이가 들거나 허약한 사람이기 때문에 이것은 보기 좋은 광경은 아니다. 자신들의 사라지는 매력을 돋보이게 하려는 듯이 여성들은 언제나 얇은 녹색 비단 망토인 장옷을 쓰고 있는데, 이것은 거의 경성에만 있는 것이며 여자들이 거리를 지나갈 때 얼굴을 가리기 위해 사용한다. 남자를 만나면 여자들은 그것을 눈 아래로 붙잡는다. 장옷의 목은 입는 사람의 머리 위로 뒤집어쓰게 되어 있고, 길고 넓은 소매는 귀에서 늘어뜨린다. 감춘 얼굴과 드러난 가슴이 보여주는 대조의 효과는 정말 우스꽝스럽다. 그것을 제대로 쓰면 한쪽 눈과 뺨과 관자놀이와 이마가 약간 드러난다. 그러나 그것은 거의 불필요하다. 왜냐하면 대부분의 여성들의 경우 그들의 유일한 매력은 장옷이 감추고 있는 잠재된 아름다움이기 때문이다. 여자들은 다른 머리 덮개는 쓰지 않는다. 보통의 경우 여자들은 랭트리[7] 부인이 소개한 것과 다르지 않은 방식으로 머리를 수수하게 목덜미로 내려오게 한다.

7 저지 릴리(Jersey Lily)로 알려진 영국의 미녀 배우

남자들이 머리에 쓰는 모자는 독특한 특징을 보이는 의상만큼이나 다양성을 보인다. 상중일 경우 첫번째 단계에서는 빨래 바구니만큼 큰 모자를 써야 한다. 그것은 둘레가 4피트이고 얼굴을 완전히 가리며, 거기다 두 개의 막대기에 거친 천을 묶어 바로 눈 밑에 지탱함으로써 얼굴은 더욱더 가려지게 된다. 이 단계에서는 얼굴을 전혀 볼 수 없다. 두번째 단계는 얼굴을 가렸던 천을 치우는 것으로 시작된다. 세번째는 뒤집힌 바구니 같은 모양 대신 짚 색깔의 보통 모자를 쓰면서 시작된다. 보통 때 쓰는 모자는 웨일스 여자들이 쓰는 꼭대기가 높은 모자 모양이며, 챙이 넓고 대나무 틀위에 검은 거즈를 씌워서 만들었다. 모자는 턱 밑에 체인이나 대나무 조각으로 만든 줄로 고정시키며 그 사이에는 작은 호박 구슬을 삽입했다. 중상류층은 다양한 종류의 실내용 모자, 의식용 갓과 망건을 쓴다.

미혼 남자와 기혼 남자는 머리 모양이 다르다. 미혼 남자, 총각은 땋은 머리를 한다. 결혼을 하면 머리를 원추 모양의 덩어리로 묶어서 올리고 이마와 두개골 뒷부분을 완전히 감싸는 말총으로 만든 망건으로 고정시킨다. 서양식의 영향을 받은 몇몇 사람은 머리를 깎았다. 이것은 특히 경성에서 근무 중인 군인들에게서 볼 수 있으며, 황제의 명령에 따라 경성에 있는 모든 무관과 문관은 외국 스타일을 채택했다. 사내아이들과 여자아이들은 괴짜에다 더러운 개구쟁이들로서 일정 나이가 될 때까지는 거의 발가벗은 상태로 거리를 쏘다니고, 도랑에서 노는 것이 허용된다. 그리고 여기 극동 지방에서 흔히 볼 수 있는 경제 활동의 한 패턴이 있다. 사내아이들은 재빨리 일자리를 찾는 반면 가난한 여자아이들은 식모로 팔려가거나 상류층에 딸린 신분이 된다. 그들이 거리에 다시 모습을 나타내어 마님의 가마 곁에서 수행을 하는 모습을 보면 외모를 깨끗하고 단정하게 꾸미도록 교육을 받았음을 알 수 있다. 어쨌든 어린 나이인 그들은 활기 있고 건강한 모습들이다. 그러나 삶의 조건으로 인해 그들은 곧 때 이른 피로의 기색을 보인다.

몇몇 개혁이 도입되었지만 경성에는 은자의 왕국의 유산이라고 할 수 있는 구질서의 모습이 많이 남아 있다. 여성들은 여전히 조심스럽게 격리되어 있다. 상류층 여성들이 밤에만 야외 운동을 할 수 있도록 허용하는 관습 또한 여전하다. 그러나 남자들은 그 시간에 거리에서 더이상 배제되지 않는다. 하녀들이 비추는 등불로 발걸음을 밝히며 이리저리 뛰어다니는 밤의 흰 정령들의 모습은 군중이 모두 흰 옷을 입고 움직이는 경성의 낮 동안의 광경만큼이나 놀랍다. 조선인들이 가득 찬 거리는 헨리 노먼 의원이 전에 표현했듯이 부활의 정통적인 개념을 암시한다. 남자들과 여자들의 모습이 경성을 특이한 매력을 가진 도시로 만든다는 사실은 부인할 수 없다. 남자들은 잘 생기고 체격이 좋고 온화한 사람들이며, 태도에 품위가 있고 공손하며 남들에 대한 배려가 많다. 이런 타입은 이들이 몽골 및 북아시아의 반야만적인 유목민과 서아시아의 백인종의 후손이라는 틀림없는 증거를 제시한다.

북쪽에서 내려오고 남쪽에서 올라온 이 두 인종은 아리안족의 인도 침입 당시에 조선의 북쪽과 남쪽에 살았다. 마침내 서로 섞인 그들은 자신들이 통제할 수 없는 진기한 상황에 의해서 융합되어 독특한 타입과 습관과 언어를 지닌 국가로 세계에 등장했다. 조선인의 근원을 백인종으로 추정할 수 있는 것은 얼굴의 유사성 때문이다. 중국어와 매우 밀접한 조선의 언어는 인도 언어들에서 발견되는 소리와 많은 언어적 특징들을 재생한다. 조선은 몇 세기 동안 중국의 예술과 문학의 영향을 받았지만, 두 나라의 전설 사이에는 사실상 일치하는 부분이 없다. 중국의 민담은 조선 민족의 모호하고 환영(幻影)적인 전통과 아주 다르다. 중국이 전혀 손상되지 않은 기록으로 표현하고 있는 시기에 해당하는 조선의 초기 역사에는 거대한 빈 공간이 있다. 이런 상황에서는 연구가 진행될 수 없다. 따라서 후손들에게는 세계사의 기록되지 않은 챕터만이 제공되고 그것은 기껏해야 희미하게 그려볼 수 있을 뿐이다.

4장

수도의 심장·국내 경제·여성 노예·도덕의 기준·예행 연습

은자의 왕국의 주민들은 우아한 무위(無爲)의 기술에 아주 능하다. 그러므로 조선의 일상생활에는 무한한 매력과 다양성이 있다. 조선 사람들은 수동적으로 즐거움을 누리고, 그들의 타고난 무능력 때문에 햇빛을 받으며 부드럽게 거닐거나, 집의 그늘에서 가부좌로 앉아 있는 것밖에 할 일이 없어 보인다. 무위는 그들에게 잘 어울린다. 격렬한 움직임은 그들의 독특한 의복의 성격과 정말 어울리지 않는다. 그들의 근엄한 외모와 정중한 행동거지는 거리의 풍경을 더욱 돋보이게 한다. 흰 두루마기를 입고, 흰 바지를 입고,

흰 버선을 신고, 천천히 걸어 다니는 사람들의 모습은 눈으로 보기에 거부할 수 없는 매력이다. 여자들도 남자 못지않게 흥미롭다. 의복의 독특한 모습, 즉 세계 어느 여성 복장과도 다른 특징은 매력 있게 보이고 싶은 여성들의 기분을 충분히 잘 나타내준다.

여자들은 낮 동안에는 거리에 그다지 많이 나다니지 않는다. 그들의 격리 정도는 사회에서의 신분에 따라 다르다. 대개 어디서나 세 개의 계층으로 분리되는 사회적 장벽은 이 나라에서도 잘 구분된다. 물론 양반이나 귀족은 지배계층이다. 상류층 여성은 규방의 여인들처럼 산다. 12세부터 상류층 여자는 집안사람들이나 가까운 친척에게만 모습을 보인다. 일찍 결혼하기 때문에 남자들과의 친분은 12촌 이내로만 한정되어 있다. 그녀는 네 명의 가마꾼이 나르는 휘장이 쳐진 가마를 타고 친구 집을 방문할 수도 있다. 그녀는 좀처럼 걷지 않으며, 혹시 걸을 때에도 얼굴은 장옷의 자락 속에 언제나 감추어져 있다. 중산층 여성들에게는 길거리 외출에 있어 제한이 그다지 많지 않으며, 귀족들만큼 집에 은둔해 있는 것도 아니다. 하지만 그들도 얼굴은 가린다. 장옷은 터키의 베일처럼 완벽한 은폐의 수단이 아니다. 더구나 나이가 들면 그것을 쓰지 않는 경우가 많다. 하류층에 속하는 기녀, 종, 비구니, 창기들은 장옷을 쓰지 못하게 되어 있다. 여자 의원들도 장옷을 쓰지 않지만, 의술은 고귀한 집 태생의 여성만이 종사할 수 있다.

일반적으로 조선 여성들의 주된 직업은 어머니가 되는 것이다. 처녀가 20세가 되도록 결혼을 하지 못하면 큰 문제가 생기며, 아이를 낳지 못하는 것은 가장 좋은 이혼 사유이다. 결혼 생활에 있어서 아내는 남편의 재산에 보탬이 되고 가계에 기여해야 한다는 기대를 받는다. 상류층 여성이 장사를 하고 싶으면 의술뿐 아니라 몇몇 직업의 길이 열려 있다. 그들은 누에를 치거나, 양봉을 시작하거나, 짚신을 삼거나, 교사직을 할 수 있다. 레이스와 옷을 만들거나 과일과 채소 장사는 할 수 없다. 사회적 계층이 내려가면 여성에게 개방된 직업의 수와 종류가 많아진다. 중산층 여성들은 의술과 교직을 빼고는 상류층 여성들의 모든 직업에 종사할 수 있다. 그들은 첩이 될 수도 있고, 요리사가 되거나, 유모가 되거나, 궁중에서 일을 할 수도 있다. 그들은 모든 종류의 가게, 술집, 호텔을 운영할 수도 있고, 특정한 어업권을 가지고 조개, 오징어, 해삼을 잡을 수도 있다. 그들은 또 장화와 신발을 만들 수도 있다. 그물을 짤 수도 있고 담배 주머니를 만들 수도 있다.

중산층 여성들에게는 약간의 사람 대접이 있긴 하지만 하류층 여인들은 경멸의 대상이다. 중산층 여성들이 할 수 있는 일 중에서 천출의 여성이 결코 할 수 없는 일이 두 가지 있다. 천출의 여성은 결코 궁궐에서 일자리를 가질 수 없다. 또 담배 주머니를 만드는 일도 할 수 없다. 무당, 곡예사, 광대, 무희, 창기가 될 수는 있다. 이 세상에서 가장 오랜 역사를 가진 두 개의 직업 사이에도 엄청난 차이가 있다. 무희는 대개 돈 많은 귀족의 첩이 됨으로써 직업을 마감한다. 창기의 직업에는 정년이 없다.

조선 여성들의 활동과 에너지를 보고 있으면 감탄할 수밖에 없다. 그토록 멸시를 받으면서도 가계와 나라의 삶에 큰 경제적 요인이 된다. 주변 환경이 그녀를 과중한 짐을 진 짐승 같은 신세로 만들었다. 그녀는 주인과 상전이 한가롭고 사치스럽게 평안한 삶을 누리도록 열심히 일한다. 이처럼 말도 안 되는 열등감의 논리가 그녀를 주눅 들게 하고 악영향을 미치지만, 그녀의 근면한 성실성은 남편의 열심보다 훨씬 더 두드러진다. 조선의 여자는 특히 활동적이고 강한 성격을 가졌으며, 비상사태에 대처를 잘 하고 미신적이고 인내심이 강하고 굴하지 않고 용기가 있고 헌신적이다. 중산층과 하류층에서 여자는 옷 짓는 사람이며 세탁부이다. 그녀는 집안에서 남자의 일을 하며 들에서는 짐승이 하는 일을 한다. 요리도하고 재봉질도 한다. 빨래도 하고 다림질도 한다. 일을 꾸미고 처리하거나 밭을 갈고 경작한다. 모든 역경을 만날 때, 군주와 그녀의 게으른 주인이 희망을 잃고 완전히 무너지는 시련과 어려움의 시기에, 만신창이가 된 집안을 지탱하는 것은 그녀이다. 이전 왕조에서는 조선 여성의 활동 영역이 이처럼 제한되지는 않았다. 여성을 고립시키는 법도 없었다. 여성들도 더 큰 공적인 자유를 누렸던 것이다. 그러나 고려 말에 사회의 분위기가 움츠려들면서 여성들은 폭력의 특별한 대상이 되었다. 불교 승려들 사이에는 성적인 타락이 만연했다. 불륜은 하나의 오락이었다. 강간은 유행이 되었다. 현 왕조는 여성을 고립시키고 더욱더 굴복시킴으로써 이런 악행들을 제어하고자 했다. 그러나 타락과 부도덕이 너무나 오랫동안 난잡하게 이루어졌기 때문에 남자들은 이미 오래전부터 자기 여자들을 스스로 고립시키기 시작했다. 남자들이 여성들을 어느 정도 존중하긴 했지만 서로를 전적으로 믿지는 못했던 것이다. 조선의 남자들이 자신들의 사악한 성향을 두려워하게 되면서 이처럼 자생적으로 생겨난 여자 감금 시스템의 주된 원인은 바로 불신과 의심이었다. 지금 자신들에게 부여된 보호라는 것에서 여자들은 자신들의 몫인 끝없는 중노동과 허드렛일에 대한 보상을 찾을 수도 있겠다.

현재 조선인들 사이의 노예제도는 여성 노예의 소유만으로 국한되어 있다. 1592년에 일본 군대가 도요토미 히데요시(豊臣秀吉)의 지휘 하에 조선을 침략할 때까지만 해도 남자와 여자 노예 모두 허용되었다. 임진왜란에서 남자들을 너무 많이 잃게 되면서 전쟁이 끝나자 남자를 노예로 삼는 것을 금지하는 법이 선포되었다. 그러나 상노(심부름하는 아이)는 여전히 존재하는데, 그는 특정한 용역을 제공하고 그 대가로 음식과 의복을 제공받는다. 상노의 지위는 머슴보다는 낮고 노예보다는 우월하다. 그는 어떤 계약에도 묶이지 않으며 따라서 마음대로 떠날 수 있다.

노예의 의무는 집안의 험한 일을 하는 것이다. 그녀는 빨래를 하는데 그것은 조선의 집안 살림에서 고되고 한도 끝도 없는 노동이다. 그녀는 우물에서 물도 긷고 요리를 도우며 시장도 보고 심부름도 한다. 그녀가 고상한 일에 참여하는 것은 금지되어 있다. 그녀가 있을 곳은 부엌이나 마당이며, 주인마님의 하녀나 어느 누구의 몸종도 될 수 없다.

조선의 여자가 노예가 되는 데는 네 가지 길이 있다. 너무나 가난하여 음식, 의복, 잠자리를 제공받는 대가로 자발적으로 노예가 될 수 있다. 이런 식으로 노예가 되는 여자는 다시 자유를 되찾을 수 없다. 이런 여자는 자신을 팔거나 다른 사람에 의해 구매되는 노예보다 권리가 더 적다. 노예 상태에서 죽은 노예의 딸은 노예 생활을 계속해야 한다. 여주인이 결혼할 때 그런 노예는 결혼 지참금의 일부로 간주된다. 친척의 역모 행위를 통해 노예 신세가 되는 여자도 있다. 역모의 죄가 있는 남자의 가족은 정부의 재산이 되며 여자들은 고위관리에게 할당된다. 그들은 대개 자유를 얻는다. 여자는 또 고용주가 될 사람의 인정을 받아 노예가 될 수도 있다. 그녀가 사람들의 마음에 들고 좋은 추천을 받게 되면 그녀의 품은 4만, 5만, 혹은 10만 냥에 팔릴 수도 있다. 돈이 지불되면 그녀는 쉽게 자신의 신분을 증명할 목적으로 도장 대신에 문서에 지장을 찍어서 구매자에게 자신의 몸의 증서를 준다. 이러한 거래는 정부의 인정을 받지는 못하지만 계약은 여전히 구속력이 있다.

노예가 죽으면 노예의 딸이 부모의 자리를 대신해야 한다는 법이 있기 때문에 노예들의 결혼을 성사시키는 것은 순전히 주인의 이해관계에 달려 있다. 자신들의 품에 대한 보상을 받는 노예들은 마음에 드는 사람과 결혼할 권리가 있다. 그 부부에게는 숙소도 제공된다. 그러나 집 주인은 남편의 노동에 대해서는 권리 주장을 할 수 없다. 자발적으로 노예가 되어 일에 대한 아무런 대가도 받지 않는 노예는 동의가 없이는 결혼하지 못한다. 이런 경우 주인이 몇 년이 지난 다음에 그녀의 자유를 회복시켜주는 것이 드물지 않은 관습이다.

지금까지 조선 여성의 지위는 너무나 비천해서 교육이 필요 없었다. 지체가 높지 않은 중간 계층에 속하는 사람들을 제외하고는 문학과 예술적 기능이 계발되지 않았다. 그러나 고급 정부(情婦)들은 똑똑하고 즐거움을 주는 반려자가 되려는 목적으로 정신적인 능력을 훈련하고 계발시켰다. 그들의 직업을 나타내는 한 가지 표시는 그들의 문화, 매력, 그리고 그들의 예능의 다양함이었다. 조선의 이 '햇빛을 받은 풀잎'들은 나름대로 독자적인 계층으로 홀로 섰다. 그들은 기생이라고 불렸고 일본의 게이샤에 해당한다. 이들의 의무, 환경, 생존 방식은 거의 동일하다. 공식적으로 기생은 정부의 부서에 부속되어 있고, 궁중악사들과 함께 담당 기관의 통제를 받는다. 그들은 국고 보조를 받고 공식적 만찬과 모든 궁중 오락행사에 모습을 나타낸다. 그들은 글을 읽고 암송하며 춤추고 노래를 부른다. 그들은 숙련된 미술가이자 음악가들이다. 그들의 의상도 탁월한 취향을 반영한다. 그들의 거동은 매우 우아하다. 그들의 외모는 섬세하고, 연약하면서 매우 인간적이고, 부드럽고, 호감이 가고, 상상을 자극한다. 예술적이고 지적인 재능 때문에 춤추는 여자들은 아이러니하게도 그들의 재능이 가장 적합하게 사용될 위치에서 제외된다. 그들은 상류사회에서 활동하며 사실상 상류사회 생활을 한다. 그들은 고관들의 집에서 만날 수 있다. 그들은 황제의 빈으로 간택될 수 있고, 왕자의 연인이 될 수도 있으며, 귀족들의 인형이 될 수도 있다. 그러나 그들이 가장 밝고 활달하고 아름다운 것을 대표한다 하더라도 지체 있는 남자는 그들과 결혼할 수 없다. 여성들 사이에서 그들의 명예는 그들의 도덕적 기준에 따라 좌우된다. 그것은 첩이라는 가짜 정숙함으로 경력을 장식하는 여자들과 단순한 창기라는 것을 자랑스럽게 과시하는 여자들의 차이이다.

부모들이 노년에 이르렀을 때 확실하게 자식들로부터 부양을 받을 수 있게끔 가난한 부모들이 아들을 내시로 보내는 것처럼 딸에게는 기생의 길을 가게 한다. 여자아이들은 완벽하게 균형 잡힌 용모로 선택된다. 일단 선택이 되면 아무 흠이 없는 상태를 유지하는 것이 필수적이다. 그들은 대개 예쁘고 우아하고 미려하다. 그들이 조선에서 가장 예쁜 여자들임에 거의 틀림없지만, 그리고 기생의 단체가 방대하고 전국 곳곳에서 모이지만, 평안도 출신의 기생이 가장 아름답고 수준이 높다. 그들이 애써서 교육받는 기예와 매력은 자신들이 보호받는 집안에서, 심지어 정실부인보다 높은 위치에 오르게 하는 데 도움이 된다. 그 결과 조선의 민담은 운명적으로 맺어지지 못하는 여자를 남편이 오랫동안 열렬히 사랑하는 것 때문에 부인이 속상해 하고 싸움을 벌이는 이야기들로 넘쳐난다. 기생들은 체구가 작고 발이 작고 예쁘며, 손은 우아하고 모양이 아름답다. 그들은 조용하고 다소곳하다. 그들의 미소는 밝다. 그들의 거동은 겸손하며 외모는 마음을 사로잡는다. 그들은 국가적 행사시에 폭이 넓은 다양한 색깔의 비단 치마를 입는다. 손을 넘어가는 긴 헐렁한 소매의 하늘하늘한 비단 저고리가 어깨를 감싼다. 맨 가슴을 누르는 보석이 박힌 거들이 옷을 지탱한다. 그들은 잘 땋은 검은 머리에 은장식을 많이 붙인 정교하고 무거운 가채를 머리에 쓴다. 춤을 추는 음악은 구슬프고 무희의 노래는 약간 처량하다. 많은 움직임들이 버선 발로 행해진다. 춤은 야한 표현이나 암시를 전혀 주지 않는다. 실제로 몇몇 춤은 이상한 매력이 있다.

한번은 황제의 이복형인 이재선이 다가오는 궁중 페스티벌의 총 연습 광경을 구경하라고 나를 초청한 적이 있다. 부탁하지도 않고 이런 특별한 배려를 받긴 했지만, 무희들의 미끄러지듯 우아하게 춤추는 모습을 촬영할 수 있도록 허락을 받는 것은 사실상 불가능했다. 가마가 관청에 도착하자 무용은 이미 진행 중이었다. 관리들의 가마와 춤꾼들의 종 무리의 재잘거리는 소리가 관청을 꽉 채웠다. 경호대 군인들은 대문 앞에서 파수를 섰다. 주변은 피리와 아쟁의 떨리는 음조로 가득했고, 그 구슬픈 소리는 북 소리로 끝이 났다. 공중이 탁 트인 건물 안에서는 춤꾼들이 줄을 서서 음악에 맞춰 천천히, 거의 감지할 수 없을 정도로 움직이는 모습이 보였다.

나를 초청한 사람이 앉은 단에서는 춤이 아름다운 색깔로 빛났다. 세 그룹으로 나누어진 18명의 공연자들이 있었는데, 흐르는 햇빛이 그들의 반짝이는 치마에서 노닐 때 춤꾼들의 유연하고 우아한 자태는 빛의 바다에 눈부시게 반사되어 떠돌았다. 춤은 거의 움직임이 없었고, 환상적인 춤사위는 너무나 천천히 전개되었다. 팔은 수평에서 한 번도 떨어지지 않았고, 가채의 크기와 무게도 작은 여인들을 지치게 하는 것 같지 않았다. 자리에 앉은 악단은 매우 천천히 멜로디를 연주했다. 무희들도 비단 치마저고리를 두르고 매우 천천히 팔을 든 채 햇빛에 반짝이는 보석과 에나멜이 박힌 핀으로 흥미롭게 고정된 가채를 머리에 높게 얹은 상태로 우리 앞의 넓은 공간으로 이동했다. 분위기는 엄숙했다. 동작이 의식적인 것처럼 그들의 목소리도 열정적인 표현의 하모니로 올라갔다 내려갔다를 반복하였다. 가끔 세 그룹은 한데 모였고, 그럴 때면 비단 치마의 색깔이 뒤섞여 하나의 생경한 찬란함의 생생한 불꽃으로 타올랐다. 그리고 또 다른 동작이 이어지면서 18명의 춤꾼들은 흩어졌고, 발끝으로 서서 장엄하고 절제된 일체감으로 빙빙 돌면서 꿈 같은 물결로 팔을 올렸다 내리고 몸을 굽히고 흔들었다.

춤은 인간 동작의 시적인 면과 우아함의 전형이었다. 무용수들의 섬세한 태도는 보기에 즐거운 부드러운 우아함을 지니고 있었다. 긴 비단 치마는 거동의 독특한 우아함을 드러냈고, 관객들은 춤꾼들을 무한한 안도감과 만족감으로 바라보았다. 그들의 동작에는 힘과 목적이 있었다. 그들의 자세에는 예술적 섬세함이 있었다. 물 흐르듯 치렁거리는 치마는 제스처의 단순성을 강조했다. 얼굴의 창백함은 가려지지 않았고, 그들의 눈길은 수줍었으며 태도는 겸손했다. 이상한 악기의 기괴한 음조, 노래의 파도치는 듯한 흐름, 무희들의 미끄러지는 동작, 비단의 눈부신 광채, 치마의 화려한 빛깔, 비단 저고리 밑에 보이는 살의 홍조, 이 모든 것이 억누를 수 없는 열정으로 감정을 자극하며 조용하고도 분명하게 관객에게 호소했다.

매력적인 모습들이 부드럽고 미끄러지듯이 다가왔다. 그들이 천천히 미끄러져 올 때 노래는 열정적인 한탄으로 솟아올랐다. 춤의 성격이 바뀌었다. 무희들은 더이상 전진하지 않고 북 소리에 맞춰서 움직였다. 우리에게서 물러나면서 그들은 팔을 흔들고 몸을 앞뒤로 움직이면서 빙빙 도는 오색 빛깔의 원을 만들었다. 작은 몸집의 춤꾼들은 무아지경에 빠진 듯했다. 악사들도 울부짖는 듯한 음악에 몰입한 것 같았다. 그럼에도 불구하고 악단의 절묘한 절제, 춤꾼들의 안무와 연기는 절정을 이루었다.

춤이 클라이맥스로 고조되면서 완벽한 정적만큼 관객들의 감동을 더 강조하는 것은 없었다. 바깥마당에서 잠시 하인들의 소동과 성난 말의 비명이 들려왔다. 위협적인 눈빛들이 재빨리 하인들을 잠잠하게 했고, 춤의 마력은 그다지 오래 방해받지 않았다. 춤이 끝나고 이제 다른 사람들이 각자의 순서를 연습할 시간이 되었다. 한편 이제 자유로워진 사람들은 나를 초청한 사람과 담소하면서 간식을 먹거나, 담배와 시가, 혹은 긴 곰방대를 피웠다. 많은 춤꾼들은 가채를 벗어버리고 돗자리에 누워 하인들이 부채질하는 동안 눈을 감고 잠시 쉬었다. 대군께서는 아마 그들이 스스럼없이 대하는 것을 좋게 보신 듯하다. 그는 그들의 가벼운 농을 즐기고 격려하면서 그들 가운데 앉아 그들의 뺨을 비틀고 팔을 꼬집었다

5장

조선의 법정·황제와 그의 관료들·황후와 궁전

조선의 조정의 도덕과 인물들을 살펴보는 것은 현재 당면한 흥미로운 사태에 적지 않은 조명을 해줄 수 있을 뿐 아니라 지금은 과거의 일이 되었지만 언제라도 다시 발생할 수 있는 정치적 의견 차이와 충돌을 어느 정도 설명해 줄 수 있다. 강하게 조정을 장악하고 있던 명성황후를 일본이 비열하게 살해한 이래로 황제의 권력은 조정 내의 파당에 의해 조종되어 왔다. 황제는 제국 통치에 있어서 거의 허수아비나 마찬가지이다. 원래 조선의 황제는 독재 군주로서의 특권과 독립성을 누린다. 하지만 현실에 있어서 그는 음모를 통해 잠시 우위를 차지한 당파의 손에 놀아난다. 그는 자신이 거느린 여인들의 엄청난 부도덕성의 노예이다. 그가 여인들의 정치적 영향력에서 자유로워지기 위해 그들의 부드러운 유혹에서 빠져나오면 그의 매우 유능하고 무자비한 탁지부 대신 이용익이 그를 쇠막대기로 다스린다. 황제의 의지가 어느 쪽을 향하든지 그것은 왕실의 첩들의 묵인이나 재상들의 직접적인 뇌물을 통해 좌절된다. 왕이 마음만 먹으면 이용익은 즉시 좌천될 것이다. 그러나 이용익만큼 조정의 재정을 풍족하게 하는 데 성공했던 재상은 없었다. 황제는 국고가 비는 것을 두려워해 그를 계속 신임 하에 두는 것이다.

한때 그가 차지했던 왕실 내장원경의 위치에서 이용익은 해상 세관의 수입을 외국인이 감독하는 것을 반대했다. 러시아, 프랑스 공사와 힘을 합친 그는 조선 해상 세관의 책임 검사관이자 관장이었던 맥리비 브라운 씨 사건을 몰고 온 최근 위기의 주역이었다. 왕실에 돈이 필요했을 때 이용익은 황제가 내탕금을 사용하지 못하게 함으로써 융자가 필요하도록 만들었다. 황제에게는 관세청장이 세관 수입을 동결하도록 조치를 취함으로써 이런 재정적인 위기가 닥쳤다고 보고했다. 러시아와 프랑스 공사의 지원을 받은 이용익은 프랑스 금융회사가 제공하는 융자의 담보는 세관 수입이될 것이라고 제안했다. 금융회사 대리인과 프랑스 공사 사이의 거래에 대해 들었을 때 맥리비 브라운 씨는 세관 수입을 담보로 계약하는 안을 즉시 거부했다. 이용익은 프랑스와 러시아 공사와 협력하여 여러 가지 구실을 만들어 세관장의 무조건적인 해고를 시도했다. 그의 이러한 시도는 제물포항에서의 영국 함대의 예기치 않은 시위와 그에 따른 웨이하이(威海)에서의 야전군 출정에 의해 좌절되었다. 세관의 담보가 취소되자 프랑스-러시아의 계획은 무산되었고, 관련된 금융회사의 대리인은 유럽으로 돌아가 영국 공사와 세관장의 행동에 대해 불평했다.

이용익은 귀비 엄씨와 함께 천출에서 조정의 중요한 위치까지 출세한 조선 사람의 사례를 잘 보여준다. 낮은 신분의 부모에게서 태어난 그는 민영익에게 붙었고, 점차 그의 총애뿐 아니라 왕의 눈에까지 띄게 되었다. 그가 고인이 된 황후의 가마꾼으로 일하고 있던 1884년에 일어난 갑신정변 때 왕실에 끼친 공로는 황제의 기억에 생생히 남아 그를 출세하게 하였다. 그는 자신이 인정하는 명민함, 의지력, 기민함이 실제로 도움을 줄 수 있는 위치까지 올라가 마침내 탁지부 대신이 될 때까지 승진하였다. 따라서 그가 보잘것없는 위치에서 출세한 사람이며, 최선의 능력을 발휘하여 폐하를 섬기고 있다는 것도 맞는 말이다. 그럼에도 불구하고 그는 또한 두려움과 미움의 대상이다. 그를 해치려는 수많은 시도가 있었고, 지난 몇 달 동안에는 독약이 든 음식으로 그를 죽이려는 계획이 실패하자 그가 병들어 묵고 있던 서울병원의 입원실에 밝혀지지 않은 적들이 시한폭탄을 설치했다. 이러한 부침을 겪으면서도 이용익은 조정에서 가장 오래 버틴 인물이다. 러시아의 힘이 그의 배후에 있고, 황제 또한 열정적인 신하의 편을 몰래 들고 있다. 최근에 그에 대한 반대가 너무 강했을 때 이용익은 러시아 전함으로 도피했고, 그 배는 그를 뤼순으로 데려갔다. 피난지에서 그는 안전하게 돌아갈 수 있도록 황제 측과 협상을 했고, 황제는 강력한 호위를 제공해주었다. 그런 후에 이용익은 궁궐로 돌아가 황제의 은혜를 입는 자리를 되찾았고, 적들의 계략과 음모를 다시 한 번 저지하였다.

조선의 고종황제는 13세인 1864년에 즉위하여 1900년 9월에 50세가 되었다. 그는 15세에 동갑인 양반 집안 규수 민비와 결혼하였다. 1895년에 일본인들에게 무자비하게 살해된 것도 바로 그녀이다. 이 결혼을 통해 왕세자가 태어났다. 고종황제는 조선 사람의 평균에 비해 키가 작은 편이다. 그의 키는 불과 5피트 4인치(약 162cm)이다. 그의 얼굴은 호감을 준다. 가만히 있을 때는 무표정하지만 대화를 할 때는 마음을 사로잡는 미소로 얼굴이 밝아진다. 그의 목소리는 부드럽고 듣기 좋다. 그는 편안한 자신감과 약간의 활달함과 긴장된 에너지를 가지고 이야기한다.

외국인을 접견할 때 황제의 태도는 솔직함과 독특한 온후함이 있다. 그는 우아한 제스처로 말을 강조하고 문장 중간에 친화력 있는 웃음을 지으며 모든 사람과 이야기한다. 황제의 총애를 받았다는 표시는 부채를 받는 것이다. 외국인이 황제를 접견할 때면 면담이 끝날 즈음 작은 꾸러미가 기다리고 있는데, 몇 개의 부채와 가끔 비단 한 필이 들어 있다. 황제는 왕실의 손님에게도 이러한 제한 이상을 넘지 않는데, 그의 백성들처럼 그도 과도하게 관대할 형편은 못되기 때문이다.

이러한 행사 때 황제의 의복은 황제의 위엄을 나타낼 만큼 훌륭한 것이다. 금몰로 장식을 하고 금줄로 만든 허리띠, 굵은 금술로 테두리를 한 긴 황금색 비단 관복이 그를 덮고 있다. 이 의상의 찬란함이 그것을 보는 모든 사람의 부러움을 사지만, 그의 편안하고 위엄 있는 거동은 그가 방문객의 마음속에 움튼 감동을 완전히 의식하고 있지 않음을 보여준다.

황제는 서양 언어를 모르지만 수도에 그가 세운 학교를 위해 번역된 교재만큼은 열심히 공부하는 학생이다. 이런 식으로 그는 많은 주제에 대해 비범한 지식을 가지고 있다. 그는 한문은 유창하게 말하고 쓰며 조국의 역사에 대해서는 가장 진지하게 연구하는 사

람이다. 그의 통치 방법은 모든 공적인 일은 자신이 직접 주재한다
는 원칙에 기초하고 있다. 그가 의도한 이상과 실제 그의 정부 업
적 사이에 약간의 차이가 있을지는 몰라도 그의 근면함과 인내심
을 부인하기는 불가능하다. 그는 친절하고 매력적이며 자신의 나
라를 발전시키기를 갈망하는 자비로운 군주이다. 그는 밤에도 일
을 하여 신하들과 새벽까지 회의와 토론을 계속한다. 그는 서양식
기준으로 보면 결점이 많이 있지만 그것으로 그를 평가할 의도는
없다. 그는 많은 장점을 가지고 있다. 그는 자신의 땅에서 장려하
고 있는 개혁이라는 거대한 작업에 참가한 모든 외국인들의 공감
을 사고 있으며, 또 그럴 자격이 있다.

황제는 진보적이다. 그의 재위 기간에 벌어진 발전의 수와 규모
를 볼 때, 옛날부터 동양의 특징이었던 서양의 개혁에 대한 편견을
그가 가졌다고 말하기는 힘들다. 서울에는 영어, 프랑스어, 독일어,
러시아어, 중국어, 일본어를 가르치는 특수학교들이 있다. 또한 법
학대학, 공과대학, 의과대학, 사관학교도 있다. 이것은 그의 통치가
얼마나 진보적인지를 보여주는 자그마한 표시일 뿐이며, 앞으로의
번영을 확실하게 보여주는 징조이다. 그는 선교사들에게도 관대하
며 그들의 활동을 옹호한다고 말한 적도 있었다. 그의 통치는 박
해가 전혀 없는 것으로 유명하며 자유로운 활동을 허용한다. 그의

통치는 신부들과 개종자들을 해충으로 여기면서 온힘을 다해 그들을 제압했던 대원군의 과도 정치와는 너무나 대조된다.

모든 외세의 간섭을 반대하는 오랜 역사를 가진 한 나라의 절대군주로서 황제의 태도는 인간적인 원칙, 온전한 목적, 그리고 개안으로 가득 차 있다. 그의 통치가 실패라거나 백성과 나라의 이익을 보살피지 않았다고 말할 수는 없을 것이다. 어떤 사악한 일들이 여전히 존재하지만 황제로서 그의 실수는 많은 경우 신하들의 무능함 때문이다. 실제로 그는 재상들의 정신과 도덕성에 가해져야 할 비난을 자주 받는다.

이용익을 제외한다면 조정에서 가장 중요한 인물은 노련하고 나이가 많은 귀비 엄씨이다. 온갖 종류의 동양식 부도덕이 횡행하는 조정에서 이 땅의 퍼스트레이디가 그의 위치에 걸맞은 외모와 얼굴의 매력을 더이상 갖지 못한다는 것은 약간 실망스러운 일이다. 귀비 엄씨가 똑똑한 여자임에는 틀림없다. 그녀는 황제를 다루는데 있어서 놀라울 정도로 기민하며, 황제가 그녀에게 그토록 매달리는 것도 재미있는 역설이다. 귀비 엄씨는 성숙하고 뚱뚱하고 약간 자기 멋대로의 장난기가 있다. 그녀의 얼굴은 천연두로 얽었다. 이빨은 고르지 못하고 피부는 샛노란 색이다. 그녀의 검은 눈은 약간 사시 증상이 있는데, 모든 조선인을 괴롭히는 골칫거리를 생각나게 한다. 귀비 엄씨는 화장도 거의 하지 않고 마을을 멀리한다. 그녀가 황제를 휘어잡은 것은 놀라운 일이다. 아주 드문 경우를 제외하고는, 또 귀비 엄씨가 새로운 미인을 만나는 것을 허락할 경우를 제외하고는, 황제는 다른 여자에게 절대 눈길을 주지 않는다. 그녀는 후궁들 사이에서 항상 빛나는 존재는 아니었다. 그녀의 정사(情事)는 조선의 역사를 만들었다. 그녀의 자녀 다섯 명 중 두 명만이 황제의 아이다. 하지만 이중 한 명이 장차 아버지의 옥좌를 차지하게 될 것이다.

처녀 시절에 그녀는 중국인의 첩이었다. 그에게 싫증이 난 그녀는 내각의 대신 중 한 명의 총애를 받는 자리로 옮겨갔다. 그는 그녀를 돌아가신 황후에게 소개했고, 궁궐 안에서 낮은 직위의 시종 노릇을 하던 자기 아버지의 집에서 그녀는 황후를 처음 뵙게 되었다. 그녀가 황후를 모시는 상궁이 될 때쯤에는 전에 사귀던 남자들에게 각각 한 명씩의 아기를 선사한 뒤였다. 황후를 모시는 상궁으로서의 정숙함은 반드시 확인이 되어야 하므로 그녀의 과거 애인들은 목숨을 보전하기 위해 비밀을 지켰다. 귀비 엄씨는 상궁들 사이에서 자신을 돋보이게 하는 능력이 탁월했다. 그녀는 노래 실력도 완벽했고 춤도 경지에 도달했다. 우아하고 독창성 있는 그림도 그렸으며 한문과 한글을 상당히 유창하게 읽고 쓰고 말할 수 있었다. 황후는 겉보기에 순진하고 꾸밈없고 사랑스러운 상궁을 좋아하게 되었다. 자신의 유명한 배우자의 뛰어난 모범을 본받아 폐하께서도 왕의 미소로 정절의 강탈을 숨겼다. 황후는 불안해졌다. 의혹이 외양으로 확인되고, 확실성으로 굳어지자 귀비 엄씨는 모시던 황후의 분노와 질투를 피해 왕궁에서 도망쳤다. 귀비 엄씨 소생의 셋째 아들은 잘못을 저지른 그녀가 머물던 피난처인 도성 바깥에서 태어났다. 하지만 귀비 엄씨는 왕궁 내에 부모로서의 거처를 차리는 것을 피했다. 셋째 아기가 죽자 그녀는 또 다른 고관의 보호를 구했다. 그와 함께 그녀는 평화롭고 행복한 가운데 생활했고, 자기를 좋아하는 사람에게 늘 자신의 순결함의 증거를 보여줄 수 있는 신비한 재능을 통해 야한 노래들의 소재가 되기도 했다. 그녀가 다시 왕의 총애를 받게 된 이후 이 노래들은 금지되었고, 발설했다가는 고자를 만들어버리겠다는 위협이 있었다.

이제 귀비 엄씨가 나름대로 자리를 잡은 것처럼 보였지만, 명성 황후가 잔인하게 살해된 1895년의 사건을 통해 그녀는 불행한 황제와 다시 인연을 맺게 된다. 그녀는 다시 상궁이 되었고 즉시 황제의 눈에 띄는 데 성공했다. 그녀는 황제를 다정하게 위로하였다. 그녀의 동정, 부드러움, 상처받은 순수함이 풍기는 나긋나긋함이 거의 금방 황제를 사로잡았다. 그녀는 비의 자리에 올랐다. 그녀에게 돈이 쏟아졌고, 그녀는 즉시 황제에게 영향력을 발휘했으며 그것을 결코 멈추지 않았다. 그녀는 왕실의 실력자가 되었고, 다시 한 번 어머니가 되었다. 이제 그녀의 영향력은 자신의 이권을 유지하는 데 쏠려 있다. 그녀는 자기 아들이 황제가 되기를 원한다. 그녀는 궁궐에 살며 황제의 총애를 받고 있고, 자신이 하는 도박에 위험을 끼칠 어떤 것도 허용하지 않는다. 최근에 요직에 있으면서 위험한 지경에 처한 김영천이 임금의 눈에 확실하게 들기 위해 순수함과 아름다움이 비할 데 없는 새로운 미인을 소개했다. 귀비 엄씨는 귀비 강씨에 대해서 들었지만 아무 말도 하지 않았다. 그러나 2주가 못되어 그 고관은 작은 일을 빌미로 자리에서 밀려나 그후 고문을 받고, 결국 교수형을 당했다. 귀비 강씨는 귀비 엄씨의 맷돌이 천천히 돌기는 하지만 모든 것을 확실히 갈아버린다는 사실을 알게 되었다.

귀비 엄씨는 구식을 좋아한다. 그녀는 구식으로 출세를 했다. 또 구식으로 그 자리를 지키려 한다. 그녀의 권세는 나날이 치솟고 수도의 한복판에는 그녀의 미덕을 기리기 위한 웅장한 건축물이 세워졌다. 그녀가 황제와 결혼하기 몇 달 전 그런 조짐이 확실해질 때 황제는 귀비 엄씨가 정일품 빈이 되었다고 공포를 했다. 그렇다고 그녀가 황후가 되는 것은 아니었다. 그러나 이것을 통해 그녀의 아들은 세자가 되었다. 이 포고를 근거로 그는 장차 왕좌에 오를 것이고, 귀비 엄씨는 황제의 정실 부인으로서 조선에서 확실히 인정받는 길을 열어놓게 되었다.

6장

황제가 지나가다·황실의 행렬

　어느 날 아침 황제는 영국 공사 건물 남문과 인접한 왕궁에서 새로 세워진 종묘까지 행차를 하셨는데, 종묘의 동쪽 벽은 영국 공사 땅과 경계를 이룬다. 축제는 전혀 공적인 것이 아니었다. 그러나 구경거리가 너무나 화려했으므로 궁궐의 남문을 떠나 동문으로 돌아오는 800야드의 행렬은 2천 파운드 이상의 비용이 들었다. 왕실의 계획은 왕의 백성들에게 전혀 예고된 바가 없었다. 그러나 출발하기 직전에 황제는 영국 공사와 내가 행렬에 관심이 있을 것이라는 희망에서 공사 구역에서 광경을 바라보도록 우리를 초청하였다. 물론 조정의 움직임에 대한 정보는 밖으로 퍼졌다. 군인들이 행차 주변에 차단선을 설치하려고 하자 궁궐과 종묘의 경내 주변에 큰 인파가 몰렸다. 조선왕실 세관 구역과 영국 공사 출입문 및 정원에 각각 보병 1개 대대가 배치되었다.

행차의 경로는 세관 사무실에서 공사 경내—궁궐에서 후문으로 연결되며 어떤 조선인도 통과할 수 없는—로 연결되는 25피트 너비의 사적인 통로의 높은 벽 사이에서 거행되었지만, 군인들은 도로 양쪽에 서로 마주보고 서서 물 샐 틈 없는 경계를 펼쳤다. 거행되는 의식을 전혀 보지 못한 군중들은 궁궐 광장을 차지한 보병들을 보는 것으로 약간의 위안을 얻었다. 궁궐의 고관들도 가끔씩 보였으며 전속 악사들이 연주하는 황제의 도착과 조정의 행차를 알리는 의기양양한 노래의 불협화음이 기대에 가득 찬 사람들의 귀에 희미하게 들렸다. 그러나 조정의 행차를 위해 돈을 내는 것은 조선인들의 자랑스러운 특권이었다. 이런 행사에서 폐하의 용안을 보지는 못해도 그들이 과중하게 내는 무거운 세금으로부터 위안을 찾게 해주는 것은 바로 군인들의 새 군복이 보여주는 멋진 광경이었다. 장교들의 깃털, 금줄, 그리고 칼, 사병들의 총과 총검은 어떤 군중이라도 매혹시켰을 것이다. 궁궐을 출발하는 순간까지 군인들은 먼지 구덩이에서 잠을 자거나 건물 계단의 그늘에 쭈 그리고 앉아서 아침을 먹으며 길 위에 늘어져 있었다. 아침 식사라고 해봐야 냄새가 심하게 나는 건조된 날생선과 밥 덩어리였지만, 그들은 손가락으로 그걸 조각내며 게걸스럽게 먹었다. 가끔 충성스러운 시민이 그들에게 물을 갖다주면서 손을 칼날에 대어보거나 코트를 만져보았다.

황제는 조상들의 위패를 새로운 거처에 옮기는 것을 기념하는 제사를 드리기 위해 이런 잔치 분위기의 행차를 하는 것이었다. 행차의 화려함은 아라비아의 일몰처럼 거친 찬란함과 생생한 아름다움으로 수도의 무미건조한 단조로움 위에 폭발했다. 이처럼 중요한 축하 행사는 아무런 제한 없이 마음껏 펼치는 것이 온당한 일이었다. 대개는 혼자 머물러 있는 군주를 그 순간 돋보이게 하는 화려한 그림은 5세기 이상 동안 조선의 왕좌를 지켜온 왕조에게 영광을 돌리기 위함이었다. 행사가 기이하고 웅장하다면 야만적인 중세주의의 찬란함은 좀더 공적인 성격을 띠는 행렬에서 가장 잘 드러난다.

행렬은 약 10시에 궁궐에서 출발했다. 행렬은 익살극, 로맨스, 팬터마임의 유머를 이상하게 연상시키는 요소들을 보여주었다. 푸른 제복을 입은 조선 보병들은 궁궐에서의 전위부대를 선도했는데, 신식 군복과 멋진 장비들은 이 행사가 지향하는 20세기와 중세 사이의 연결고리를 형성하고 있었다. 그들 뒤에는 달리고, 넘어지고, 시끄럽게 떠들면서 한 무리의 궁궐 수행원들이 희한한 모자와 다양한 밝기의 의상들, 청색 녹색 황색 적색 주황색의 긴 비단 두루마기를 입고, 컬러 리본으로 수놓은 깃발로 묶은 지팡이를 짚고 갔다. 청색 글씨가 쓰인 붉은 비단 깃발을 든 기수단이 뒤를 따랐는데, 마찬가지로 허둥대고 덤벙대며 앞으로 나아갔다. 그리고 피리에 깃발을 펄럭이고 리본으로 북을 장식하고, 노란 가운에 금줄을 두른 남자들의 행렬이 북을 치고 피리를 풀며 지나갔다. 곧이어 가죽 테두리에 담은 화살과 녹색 적색 황색의 깃발을 든 남자들이 뒤를 따랐다. 놀라운 구경거리인 구식 군복을 입은 군인들, 종과 징, 피리와 부채를 든 남자들, 조복을 입은 왕실 내관들이 지나갔다. 말에서 내린 기마병들은 말을 끌고 오지는 않았지만 볼륨이 있는 셔츠를 입고 깃털 달린 모자를 쓰고 긴 장화를 신고 매력적이지만 우스꽝스러운 모습으로 지나갔다.

황제의 행차에 앞선 이 행렬은 거의 끝이 보이지 않는 것 같았다. 가신, 하인, 악사와 관리들의 한 무리가 그 다음 무리로 이어질 때마다 색깔의 바다가 온갖 색조의 파도로 부서졌다. 깃털 무더기가 달린 주홍빛 수술로 장식한 모자를 호박 구슬로 만든 줄로 목에 고정시켜 쓴 위풍당당한 고관들이 아무 말 없이 수레를 타고 앞으로 나아갔다. 그들의 의복은 붉은색과 파란색과 주홍색의 화려한 조합이었다. 그들은 초록색 두루마기를 입은 남자들이 수종들고 있었고, 그 뒤에는 간식 상자, 작은 테이블, 파이프, 불을 담은 상자를 진 하인들이 뒤따랐다. 이들 뒤에는 마찬가지로 보기에 위엄 있고 아름다운 사람들이 뒤를 이었다. 이들 관복의 가슴과 등에는 중국식으로 관직을 상징하는 수를 놓은—문관은 새, 무관은 호랑이—사각형 모양의 공단 장식이 붙어 있었다. 관복을 입은 고관들 뒤에는 금속 장식의 반짝이는 날개가 달린 모자, 혹은 높은 관모를 쓴 사람들이 뒤따랐다. 현대식 군복의 가슴에 일본, 중국, 조선의 훈장이 햇빛에 반짝이는 총사령관은 모자에 하얀 관모(冠毛)를 휘날리며 금빛 레이스로 장식을 한 붉은 군복의 참모들을 대동하고 왕실 근위대의 선두에서 당당하게 행진하며 지나갔다. 마지막 깃발의 물결은 파란색과 녹색의 비단 옷을 입은 귀족들이었다. 왕실의 하인들은 노란 비단 두루마기를 입고 모자에는 장미 장식을 했다. 원색의 빛깔과 구식 디자인의 중세 복장도 더 많이 지나갔다. 또 펄럭이는 깃발의 무더기, 임금의 노란 비단 깃발, 임금의 우산, 그리고 다른 표식을 든 비단 옷을 입은 기수단의 무리도 지나갔다. 그리고 마침내 북소리가 미친 듯이 울리고, 소란한 종소리가 나고, 피리 소리가 무섭게 들린 후, 소리치며 명령하는 관리들의 목소리와 내관들의 욕설이 불협화음으로 합쳐지며 소란을 떤 다음 황제의 행렬을 태운 마차가 노란 빛을 번쩍이며 나타났고, 갑작스러운 고요 속에 옆 사람의 심장 고동 소리가 들릴 정도였다. 목소리가 잦아들었다. 노란 비단 수술이 달린 지붕에 같은 색의 비단 패널로 가리개를 하고 햇빛을 막기 위해 차양을 두른 황제의 가마가 재빨리 부드럽게 전진할 때 바쁜 발자국 소리만 들렸을 뿐이었다. 노란 옷을 입고 머리에 관을 쓴 32명의 왕실 가마꾼들이 성스럽고 거룩한 황제 폐하의 옥체를 어깨에 메고 종묘의 제사 자리로 황제를 모셨다.

오늘의 중요한 행차가 이제 도착하였다. 황제의 가마꾼들은 곧 걸음을 멈추었고, 황제는 공사 정원의 나무 그늘 아래 궁궐과 공사의 담벼락 코너에 세워진 노란 비단 장막 입구에 내렸다. 폐하께서 우리에게 조정의 행렬을 구경할 수 있도록 윤허하신 곳이 바로 이곳이었다. 16명의 가마꾼이 멘 붉은 비단 가마를 탄 왕세자 행렬이 왕자님을 내려놓기 위해 조금 전에 멈춘 곳도 바로 이곳이었다. 황제와 왕세자는 장막 안으로 들어가서 처음에 입고 등장했던 노란색과 주홍빛의 공식 복장을 벗고 제사용 노란색 비단 옷으로 갈아입은 후 조상들의 신주(tablet)가 지나갈 때 예를 표하기 위해 나왔다. 이제 행렬의 성격이 바뀌었다. 군인들과 대신들, 조정의 귀족들과 고관들은 노란 제사 복장을 입고 엄숙한 주문을 외우는 제관들에게 자리를 물려주었다. 찢어지는 피리 소리가 다시 신이 나서 날카로운 곡조를 오르락내리락하면서 주변 공기는 불협화음으로 진동했다. 엄숙한 표정의 남자들이 바쁜 동작으로 노란 도포 자락을 휘날리며 옥좌를 지나갔고, 그들의 입술에서 나오는 노래는 영혼에 담긴 깊은 절망과 한탄을 표현했다. 그들은 멀어져가는 발걸음과 함께 여운을 남기며 사라졌다. 다시 악공들이 열두 분의 조상들의 신주의 존재를 알리는 의기양양한 음악을 연주했고, 여덟 명이 멘 노란색 가마에 실려 온 각각의 신주는 기다리고 있던 황제와 왕세자의 예를 요구했다. 엄숙한 노래가 들리는 가운데 한 개의 신주가 천천히 들어왔다. 황제, 그의 아들 왕세자, 그리고 귀비 엄씨의 소생인 왕자가 무릎을 꿇었다. 잠시 그들은 손을 모아 경의에 찬 태도로 무릎을 꿇고 신성한 가마에 실린 신주 앞에 머리를 조아렸다. 황제의 무리들 앞으로 열두 번의 신주가 지나갔고, 왕세자는 도와주는 관료들과 시중드는 내관의 도움을 받아 매번 경의를 표했다.

왕자가 선을 보인 것은 이번이 처음이었다. 걸음마도 못하는 그는 예를 표할 때 당연히 내관의 도움을 받아야 했고, 내관은 그를 살짝 눌러서 무릎을 꿇리고는 손으로 머리를 숙이게 하고, 어깨도 손으로 안내를 했다. 아기는 순진하게 눈을 크게 뜨고 모든 것을 따랐지만 제사가 끝나기 전에 피곤해 하고 짜증을 냈다. 황제와 왕세자의 거동은 존경과 헌신의 모든 모습을 보여주었다. 그들이 절대적인 신실함으로 조상님께 예를 표하는 모습은 구경하는 사람들에게 놀라움을 안겨주었다. 황제의 감정은 분명하게 밖으로 표현되었다. 그는 눈에 띄게 창백해졌고, 그의 존재 전체가 제사를 드리는 대상에 집중되었다. 의식이 끝나자 12개의 가마는 종묘로 향했고, 황제가 노란색의 공식 가마에 자리를 잡고 아버지의 모범을 따라 왕세자도 주홍색 비단 가마에 올라타자 아기는 사내답고 유아적인 기쁨의 소리를 내며 내관의 등에 올라탔다. 다시 한 번 악사들의 음악, 북소리, 피리와 파이프 소리가 터져 나왔다. 행렬이 움직이기 시작했고 제관과 고관들, 조신들과 궁궐의 하인들이 황제의 행렬을 뒤따랐다.

황제의 행렬은 종묘로 계속 행진했고, 황제와 두 왕자가 제사를 드리는 홀까지 나아가는 동안 신주들은 종묘 앞에 멈추었다. 제사를 거행하는 홀에서는 살아 있는 양을 태워서 바쳤고, 과일과 꽃바구니가 제단 앞에 진열되었다. 빛나는 조상님의 영혼을 달랜 후 황제는 거룩한 가마로 돌아와 다시 한 번 신주에 경의를 표했다. 신주들은 하나씩 가마에서 앞으로 보관될 용기로 옮겨졌다. 노란 비단 패널이 그것을 가렸다. 그것이 하나씩 거룩한 노란색 비단에 싸여 가마로부터 거룩한 장소로 옮겨질 때 어떤 눈도 그것을 볼 수 없으며, 어떤 손도 그것을 만질 수 없다. 제관들이 그것을 모셨다. 임금이 그 뒤를 따랐고 모든 대신들, 고관과 귀족들이 그 앞에 절을 했다. 조상을 기리는 분위기가 그 자리를 지배했다. 조상님에 대한 제사는 조선 사람들의 가장 숭고한 이상을 대표한다. 그것은 자녀에 대한 부모의 행동, 부모에 대한 자녀의 행동을 지배한다.

의식이 끝나자 종묘 안의 분위기는 다시 밝아졌다. 궁궐 소속의 아녀자들이 나왔다. 그들이 떡과 술을 내왔으며 황제와 세자도 상복을 벗고 공식 관복을 입었다. 귀비 엄씨는 머리를 높이 올리고 하늘거리는 비단 치마가 우아하게 끌리는 화려한 복장의 궁궐 상궁들과 하녀들을 이끌고 황제를 축하하기 위해 왔다. 궁정 악사들이 연주를 하고 소리꾼들은 노래를 불렀고, 아름다운 여인들이 즐거운 춤을 추었다. 군주의 사적인 경내에서 잔치와 놀이가 벌어졌다. 황제는 다시 원래의 모습이 되었다. 그가 우리에게 보여주었고 우리가 관심을 가졌던 세계는 금방 바뀌었다. 이처럼 순식간에 원래의 상태로 돌아가는 것을 보고 우리 앞에 펼쳐졌던 광경이 꿈처럼 여겨졌다. 그러나 몇 시간 동안 우리는 중세의 그늘 속에서 살아보았다.

7장

맥리비 브라운 씨·관습에 대한 의문·차관의 제안

　지난 몇 년간 조선이라는 나라를 지탱해온 사람이 영국인—제
국의 아들이며 그의 업적을 오늘의 세대가 흐뭇하게 바라보는 사
람—이라는 사실은 어쩌면 이상한 일이다. 맥리비 브라운 씨가 중
국에 처음 모습을 드러낸 것은 30여 년 전의 일이다. 오늘날 극
동 문제와 정치에 관해 명성이 있는 영국인들 사이에서 그의 이름
은 그의 동료인 중국 왕립 해상세관의 감찰감 로버트 하트(Robert
Hart) 경의 이름만큼 유명하다. 맥리비 브라운 씨는 중국 세관으로

부터 특별 임무를 받고 처음에는 세관장과 탁지부 고문이라는 자리를 겸직하면서 조선의 재정적 어려움을 해결하는 데 자신의 삶의 많은 시간을 헌신했다. 하지만 지난 몇 년 동안에 맥리비 브라운 씨의 활동은 세관 업무를 관장하는 일로 제한되었고, 황제의 재정 보좌관으로서의 독특하고 영향력 있는 위치를 박탈당했음에도 그는 세관에서 조선을 위해 귀중한 일들을 이루는 데 성공했다.

사람은 주위에 어떤 사람들이 모이는가에 의해 판단할 수 있으며, 경성에서 벌어지는 치사한 일과 험담에 지친 사람이 맥리비 브라운 씨가 대표하는 업무로 눈을 돌리게 되면 그의 동료들이 그의 조용한 열정, 관대한 헌신의 정신, 그리고 원칙과 정책에 대한 확신에 매료되고 있음을 보게 된다. 불행하게도 그의 지지자들은 경성에 있지 않으며 그는 그들의 공감으로부터 격려를 얻을 수 없는 처지에 있다. 브라운 씨의 일의 영역은 조약을 맺은 항구에 있다. 그러나 그는 경성에 남아서 조정의 말도 안 되는 사치와 관리들의 악명 높은 부패와 싸우는 데 만족감을 느낀다. 그가 이 일을 꾸준히 해 나갈수록 그는 사방에서 방해를 받고 어려움을 당할 것이다. 그러나 그가 마주치는 반대는 그가 이미 이루어 놓은 뛰어난 예외적 업적을 웅변적으로 입증해주는 것이다. 그는 체계적인 발전과 계획에 대해 관료주의가 온갖 모함과 간계로 방해하는 것에 맞

서서 이러한 업적을 이루었다.

맥리비 브라운 씨에 대한 팽배한 적의는 경성에 처음 온 사람에게는 상당한 놀라움과 당황스러움을 자아내게 하지만 처음의 낯선 감정이 사라지고 나면, 그리고 은자의 왕국의 수도에 모인 사람들의 독특하고 복잡한 다양성을 파악할 수 있게 되면, 그러한 적의의 원인은 아주 명백하게 밝혀진다. 경성에는 공사관 직원을 제외하면 미국 여러 선교단체의 대표들을 포함시키더라도 외국인이 거의 없다. 선교사들은 경제적 이익을 추구하려는 동기에서 경성에 온 것이 아니며, 그것 때문에 직간접으로 공적인 업무를 수행하는 세관장과 갈등을 벌이게 된다. 더이상 정부의 재정 자문역은 아니지만 상황이 발생할 때마다 사람들은 그의 의견을 원한다. 그의 충고를 반드시 따르는 것은 아니지만, 방향을 상실한 무일푼의 조정과 이권을 구하는 끈질긴 청탁자 간의 타협이 벌어질 때 세관장의 영향력은 결정적인 요인이 된다. 더구나 국가를 생각한다면 자신의 사무실을 통하지 않은 제안들을 거부하도록 맥리비 브라운 씨가 종용해야 할 경우가 발생한다. 이처럼 정통적인 방식, 즉 청탁을 하는 것은 경성에서 매일같이 발생하는 일이다. 자국 공사의 '배려'가 있었음에도 이처럼 거부권을 행사하는 것이 청탁자들에게 반감을 사는 일이지만 개인적인 감정을 개입시키지 않고 일을 수행하는 그의 정신 때문에 그의 예외적인 개입은 용서가 된다. 그러므로 외국인들과 관리들이 맥리비 브라운 씨에 대해 가진 반감은 그의 민감한 지위가 처한 기본적인 사실을 배려하지 못해 생겨난 것이다. 물론 그의 인격을 비방하는 말은 없다. 어떤 청탁을 할 때면 으레 뒷돈을 찔러주는 것이 불가피한 전제조건처럼 되어 있는 세계에서 경제와 정직한 거래의 원칙을 옹호하는 사람은 언제나 주위 사람들로부터 강한 적대감을 받게 된다.

맥리비 브라운 씨가 보다 마음이 여린 사람이었다면 고맙다는 인사도 못 받는 역할에 염증을 내고 말았을 것이다. 몇 년 동안 힘들게 일하면서, 그리고 자기 앞에 있는 일에만 에너지를 집중하는, 혼자 살면서 생긴 습관으로 인해 그는 자신이 처한 상황의 시험을 이겨낼 수 있었다. 그는 모든 사람을 부단한 솔직함과 공명정대함으로 대하지만 그의 사적인 삶을 밝혀주는 친절한 본능은 공적인 일에 대한 관심과 염려 속에 묻혀버렸다. 그는 근무 시간 중에는 국가의 냉정하고 무감각한 기계가 된다. 그의 모든 상상력과 현명함은 재정에 있어서 투명함을 전복시키는 행위를 하도록 황제를 부추기는 자들을 저지하는 일에 집중되며, 재정적인 투명함은 맥리비 브라운 씨가 적극 권장하는 일이다.

조선에 대해 경험이 있는 사람들만이 조선의 관리들이 공적인 돈을 개인적인 용도로 전용하는 데 얼마나 비상한 머리를 가졌는지 속속들이 알 수 있다. 이러한 경향 때문에 관리들이 공금을 유용하지 못하도록 결정을 내리는 것은 재정 상황이 긴축을 해야 하는 형편이 아니더라도 마땅히 해야 할 일이었다. 따라서 맥리비 브라운 씨는 세관의 존재의 바탕이 되는 긴축의 필요성과 세관 업무를 집행하는 시스템의 원칙을 잘 조화시켰다. 조선 세관의 외국인 직원들의 처우에 대해 말하자면 조선 관리들이 외국인들의 급여 체계에 이의를 제기하는 것은 그들의 낮은 임금으로 볼 때 사실상 불가능한 일이었다. 이러한 전반적인 절감으로 인해 조선 세관에서의 근무가 외국인 하급 직원들에게 특히 불만족스러운 것이 되었지만, 이들이 이처럼 저임금을 받게 된 명백한 이유는 바로 전체 수입과 전체 지출 사이의 좁은 마진 때문이다. 더구나 세관장 자신이 가장 큰 피해자이다.

맥리비 브라운 씨는 경성에서 오랫동안 수수께끼 같은 존재였다. 다양한 재능과 호감 있는 성격으로 인해 그가 경성에 중요한 인물이 되었지만, 그와 그의 행동을 이성적으로 관찰해 보려는 사람은 거의 없다. 맥리비 브라운 씨는 다양한 분위기의 소유자이다. 주변 사람들과의 공감대가 없기 때문에 그가 처한 고독함은 그의 처지를 거의 처량하게 만든다. 1896년에 그가 왕실 회계의 재정 담당관이라는 힘든 직책을 수행하면서 봉급 받기를 거절했을 때 경성의 외국인 커뮤니티는 경악했다. 그러나 기진맥진한 나라의 자원에 또 다른 부담을 지우기를 거부한 것은 그의 삶의 원칙을 잘 보여준다. 그의 거래에는 속임수가 없다. 역경이 있을 때 그는 타협을 통해 그것을 헤쳐 나갈 수도 있겠지만, 한 번 결정한 것은 일관성 있게 유지하며 자신이 약속한 것은 정직하게 수행하려고 한다. 그는 일에 있어서 지칠 줄 모른다. 그는 불굴의 인내심을 가지고 있으며 냉정하고 결단력이 있다. 변호사가 직업인 그는 자신이 받은 법학 교육의 치밀함으로 업무의 세세한 부분에까지 헌신한다. 상황 못지않게 사람을 판단하는 데 있어서도 그는 거의 실수를 하지 않는다.

공적인 삶에 있어서 그는 우리의 공공 서비스에서 매우 빠르게 사라지고 있는 영국인의 한 타입을 대표한다. 그의 개인적인 삶은 매력적인 인격의 우아함과 교양을 반영한다. 경성에서는 맥리비 브라운 씨가 행정가이기보다는 외교관으로서 더 수완이 있다고 말한다. 그의 뛰어난 대화술은 그러한 주장을 그럴싸하게 보이게 한다. 경성에 새로 온 사람들은 오자마자 "브라운 씨는 걸어 다니는 백과사전이야"라는 말을 들을 것이다. 그는 프랑스어, 독일어, 이탈리아어, 중국어를 유창하게 말하고 읽고 쓴다. 그가 또 다른 언어에 대한 유창함이 요구되는 활동 영역인 조선 세관에서 일하고 있음을 기억할 필요가 있다. 그의 서재는 그의 교양의 폭을 입증해준다. 장서 수가 7,000권에 달하고 그것이 경성에 있는 그의 집의 방과 복도의 벽을 바닥부터 천장까지 채우고 있다. 우편물이 올 때마다 새로운 책들이 몇 박스씩 도착한다. 밤에 영국 공사관에서 스테이션 호텔까지 산책을 하노라면 그의 서재에서 불빛이 밝게 빛나는 것을 볼 수 있다. 그는 종종 새벽까지 책을 읽는다고 알려져 있다. 이 조용하고 말이 없는 남자가 경성에서 일어나는 많은 일에 대한 위안을 독서에서 찾는다면 그것은 매우 그 사람다운 일이다.

황제께서 세관장의 개인 저택과 공적인 구역의 이전을 요구했을 때 폐하의 최후 통첩 시한이 만료되는 날 일어날 소동에 대해 경성에서는 상당한 불안감이 감돌았다. 그러한 우발 상황에 대비해 브루스 제독의 지휘 하에 있는 네 척의 영국 군함이 제물포에 나타났다. 그러나 문제가 된 그날은 조용히 지나갔고, 흥분은 유럽인 커뮤니티 내에서의 상당한 실망감으로 바뀌었다. 맥리비 브라운 씨는 자신의 구역을 여전히 소유하고 있고, 세관의 이전과 관련된 문제는 조정의 관료들에게로 넘어갔다. 불행하게도 조정의 요구는 단호한 입장을 계속 유지할 때만 이의를 제기할 수 있었다. 후에 세관장에게 경고가 주어지고 새로운 주거지가 결정되었을 때 황제의 신하로서 맥리비 브라운 씨는 그 명령을 무시할 수 없었다. 이런 통보가 있기 전 황제는 너무나 어리석게도 세관 건물의 즉시 철수를 고집했고, 이것은 응하기가 불가능한 요구였는지라 그에 대한 항의로 맥리비 브라운 씨는 당시 조선의 총영사 서리였던 J. G. 거빈스(Gubbins) 씨로부터 적절한 지원을 받았다.

1895년에 명성황후의 시해 사건 이후 조선의 조정은 별로 좋지 않은 지역에 있던 옛 궁궐에서 영국과 미국 공사관 근처로 피신했고, 좀더 안전하고 쾌적한 위치에다 새로운 궁궐을 지었다. 그러나 새 궁궐은 영국 공사관과 맥리비 브라운 씨의 집에서 내려다보이는 위치에 있었다. 내관들의 부추김을 받은 황제는 이 외국인들의 거처에 눈독을 들였고, 이곳을 새로 짓고 있는 궁궐의 훌륭한 부가지로 삼겠다는 당연한 결정을 내렸다. 불행하게도 세관장을 집에서 쫓아내면서 그 집을 원했던 황제 혹은 귀비 엄씨, 그리고 세관을 탐냈던 이용익이 그를 조선에서 추방하기를 동시에 바랐다고 의심할 만한 충분한 이유가 있었다. 맥리비 브라운 씨를 집에서 쫓아내려는 시도가 실제로는 그를 그 자리에서 몰아내는 것을 겨냥했다는 사실은 거의 의심의 여지가 없다. 집에 대한 문제가 거론되자 맥리비 브라운 씨는 딱 이틀 간의 유예 기간만을 부여받았다. 그러한 통고를 수용하기를 거부하자 무력을 사용하겠다는 위협이 있었지만 영국 대리대사의 중재로 그것만은 모면하였다. 결국 맥리비 브라운 씨의 주거지에 궁궐의 몇몇 식객들이 들어왔지만 세관장의 명령으로 쉽게 쫓김을 당했다. 그러자 이 인간들은 옷을 찢고 난동을 부리더니 울면서 궁궐로 달려가 매를 맞고 고초를 당했다고 말했다. 그 결과 세관장의 해임이 요구되었다. 거빈스 씨는 즉시 적절한 퇴거 통보와 새로운 부지의 선택을 포함한 특정 조건을 제공한다면 황제가 새로운 궁궐을 완성하는데 소요될 것으로 보이는 영국 공사와 세관 건물 모두를 확보해주겠다는데 합의했다. 공교롭게도 반쯤 완성된 궁궐을 바로 내려다보는 영국 공사관 건물이 낮은 위치에 있는 세관 건물보다는 황제의 마음의 평화에 훨씬 더 필요한 것이었다. 따라서 그 공격은 브라운 씨의 집보다는 브라운 씨 자신에게 가해진 조정 관리들의 공격임이 명백했다. 그럼에도 불구하고 황제가 공사관에 피신을 온 이상 공사관 부지를 잠식하지 않고서는 외국인 구역에서 황제를 모실 만한 공간이 충분치 않다는 것 또한 분명한 사실이었다. 공사관은 경성의 중심부에서 유일하게 높은 위치에 쾌적한 자리를 점유하고 있었고, 황제는 이곳에 온 이상 외국인들의 발밑에서 궁색한 처지를 만족하고 살든가, 아니면 공사관 부지를 흡수하여 그곳 사람들을 다른 곳으로 보내야만 했다. 조만간 영국인들과 어쩌면 미국인들까지도 나가야 할 판이었다. 그리고 궁궐은 여전히 조선 왕실의 깃발 위에서 국기를 펼럭일 러시아 공사관 부지를 제외하고는 언덕 전체를 차지하게 될 것이다.

조정과 세관장 사이의 현안에 대한 합의가 이루어지자마자 세관의 수입을 담보로 정부와 연안 기업(Yunnan Syndicate) 사이에 5백만 엔의 차관 협정이 이루어졌다는 발표가 있었다. 이것은 직책상 수입에 대한 전권을 행사하는 세관장의 권위를 단숨에 침해하는 행위였다. 융자 문제가 맥리비 브라운 씨의 집 문제와는 아무 상관이 없다는 사실을 이해할 필요가 있다. 원래 이 제안은 최근의 갈등이 벌어지기 훨씬 전에 논의된 것이다. 런던에 등록한 프랑스 회사인 연안 기업은 전적으로 프랑스 자금으로부터 지원을 받고 있었다. 융자의 주요 목적은 무제한의 이권을 강탈할 수 있는 무기 공급을 확보하는 데 있었다. 하지만 그 작전이 완전히 성공한 것은 아니었다. 계약 조건에 의하면 연안 기업은 조선 정부에 5.5퍼센트의 이자로 5백만 엔을 금괴와 은괴로 빌려주도록 되어 있었고, 융자금은 10퍼센트의 커미션을 내고 25년에 걸쳐 분할 상환하게 되어 있었다. 조선 정부가 일반 수입을 통해 돈을 갚지 못할 경우 세관 수입이 담보로 잡히게 된다. 계약은 이쪽 편에서 외무대신인 박(Pak)과 탁지부 대신인 이용익이, 상대편에서는 회사의 대리인인 카잘리스(Cazalis), 서울 주재 프랑스 공사인 콜랭 드 플랭시(Colin de Plancy)가 서명했다. 서류는 많은 점들을 미정인 채로 두었다. 특히 제물포에 금괴와 은괴가 배달되는 날짜를 확정하지 않았다는 점에서 특히 모호했다. 그래서 연안 기업이 이런 실수를 빌미로 삼아 어떤 이권을 줄 때까지는 돈을 주지 않을 것이라는 주장이 제기되었다.

연안 기업의 대리인인 카잘리스는 거빈스 씨와 브라운 씨가 터무니 없는 문제 제기로 자신의 일을 가로막고 있다며 분개했는데, 그가 보기에 두 사람은 러시아의 음모를 의심하는 일본의 지시를 따르고 있는 것이 분명했다. 그러나 영국 대리공사가 그런 이유로 이의를 제기한다고는 볼 수 없었다. 연안 기업의 계략은 명백한 근거로 이의를 제기할 수 있을 만큼 불법적이었다. 회사의 대표가 진술한 사건의 정황을 들어보자. 연안 기업은 세관장, 일본 공사, 영국 공사와 상의도 없이 세관 수입을 담보로 5.5퍼센트의 이자로 5백만 엔을 금괴와 은괴로 차용하도록 조선 정부를 비밀리에 설득했다. 카잘리스는 이 일이 세관장이 아는 상태에서 공적으로 진행된다면 문서에 서명을 받기가 불가능했기 때문에 비밀리에 일을 진행할 수밖에 없었다고 주장했다. 다시 말하면 이 문제에 아무런 이권이 없고 절대적으로 공명정대한 브라운 씨에게 이런 계획이 좋은 인상을 주지 않을 것이라는 사실을 그 스스로가 인정한 꼴이었다.

한편, 이 융자가 조선에서의 프랑스 이권을 위한 위치를 선점하는 데 그 목적이 있음도 지적해야겠다. 러시아가 자신의 목적을 위해 부동항을 확보하려 하고, 러시아의 아시아 정책에 대해 프랑스와 러시아 정부 간에 분명한 이해관계가 존재함을 볼 때 영국으로서는 더이상 이들의 전진을 묵과할 수만은 없는 것이다. 그 당시로서는 조선에서의 프랑스의 활동이 우리의 이해 관계에 직접적인 위협을 포함하지는 않았을 것이다. 그럼에도 불구하고 프랑스와 러시아의 영향력에 우위를 부여하는 상황이 합쳐지면 분명히 사건을 유발하게 될 것이고, 그것을 막는 것은 우리의 분명한 의무가 될 것이다. 더구나 맥리비 브라운 씨의 집을 빼앗는 음모의 주동자가 카잘리스와 함께 연안 기업의 차관을 협의한 당사자라는 사실은 특히 흥미롭다.

5백만 엔의 차관을 얻을 필요성과 지혜만 보장된다면 그만한 금액이 이롭게 사용될 수 있는 곳이 조선에는 많이 있다. 세관의 수입을 담보로 한다면 그런 계약보다 훨씬 더 유리한 조건을 확보하는 데 아무런 어려움이 없었을 것이다. 계약 조건은 터무니없는 것이었다. 게다가 어떤 결론에도 이르지 못한 부차적 제안에서는 평양 석탄 광산의 임대, 또 다른 44개 광산의 운영권, 프랑스 채굴 공장의 구매, 프랑스 광산 전문가의 고용을 요구했고, 조정으로서는 받아들일 수 없지만 조선 내의 프랑스 이권에 대해서는 무조건적이고 바람직하지 못한 우위를 부여할 부차적인 조항들도 포함되어 있었다. 차관의 사용처라고 추정되는 것은 실제로 가장 필요한 것들이었다. 조정이 충실하게 지킬 것이라는 희망이 조금이라도 있었더라면 차관에 대한 만장일치의 지지가 있었을 것이다. 불행하게도 그렇게 강조한 대상, 즉 조선의 경제적 발전에 중요하고 결정적인 요소가 될 대상에 차관이 조금이라도 사용될 전망은 없다. 차관은 금괴로 전달되었다. 은화 3분의 1과 금화 3분의 2의 비율로 만들 것이며, 국립은행이 곧 출범을 하여 현재의 백동화(nickel)를 이들 화폐로 바꿀 예정이다. 이것은 정말 칭찬할 만한 일이다. 차관의 작은 부분이 그런 일을 가능케 한다면 국가의 화폐를 전환하는 것은 정부의 재정 신용도와 국가 전체에 말할 수 없는 이익을 안겨줄 것이다. 그러나 지난번에 일본 차관을 계약한 이유 중의 하나가 일본, 멕시코 은화와 동등한 가치로 교환될 수 있는 백동화를 제공하기 위함이었음을 기억할 필요가 있다. 불행하게도 이 동전은 지금 일본 금화 100전당 120퍼센트로 평가절하된 상태이다. 5전짜리 조선 백동화—당시 주조된 유일한 단위—의 실제 가치는 일본의 통화 기준에 의하면 액면가의 8분의 1에 지나지 않음이 입증되었다. 가치가 '찌그러진' 것이다. 이 새로운 차관을 합법적이고 좋은 일에 지출한다는 보장도 없다. 최근에 1전짜리 구리 동전이 대량으로 주조되었다. 이 동전은 백동화보다 엔화에 대해 더 나은 가치를 유지하고 있다. 사실상 구리 동전의 실제가는 백동화보다 훨씬 높아서 둘 사이에 교환 기준치가 설정될 정도이다. 현재 백동화는 구리 동전에 비해 12퍼센트 가량 낮게 가치가 형성되고 있다.

8장

조선에서의 외국의 행동·바닥난 재정·세금·예산·평가절하된 통화
다이이치 은행·부정직한 관료들

조선의 정치가 현재의 복잡한 상황을 맞게 한 사건은 1897
년 가을, 러시아가 제국의 세관과 재정을 확실하게 통제하려고 시
도하면서 시작되었다. 당시 러시아 공사였던 스페이에르(Speyer)
의 노력이 부분적으로만 성공했기 때문에 그의 후임자인 마투닌
(Matunine), 현재의 대표인 파블로프(Pavloff), 프랑스 공사관의
그의 동지 콜랭 드 플랭시는 그동안 이 과업을 완성하는 데 모든 외
교력을 집중시켰다. 조선 정부가 그들의 요구를 들어주지 않자 그들

은 영국 공사와 세관장에게 분노를 표출했다. 치사한 편견으로 고안된 믿을 수 없는 일을 처리하는 데 있어서 자신들의 목적을 위해서라면 어떤 외교적 수단도 그들의 정책에서 제외하지 않았다. 영국의 조치로 인해 프랑스-러시아-조선의 당사자들이 입게 된 계획의 차질은 잠시 그들의 진행을 늦출 뿐이었다. 상황이 눈에 띄게 호전되거나, 세관장의 업무를 편안하게 하거나, 영국 공사의 길을 가기 쉽게 만드는 것은 전혀 아니었다. 실제로 영국의 활동에 대한 러시아와 프랑스 공사의 방해는 앞으로 훨씬 더 심해질 것이 분명하다.

최근의 위기 동안에 영국 정부가 거빈스 씨에게 베푼 도움은 과거에 우리의 무관심 때문에 조선 사람들이 갖게 된 환상들을 그들의 마음에서 걷어내는 데 많은 공헌을 했다. 앞으로 조정이 브라운 씨를 그 자리에서 밀어내는 데 같은 방법을 사용할 것 같지는 않다. 영국의 시위에 직면하여 조정이 양보를 했다면 거빈스 씨가 그 후에 보여준 양국의 이해에 대한 배려와 기지는 현 상태를 회복하는 데 상당히 공헌했다. 한편 1897년에 러시아 공사의 사주로 맥리비 브라운 씨가 재정 담당관의 자리를 박탈당했을 때, 영국 정부가 냉정하게 그를 보호하지 못한 것은 당연히 나중에 다른 문제를 초래하는 원인으로 작용한다. 두 개의 자리는 너무나 밀접하게 연관되어 있고 프랑스-러시아의 정책이 너무나 주도적이고 공격적이기 때문에 러시아나 프랑스의 후보자가 세관장이 된다는 것은 그들이 힘을 합쳐 영국의 영향력을 완전히 배제하는 것을 의미한다. 물론 이것은 불가능하다. 만약 영국 정부가 조선에서의 특권을 손상시키지 않고 유지하는 것의 중요성을 깨닫게 된다면 그것은 불가능하게 될 것이다. 우리는 조선에 물질적인 이권이 거의 없지만 조선에서의 우리의 위치는 프랑스보다 우위이고 러시아와는 동등해야 한다는 점을 잊지 말아야 할 것이다. 다른 곳에서처럼 프랑스가 러시아와 동맹국이 아니라면 이웃에 대한 섬나라 제국의 태도의 특징인 공격성에 불필요하게 동조하지 않고도 일본의 정책을 우호적으로 지지할 수 있을 것이다. 그러나 우리가 우리의 위치를 확보하려면 우리의 정책에 조금 더 활력을 불어넣어야 하며 일본과의 계약 관계를 유지하는 한편, 우리의 이해관계가 손상되지 않도록 보장할 필요가 있다. 이것은 조선 해상세관의 감독직에 영국이 추천한 사람을 계속 유지함으로써 가장 큰 효과를 볼 수 있다. 이 점에 있어서 우리의 조치는 일본과 미국의 무조건적인 지지를 받을 것이다. 그들의 무역의 이해관계도 우리와 마찬가지로 이러한 통제권에서의 우위를 정당화하기 때문이다.

현재 조선 정부의 재정적인 어려움은 조정의 비정상적인 사치의 결과이다. 황제가 줄어드는 국고에 부담이 될 정도로 빚을 늘리는 것은 바람직하지도 않고 정치적이지도 않다. 왕실의 수입원은 중국의 경우를 닮지 않았다. 더이상 곡물로 내지 않는 토지세가 있는데, 1901년 435만 엔의 수입을 올렸다. 주택세는 원칙없이 부과되고 있고 약간 뇌물만 주면 피할 수도 있다. 125만 엔 이상(1,325,414엔, 2.5실링의 환율로 135,303파운드)의 수입을 올린 관세, 그리고 각종 이권, 전매, 광산, 주조, 그리고 머리가 비상한 이용익이 생각해 낸 온갖 잡다한 비정기 세금에서 나온 금액이 있다.

세금은 무겁고 무자비하다. 조세가 부과되는 귀중한 대상의 리스트에는 토지세, 관세, 주택세 외에도 소금, 담배, 생선, 모피, 삼림지, 광물, 인삼, 주조, 수송선, 조합, 면허, 종이, 소가죽, 전당포 등이 있다. 최근에는 몇몇 세금이 없어졌다. 그러나 이 리스트 외에도 황제가 백성들에게 '세금을 내도록' 고안할 수 있는 수단은 얼마든지 있다. 정기적인 경우에 속하지는 않지만 그 자체로 매우 큰 가치가 있는 것 중에는 황제를 만족시키기 위해 전국 각지에서 진상하는 선물들이 있다. 이 선물들은 매우 광범위하며 땅에서 나는 과일뿐 아니라 해산물도 포함된다. 때마다 꼬박꼬박 바치는 진상은 빠뜨릴 수 없으며 이 관습을 어느 누구도 중단하게 할 수 없고, 이 문제를 잘 챙기지 못하는 지사는 즉시 목이 달아난다.

1901년의 예산은 9백만 엔 정도로 책정되었고, 그중 1백만 엔 정도가 왕실 지출금에 할당되고 이보다 약간 많은 금액이 왕실의 내탕금으로 지불되었다. 같은 해의 수입과 지출의 차이는 775달러라는 작은 금액이었다. 1902년의 예산은 750만 엔으로 짜였다. 수입은 대략 같은 숫자에서 책정되었고, 수입과 지출의 차이는 653엔이었다. 그러므로 왕실이 재정적인 어려움에 처할 이유가 없다. 폐하가 토지 구매, 궁궐과 자신과 친척과 여인들의 단장, 조정에서 밤낮 벌어지는 연회를 치르는데 수입을 찔끔찔끔 써버리지 않는다면 이러한 만성적인 국고의 부족은 존재하지 않을 것이다. 더구나 그의 수입의 적어도 4분의 1은 그것을 다루는 지방 관리들에 의해 전용된다. 이러한 상황에서 황제는 이해 관련 당사자들의 도움을 받는 것을 반대한 적이 없었다. 그러나 이처럼 예감이 좋지 않은 도움은 나라를 담보와 세금의 부담에서 해방시키지 못하게 된다.

각 부서에 대한 지출은 이들 황당한 부서들의 유용성이나 중요성과 전혀 상관없이 국세를 투입한다. 군무국(War Office)에서는 1901년에 대략 350만 엔 이상을 요구했고, 외무부는 25만 엔, 재무부에서는 75만 엔, 궁궐에서는 100만 엔을 약간 초과한 금액을, 내무부에서는 그보다 약간 적은 금액을 요구했다. 100만 엔은 약 10만 파운드이다. 1902년에 군무국에 지불한 금액은 대략 300만 엔이었다. 외무부에는 25만 엔을 약간 넘는 금액, 재무부에는 50만 엔 약간 넘는 금액이 지불되었다. 이러한 고비용 저효율의 행정부에서 법무부, 농림부, 경찰, 교육부, 체신부 등 모든 부처가 예산을 요구하며, 공금을 물쓰듯 쓰고도 남는 것은 아무 것도 없고 보여줄 것은 거의 없다.

1903년의 예산 세부 항목은 다음과 같다.

수입(달러)	
지세	7,603,020
가구세	460,295
잡세	210,000
1902년 잔고(대출 이자 포함)	1,142,800
관세	850,000
각종 부과세	150,000
화폐 주조	350,000
총계	10,766,155

지출(달러)		
황제	황제의 개인적인 용돈	817,361
	제사 비용	186,639
	계	1,004,000
황실(궁내부) The Imperial Household	교통국	21,980
	황국 경찰	118,645
	자유항 경찰	69,917
	북서 철도	22,882
	의전국	17,608
	광산국	10,000
	계	261,022
원로원 The Old Man Bureau		24,026

원수부 Bureau of Generals		65,853
내각 The Cabinet		38,730
외무부(외부) The Foreign Department	사무실 경비	26,024
	통상 관리관	51,154
	외국 공관	201,020
	계	278,198
재무부(탁지부) The Finance Department	사무실 경비	53,910
	징세관	141,600
	화폐 주조	280,000
	채무 상환	989,250
	연금	1,956
	교통	200,000
	계	1,666,716
군무국 War Department	사무실 경비	50,651
	군인	4,072,931
	계	4,123,582
내무부(내부) The Home Department	사무실 경비	34,624
	관저	6,144
	지방관(도)	91,862
	2급 지방관(현)	52,674
	제주도	4,222
	지방(현)	778,325
	제국 병원	7,632
	백신 분과	3,354
	여행경비	730
	지방 제사	866
	계	980,533
교육부(학부) Education Department	사무실 경비	24,822
	달력	6,022
	서울 학교	89,969
	지방 학교	22,580
	사립학교 보조금	5,430
	유학생	15,920
	계	164,943

농림부(농상공부) Agricultural Department	사무실 경비	38,060
	일반 경비	8,240
	계	46,300
의회(중추원) Council	사무실 경비	18,580
제국 친위대 Imperial Body-Guard	사무실 경비	58,099
법무부(법부) Law Department	사무실 경비	31,603
	대법원	15,686
	지방 법원(도)	8,162
	.지방 법원(현)	1,251
	계	56,702
경찰국 Police Bureau	사무실 경비	252,857
	서울 감옥	32,650
	경찰	51,462
	국경 경비	23,762
	여행비 등	600
	계	361,331
서훈국(표훈원)Bureau of Decorations	사무실 경비	20,993
전신 및 우체국 Telegraph and Post	사무실 경비	23,640
	일반 지출	438,295
	계	461,935
조사국 Bureau of Survey	사무실 경비	21,018
	조사 경비	50,000
	계	71,018
기타 경비 Incidentals	도로 및 기타 비용	35,000
	지방 수리비	10,000
	강도 체포 비용	500
	구호 작업	5,000
	극빈자 매장 비용	300
	잡비	480
	광산 경찰 등	1,840
	손실비	3,120
	계	56,240

총 수입은 약 10,766,115달러로 추정된다. 총 지출은 약 10,765,491달러이다. 잔고는 624달러이다.

이 나라의 재정을 개선하기 위해 이따금씩 외국 대표들이 조치를 취해왔다. 한번은 7개의 개혁안이 제출되어 보고서가 황제에게까지 올라간 적도 있었다. 조사 과정에서 당시 정부가 주조한 백동화 외에 25개의 각각 다른 동전이 조선에서 통용되고 있는 것이 밝혀졌다. 최근까지 조선 통화의 위조는 수지 맞는 일이 아니었다. 옛날 돈은 가치가 너무 작았고, 금속 값과 노동 비용을 합치면 진짜 돈의 액면가와 거의 맞먹어서 위험을 무릅쓰기에는 이익이 너무 작았다. 그러나 현재 동전은 옛날 동전의 25배에 해당하고 제조에 드는 비용이 1.5전도 안 되기 때문에 가짜 돈 만드는 것을 유인하는 요인이 된다. 가짜 백동화의 수가 급격히 증가하고 있고, 한때는 동전 제조의 허가를 정부가 개인에게 마음대로 내준 적도 있었다. 니켈은 세관을 통해 공공연하게 수입된다. 일본에서 증기선이 들어올 때마다 많은 양의 위조 동전이 대량으로 들어와 국내로 밀수된다. 정부는 불법 거래로부터 이익을 챙기는 데만 관심이 있고, 이런 것이 국가의 지급 능력에 항구적인 해를 끼친다는 사실을 무시하면서 이런 평가절하된 동전을 유통시키기 위해 모든 수단을 강구한다. 최근까지만 해도 백동화의 유통은 수도와 두세 개의 항구 지역에만 한정되었고, 옛날 구리 동전은 다른 곳에서 유통되었다. 그러나 그 사용을 확대시키기 위해 전국의 도지사들에게 세금을 이 화폐로만 받으라는 명령이 내려갔다. 임금은 백동화로 지불되었고, 백동화의 구매력이 구리 동전의 절반도 안 되는 상황에서 국민의 대부분이 전보다 급여를 더 받지도 못하면서 구매력은 훨씬 떨어지게 되었다. 정부가 4000만 백동화를 더 찍도록 계약했기 때문에 이것이 금방 개선될 전망은 보이지 않는다. 이것이 이루어지면 통용되는 동전의 액면가는 일본의 엔으로 따져서 1400만 엔, 혹은 150만 파운드가 될 것이다. 물론 이러한 엄청난 금액을 구제할 금, 은 보유고는 없다.

상태가 이렇게까지 되다 보니 제물포에서 현재 다음과 같은 동전만 시세가 통용된다.

(1) 정부 백동화

(2) 1급 위조 동전

(3) 2급 중급 위조 동전

(4) 밤에만 통용되는 돈

그러므로 통화의 문제가 외국 대표들의 진지한 관심을 사로잡는 것은 놀랄 일이 아니다. 마침내 이 문제에 대한 약간의 책임감을 느낀 일본 정부는 일본인이 위조 동전을 만들거나, 그런 일본

산 니켈 동전을 한국으로 반입하는 것을 저지할 목적으로 1902
년 11월 7일에 법령을 공포하여 15일에 시행에 들어갔다. 이 법령
을 어긴 사람이 받는 처벌은 1년 미만의 징역이나 200엔 이하의
벌금이었다.

이런 법령으로 일본 세관 관리들은 위조 동전이 밀반출되는 것
을 단속할 힘을 갖게 되었고, 조선 세관도 이런 동전을 밀반입하
는 일본인에 대해 기소를 할 수 있는 권한을 갖게 되었다. 최초의
압류가 시작된 1902년 1월 22일부터 12월 말까지 전체 액면가가
1만 8,191파운드에 달하는 357만 3,138(동전과 미가공 동전)개가
제물포 세관 직원에 의해 압수되었다. 한번에 가장 많은 양이 압
수된 것은 8월 19일에 조선의 정크선에서 발견된 액면가 3,772파
운드의 73만 9,000개의 동전이었고, 두 번째 큰 것은 9월 8일 수
송선에서 발견된 액면가 2,512파운드의 53만 90개였다.

조선 화폐의 딱한 형편에 대한 처방을 제공하기 위해서 시부사
와 에이치(澁澤榮一) 남작의 지시를 받는 일본 은행인 다이이치 은
행에서는 일본 정부의 후원 하에 조선의 어느 지점에서라도 일본
화폐로 지불할 수 있는 약속어음을 발행하기로 결정했다. 다이이
치 은행은 경성뿐 아니라 모든 큰 무역항에 지점을 가지고 있고
국내에서 가장 큰 금융기관이다. 일본 영사관 직원들은 이 문제를

감독하고 한 달에 두 번 통화와 잔고에 대한 보고서를 받도록 권한을 부여받았다. 그들은 또한 사용되는 어음의 수를 제한하는 재량권도 갖게 되었다. 어음의 액면가는 1엔(2실링, 0.5d), 5엔(10실링, 2.5d), 10엔(1파운드, 5d)이었으며, 1902년 3월 10일에 1엔짜리 어음이 처음으로 등장했고, 5엔짜리 어음은 9월 20일 이후에 유통되었다. 10엔 어음은 그 후에 발행되었다.

1903년 2월 28일 다이이치 은행의 어음과 그것을 지급할 잔고는 다음과 같다.

지점	사용되는 어음	잔고
제물포	18,927	18,927
부산	24,568	19,701
서울	1,894	1,894
목포	14,406	12,250
총계	59,795	52,772

다이이치 은행 쪽의 이러한 조치는 조선 정부로부터 격렬한 항의를 받았다. 어음 발행은 황제로부터 정당하게 허락을 받은 것이지만 외무대신은 끈질기게 어음의 유통을 방해했다. 1902년 9월 11일 외무대신 서리의 명의로 전체 절차의 신용을 믿을 수 없으므로 조선인들은 어음의 사용을 금하라는 명령이 떨어졌다. 물론 이 명령은 이용익의 머리에서 나온 것이었고, 몇 달 후인 1903년 1월

8일 당시 외무대신인 조평식이 금지 명령을 해제하자 이용익은 즉시 너무 고분고분한 동료를 해고할 계략을 짰다. 그 결과 외무부는 이제 대신이 없게 되었고, 이용익은 즉시 은행의 면허를 취소하려고 했다. 이용익은 일본의 화폐가 나라를 망칠 것이라고 선언하고, 은행의 파산 선고를 목적으로 서울~부산 간 철도에 대한 보상을 일부러 그 어음들로 지불했다고 주장하면서 1월 24일 행상인 조합의 회의를 소집하여 이런 어음을 받지 말라고 금지시켰다. 며칠 후인 2월 1일 경성 시장은 이런 금지 조항의 효력을 발생시키는 칙령을 시내 전역에 붙였고, 동시에 이런 어음을 사용하든가 아니면 그것이 유통되도록 돕는 사람은 가장 중한 벌을 내릴 것이라고 위협했다. 그런 다음 재무부에서는 각 지방에 이 칙령을 회람했고, 이에 따라 은행에 즉시 지불 청구가 쇄도하였다. 사흘 후인 2월 4일에 일본 공사 서리는 이 극악무도한 조치가 철회되지 않으면 은행이 입은 손해에 대해 광산과 철도 이권을 포함하여 배상 청구를 하겠다고 정부를 위협했다. 많은 논란과 여러 차례의 회의 끝에 조선 당국은 모든 금지 조치를 철회하고, 전국에 은행의 존재에 대한 인증서를 보내는 데 동의했다. 그날부터 다이이치 은행에 대해 아무도 문제 삼지 않았다.

관리들의 강탈과 부정직성은 국고의 만성적인 출혈을 강요하고 있다. 이 한 가지 큰 악이 제거되면 재정 상태를 방해하는 또 다른 장벽이 생길 것이다. 불행하게도 1901년의 가뭄과 기근은 1902년의 수입을 감소시켰고, 5백만 엔이라는 재정 적자를 야기했다. 이 적자가 엄청난 것으로 생각될 수도 있지만 관리들의 개인적인 착복으로 인한 수입의 추가 손실은 어떤 상황으로도 용납이 될 수 없다. 가뭄으로 인한 궁핍한 재정 상태로 인해 큰 적자에 관심이 쏠렸고, 그것 때문에 도시와 주요 지방의 많은 관리들이 문책을 받았다. 부당하게 취한 이득을 이 토착 관리들이 토해내지 않자 탁지부 대신 이용익의 지시로 즉시 기소가 시작되었다. 많은 위법자들이 처형, 귀향, 혹은 투옥되면서 대신들, 도지사들, 군수들과 감찰관들이 책임을 묻는 자리에 끌려왔다.

그 순간 이용익의 독특한 명민함이 돋보인다. 그는 법의 완전한 처벌을 받게 된 관리라면 누구를 막론하고 접근하여 탁지부 대신의 자격으로 으름장을 놓았고, 그것으로 한번에 왕실 회계에 50만 엔의 수입을 얻게 한 적도 있다. 이용익은 인삼 농부들에게 인삼을 사겠다고 거래를 하였다. 이것은 전매품이었고, 1파운드에 8달러 가격으로 건삼, 수삼 6만 3,000파운드를 사기로 했다. 인삼이 들어와 돈을 지불할 시간이 되었을 때 이용익은 인삼의 무게와 상태를 인삼 재배자들이 잘못 이야기했다고 트집을 잡으면서 1파운드 당

1달러 이상은 못주겠다고 했다. 그러는 동안에 인삼은 판매가 되었고 돈은 들어왔고 왕실 회계의 잔고는 그만큼 올라갔다.

또 한번은 엔 금화에 대한 니켈의 할인율이 매우 낮았을 때 이용익은 200만 달러 어치의 조선 돈을 황제에게 선물로 바치는 일을 주선했다. 세심한 조정을 통해 엔 금화에 대한 니켈의 환율은 선물을 바친 다음날 20퍼센트가 올랐다. 이용익이 차익을 처리하여 황제에게 유리하게 차액을 확보해주었음은 두말할 나위 없다.

9장

교육 · 예술과 미덕 · 형법 · 결혼과 이혼 · 첩의 권리 · 아동의 위상 · 정부

외국식 교육 방법이 도입되고 현대식 학교가 세워지기까지 조선인들이 특별한 지적인 능력을 드러낸 적은 없다. 지금도 드문 경우에만 지식이라고 간주될 수 있는 중국 고전을 막연히 안다는 것이 교양 있는 계층의 학식을 요약한다. 상류층은 남녀 모두 중국 문학과 언어를 이해한다고 자부한다. 그러나 조선에서 펴낸 한문과 조선어가 섞인 글—문법적 구조는 순전히 조선어로 된—이상을 중산층이 읽을 수 있는 경우는 드물다.

한문에 대한 무지가 이처럼 만연한데도 만다린 중국어는 양반 사회의 언어로 간주되고 있다. 그것은 조정에서 공식 의사 소통의 수단이다. 정부 일을 하는 대다수의 외국인들도 그 언어의 미묘한 의미를 숙달했다. 한문과 조선어의 음운론을 깊이 연구하여 권위자가 된 호머 헐버트 교수의 추정에 의하면 한문을 공부하는 상류층 여성의 1퍼센트만이 그 언어에 대한 실용적인 지식을 가지고 있다고 한다. 중산층과 하류층 여성들은 한문을 모른다. 또한 중국 고전을 읽을 줄 아는 상류층 여성의 비율은 아주 작다. 조선인을 무작위로 추출할 때 비슷한 수의 영국인에게 보통 라틴어 산문을 읽게 할 때처럼 한문을 유창하게 읽을 수 있는 사람은 5퍼센트도 안 될 것이다.

그러나 일반적인 조선어 글인 언문의 경우에는 그런 무식함이 없다. 상류층과 중산층은 자기 나라 글을 상당한 이해력을 가지고 읽는다. 조선어는 중국어나 일본어와 전혀 다르다. 나름대로 알파벳도 있으며 현재 그것은 25개의 글자로 되어 있다. 어떤 연대기에 의하면 15세기인 1447년에 조선의 왕이 공식적인 의사소통 수단으로 한문의 사용을 포기함으로써 나라의 독립을 주장할 결심으로 조선어의 특별한 특성에 맞게 알파벳을 발명하였다고 전해진다. 그러나 보수주의가 너무 강하였고 새로운 글은 하류층, 여성과 어린들의 글로 점점 전락하였다. 한글로 된 문학은 상당히 많이 있다. 거기에는 중국과 일본의 고전을 번역한 것도 있고, 현대와 중세 조선에 대한 역사책, 여행과 사냥에 관한 책, 시와 서간문, 인류 공통의 인간 본성의 여러 면을 다루는 다양한 소설도 있다.

이 많은 책들을 조선 여성들이 꾸준히 보고 있지만 그 내용을 잘 모르는 상류층 여성들은 경멸로 이런 책들을 외면하고 있으며, 그보다는 정도가 덜하지만 중산층 여성들도 마찬가지이다. 궁궐의 여자 나인들은 궁궐에서의 직무, 즉 정부 명령서, 최신 뉴스, 일반적 가십에 대한 언문 글을 왕실을 위해 준비해야 하기 때문에 한글을 가장 열심히 공부하는 학자들이다. 한글로 된 책은 지위를 막론하고 조선인들에 의해 구매되고 있으며 순회 도서관에서 대여도 된다. 많은 작품들은 한글이나 한문 어느 한쪽만 읽을 수 있는 사람들을 위해 한글과 한문으로 인쇄되어 있다. 아주 까막눈인 사람은 중요한 챕터를 귀로 듣는다. 모든 여자들이 잘 알고 있어야 하는 유명한 책에는 세가지 행실의 원리가 들어 있는데, 그 내용은 (1)부모 공경법 (2)가족을 키우는 법 (3)살림살이이다. 이 책의 동반 서적이면서 조선 여성에게 마찬가지로 중요한 책은 다섯가지 행실 원리와 주요 문학 5권인데, 정신과 내용에 있어서 거의 같다. 이 책들이 다루는 내용은 (1)부모와 자식 (2)왕과 신하 (3)남편과 아내 (4)노인과 젊은이 (5)친구와 친구 사이의 관계이다. 또한 덕스러운 삶과 배움에 대한 권고도 담겨 있다.

이러한 것들 외에 가정에서 이루어지는 여성 교육도 살펴보아야 한다. 여성의 교육은 가정에서의 현장 학습을 통해 보완된다. 그 결과 특정 계급의 남성들에 대한 교육은 주로 책에 한정되어 있지만, 여성들에게는 인정받은 고전 권위자의 가르침 외에도 다양한 범위의 공부가 존재한다. 장식 예술, 사랑방 아가씨들의 재주와 재능은 점잖은 계층에 의해 무시를 당하기 일쑤인데, 노래나 춤은 기녀들이나 창기들의 재주이기 때문이다. 수, 재봉, 바느질, 뜨개질은 살림살이를 두루 거칠 때까지 늘 그들의 관심을 사로잡는다. 가끔 상류층 여인들이 거문고를 배울 때가 있는데, 그것은 폭이 한 자, 길이가 다섯 자 되는 악기로서 모양이 치터(zither)와 비슷하고 처량하고 불협화음의 울음소리를 낸다. 해금이라는 또 다른 현악기가 있는데, 이 바이올린의 찢어지는 소리는 다시 생각해도 끔찍하다. 중산층이 가장 즐기는 단순한 오락은 '구경'을 위해 천천히 정처 없이 걷는 것이다. 그네, 줄넘기, 주사위, 도미노, 인형도 좋아하는 오락이다.

선교사들의 계몽으로 교육적인 면에서 괄목할 만한 개선이 있었다면 법률적인 상황은 정말 문제가 많다. 물론 어떤 나라에서 잘 통했던 행정 시스템을 다른 나라의 법적 절차에 접붙이는 것이 항상 가능한 것은 아니다. 같은 원인에서 발생하는 구체적인 폭력 사태는 개혁을 시행하려고 하는 사람의 시점에서 보면 다른 얼굴을 띤다. 게다가 처벌에 있어서 야만적 요소는 어떤 나라의 상황에서는 필요할 때가 있다. 점잖은 형태의 처벌을 비웃는 사람들에게는 제재를 가할 필요가 있기 때문이다. 조선의 형법에 이의를 제기하려는 사람은 극동에서는 법에 자비의 요소를 전혀 개입시키지 않는다는 것을 기억해야 할 것이다. 많은 처벌은 공개적이고 야만적이며, 다른 처벌은 극악한 잔인함으로 유명하다. 참수형, 절단형, 교수형, 독살형은 이제 전보다 자주 시행되지는 않는다.

최근까지만 해도 중죄인의 가족은 다 같이 벌을 받는 것이 조선 법의 관행이었다. 지금은 그들이 면제를 받게 되었고, 1895년의 운동에서 도입된 개혁으로 인해 발전의 정신에 어긋나는 관행을 폐지하려는 시도가 있었다. 아래의 표는 특정 범죄에 대해 가해지는 형벌을 보여준다.

반역, 남자: 참수형, 5촌 아내의 남자 친척 포함. 어머니, 아내, 딸은 사약 혹은 노예 신분으로 전락.
반역, 여자: 사약.

살인, 남자: 참수형, 아내는 사약.

살인, 여자: 교수형 혹은 사약.

방화, 남자: 교수형 혹은 사약.

방화, 여자: 사약.

절도, 남자: 교수형, 참수형, 혹은 귀양. 아내는 노예 신분 전
　　　락, 모든 재산 몰수.

분묘의 훼손: 참수형, 5촌 남자 친척 포함. 어머니, 아내, 딸 사약.

위조: 교수형 혹은 참수형. 아내는 사약.

　조선의 법령 하에서는 아내는 법적으로 결혼을 파기할 수 없다.
이혼의 특권은 남자에게만 있다. 상류층에서는 이혼이 매우 드물
다. 그러나 남편이 아내의 고소를 반증하지 못하고 배상 능력이 없
을 때 아내는 남편을 떠나 친척의 도움을 받을 수 있다. 아내가 남
편에 대한 혐의를 입증하지 못하면 대개 엄청난 돈이 드는 결혼식
비용을 아내의 친척들이 돌려주어야 한다. 법은 아내가 남편과 같
이 살도록 강요하지 않는다. 이혼의 원인이 되었던 문제가 여자에
게 영향을 미치는 한 법은 그 문제를 심리조차 하지 않는다. 남자
는 법적인 근거에서, 그리고 나태함, 제사의 소홀, 절도, 투기와 같
은 이유로 이혼할 수 있으며 자녀의 양육권은 항상 남편이 갖는

다. 가정을 어지럽히는 것은 너무나 가증스러운 죄이기 때문에 상류층 아내에 대한 남편의 고소에 대해서는 항소할 수도 없다. 우호적인 융통성을 지닌 불법적인 결합이 선호되는 하층민들 사이에서는 더 많은 관용이 존재한다. 첩을 두는 것은 용인된 제도이며 상류층뿐 아니라 하류층도 이 제도를 누린다.

첩의 자식들의 권리는 출생한 계층의 도덕적 느슨함에 따라 다르다. 상류층에서 첩의 자식은 아버지의 재산에 대해 아무 권리가 없고 제사를 지내지도 못한다. 적자가 없는 경우에는 가문의 재산을 상속시키고 제사를 지내기 위해 아들을 입양해야 한다. 혈통의 순수함에 대해서 상류층은 엄청난 스트레스를 받는다. 하류층과 중산층에서는 이것에 대해 좀더 너그럽다. 하류층을 제외하고는 첩에게 각각 다른 거처를 마련해주는 것이 상례이다. 하류층에서는 정실부인과 첩이 같은 집에 사는 것이 가정생활의 불행의 원인이 된다. 모든 경우 첩의 자식들의 위치는 어머니의 신분에 따른다.

최근에는 정부와 법의 집행에 상당한 변화가 있었다. 옛날 제도하에서는 왕권, 즉 법은 신의 권리라는 전제적인 주장으로 많은 학대가 자행되었다. 법은 자비에 의해 조금도 누그러뜨려지지 않았고, 고통 받는 사람은 항상 죄인만은 아니었다. 정부의 옛 시스템은 중국 명나라의 원칙을 모델로 하였다. 군주의 권력은 이론과 실제에 있어서 절대적이었다. 그는 세 명의 정승과 6개 행정 부서의 장이 보필했고, 조선이 외국과 접촉을 하면서 추가로 부서가 만들어졌다. 법의 정신적, 혹은 문자적인 개정은 개혁자들의 제의로 이따금씩 일어났다. 일본이 부상하기 전까지 조선 법의 원칙과 성격은 몇 세기 동안 중국에서 유지해온 법과 크게 다르지 않았다. 오랫동안 중국의 심한 보수주의가 조선을 지배했다. 군주의 권위는 오늘날 좀더 제한된다. 그러나 계몽이 덜 된 군주의 손은 국가의 이익을 해치는 데 전과 다름없이 효과를 발휘할 것이다. 그러나 다행히도 대한제국의 출범에서 드러난 발전적인 개혁의 시대는 지속되고 있다.

정부는 위원장, 6명의 대신, 다섯 명의 위원, 총서기로 구성된 국가위원회에 귀속되어 있다. 그러나 군주의 의지는 막강하다. 국무회의는 9명의 대신으로 구성되어 있고 그 수반이 총리이며 그는 내각에서 추밀원장, 왕실 장관, 외무, 내무, 탁지, 군무, 법무, 학무, 농상무 대신의 도움을 받는다. 개선된 내부 행정 덕분에 구제도에서 존재하던 많은 폐해들이 사라졌다. 여전히 많은 불평이 있고 새로운 정부 기구가 완벽한 만족을 준다고 말할 수는 없다. 법은 여전히 뇌물에 의해 제한을 받고 있으며 공직의 타락은 관직의 매매까지도 용인한다. 부패를 청소할 때마다 항의가 빗발치며 현재 처음에 개선책이 도입될 때 좋아했던 만큼 개선의 이점이 보이지 않는다. 아직 예측을 하기는 이르다. 그러나 공적인 부서들을 정직하게 운영할 수만 있다면 개혁이 성공하지 않을 이유가 없다. 그러나 행정 조직을 운용하는 책임은 전적으로 외국의 고문들의 어깨에 놓여 있다. 그러므로 이런 뛰어난 분들의 힘을 합친 봉사가 조선에서 정직한 정부의 기간을 연장시킬 수 있을지는 두고 볼 일이다.

10장

농민들·농업과 목축·국내 산업·제품·음식물의 질과 특성

조선인들은 농사를 주로 짓는 민족이며, 국내 산업의 대부분이 농업과 관련되어 있다. 인구의 70퍼센트 이상이 농민이다. 목수, 대장장이, 석공은 대개 이 계층 출신이며 평생 동안의 농업의 경험을 대장간이나 작업장과 결합시킨다. 훈장은 대개 향사-농민의 아들이다. 어부는 고기를 잡는 동안 아내가 경작할 약간의 토지를 소유한다. 농민 계층은 나라의 특정 산업에도 종사한다. 농부의 아내들은 목화, 누에, 아마포, 모시 등을 가꾸며 원재료를 완성된 직물로 전환하기도 한다. 조선의 가정에서 너무나 자주 등장하는

나막신, 돗자리, 버들 세공품, 목공품 등은 농민 계층들이 한가할 때 만든 것이다. 관리, 관아에서 일하는 사람들, 상인, 주막집 주인, 광부, 고물상은 이들 부류는 아니지만 종종 밀접하게 연관되어 있다. 정부는 농업에서 걷은 수입에 의존한다. 백성들은 땅의 소산을 먹고 산다. 조선의 관리는 농사에 종사하는 지역사회를 관할한다. 조선의 국내 경제는 수세기 동안 농사의 수행이나 그 문제점과 연관되어 왔다. 조선 사람들은 따라서 본능적으로 농사꾼이며, 조선의 발전도 어느 정도 이런 맥락에서 이루어질 수밖에 없다.

계절이 바뀌는 것으로 인한 변화 외에는 전혀 쉬지 않으면서 그토록 열심히 일하는 농부를 보면 강한 인상을 받지 않을 수 없다. 조선에서 평화롭게 꾸준히 일하는 농부는 그의 황소와 단짝이다. 조선의 농부와 그의 지친 소는 천생연분이다. 반추하는 그의 파트너가 없으면 작업이 거의 불가능하다. 소는 논의 깊은 진흙을 뚫고, 밭의 거친 표면 위로 무거운 쟁기를 끈다. 소는 시장으로 벽돌과 나무를 싣고 가며 시골길을 따라 힘든 달구지를 끈다. 농부와 소는 놀라운 짝이다. 둘 다 각각의 짐을 싣는 짐승이다. 영국 농부의 퉁명스럽고, 똑똑하지 못하고, 촌스러운 모습은 조선에서는 찾아볼 수 없다. 조선의 농부는 스스로 인내심을 발휘할 수밖에 없다. 그는 스스로 만족감을 찾지는 못하며, 소처럼 일을 해야 하는 것을 이 세상에서의 자신의 사명으로 여기는 데 만족한다.

역사적인 기록이 맞다면 원래 조선의 농부는 주도적이고 독립적인 성향을 띠었다. 이러한 초기의 정신의 표출은 요즘 지방 관리의 착취에 이따금씩 반발하는 데서 가끔 볼 수 있다. 일단 이런 정신이 분쇄된 후에는 농부들이 현재의 순하고 고분고분한 타입으로 변했기 때문에 이런 소요는 이따금씩 특정한 곳에서만 일어난다. 그들은 관아의 억압과 잔인함에 굴복한다. 그들은 온갖 종류의 불법적인 세금을 견뎌내며 '짜내는 세금'을 내기 위해 자신을 망친다. 이런 세금은 이들이 굴종을 하기 때문에 가능하다. 그들은 높은 사람의 오만함과 권위의 모습을 두려워한다. 말썽을 일으키는 것을 너무나 두려워하기 때문에 지방 관리의 과도한 세금에 대해 투덜대기는 하지만 계속 그의 요구에 부응한다.

현재 조선의 농부는 자연의 이상적인 자녀이다. 미신적이고, 단순하고, 인내심이 있고 무지하다. 그는 일의 노예이며 가까운 시장에 가는 것 이상으로 마을을 벗어나지 않는다. 그는 악마, 귀신, 용의 존재에 대해 겁에 질린 믿음을 가지고 있으며, 그것을 본 뜬 더럽고 괴상한 모조품이 초가집을 장식한다. 조선의 삶의 큰 부분을 이루는 이들에게는 다른 특징들도 있다. 일을 하는 그들의 능력은 무제한이다. 그들은 게으른 경우가 거의 없으며, 대부분의 동포들과 달리 휴식의 개념이 없다. 농부로서 그들은 그 자체로는 우수한 개념과 원칙을 본능적으로, 그리고 전통적으로 가지고 있다. 나그네와 낯선 사람들에게 개개인 농부는 놀라울 정도로 친절하다. 외국인이 경치의 특이함, 농토, 삶의 자세한 부분을 농부들과 이야기하다 보면 자신들의 이해 밖에 있는 모든 것에 대한 이들의 깊은 외경심과 자연의 아름다움에 대한 놀라운 감각에 깊은 인상을 받게 된다. 그들의 소박한 이해는 매우 유쾌하다. 그들이 여자의 매력보다는 꽃과 풍경의 매력에 더 민감한 것을 쉽게 알 수 있다.

아주 드물게 농부는 오락에 빠진다. 그는 장날의 유혹에 넘어가서 육체적으로 도덕적으로 만신창이가 되어 몇 달 동안의 단조로운 절제와 점잖은 생활이 술에 취해 무질서하게 흐트러진다. 이때 그는 예기치 않게 자기 주장도 강하며, 옆에 앉은 미인을 강제로 납치하기도 하고, 자기 입장을 강요하느라 친구의 머리를 때리기도 한다. 모든 가능한 관점에서 그가 이상적이지는 않지만 소박한 자연의 자녀라는 것을 공표하는 특징들을 그는 보여준다.

조선에서 몇 달을 사는 동안 나는 산골 마을에서 얻을 수 있는 유일한 숙박시설인 길가의 농가에서 며칠 묵은 적이 있다. 이렇게 해서 얻은 농부의 삶의 방식에 대한 약간의 통찰력은 흥미, 매력, 신선함으로 가득 차 있다. 농촌 생활의 파란만장함을 아는 나로서는 이 작은 마을의 일상에서 많은 것을 배웠다. 나는 농부의 가족과 그들의 이웃들이 일하는 모습을 여러 번 지켜보았다. 이들의 농기구는 투박하고 몇 개 되지 않는다. 우리와는 반대 방식으로 땅을 갈아엎는 이동식 쟁기, 밧줄이 달려 있어서 여러 명의 남자가 끌게 되어 있는 삽, 대나무로 된 도리깨와 갈퀴, 농사의 험한 일이나 가정의 작은 일을 할 때 상황에 따라 사용되는 날카롭고 무거운 괭이가 있다.

추수 때는 모든 일손이 들판에 모인다. 여자들은 벼를 베고, 남자들은 단을 묶으며, 아이들은 그것을 소의 등에 나무틀로 걸친 가마니에 담는다. 추수한 곡식은 바로 타작을 하는데, 남자들이 바구니에 담은 곡식을 길에다 쏟아놓고 엄숙하고 쉴 새 없이 일을 한다. 남자들이 도리깨질을 하고 바람으로 곡식을 체를 치면 여섯 명, 때로는 여덟 명의 여자들이 발로 방아를 굴리고, 방아에는 속이 깊은 화강암 절구 위에 쇠나 화강암으로 만든 공이가 걸려 있다. 이와 같은 임시변통의 도구들이 빵의 역할을 하는 거친 떡을 만들 곡식을 충분히 간다.

황소와 돼지 외에는 내륙에 농가의 동물들이 거의 없다. 조랑말과 당나귀는 소만큼 농사일에 동원되지 않는다. 당나귀는 운이 나쁜 조랑말보다는 더 인간적으로 보살핌을 받지만, 조랑말은 너무나 거친 취급을 받다보니 좋은 성질을 다 버린다. 조선 사람들이 조랑말에 가하는 가혹함은 조선에서 가장 견디기 힘든 부분이다.

물대기는 벼를 재배할 때에만 필요하고, 중부와 남부지방에서 쌀 생산량은 매우 충분하다. 북쪽에서는 쌀 대신 기장을 재배하는데, 조선에서 훌륭한 대체 식품이다. 다른 곳에서는 논이 넘쳐나며 사람들은 관개의 원리와 물을 보존하는 기술에 능숙하다. 벼는 유월에 못자리에서 논에 옮겨 심으며, 시월에 수확한다. 가뭄이 닥쳐 위기를 넘겨야 할 필요가 있을 때에는 보리, 귀리, 호밀을 심는데 논을 사용하며 이것이 5월에 익어서 유월에 추수를 하면 대체 작물을 논에서 거둘 수 있게 된다. 그런 다음 논을 벼농사를 위해 준비한다. 논에는 물을 많이 댄다. 농부와 소는 물이 무릎까지 차오르는 곳에서 쟁기질을 한다. 콩, 완두콩, 감자는 옥수수 이랑 사이에 심어서 땅을 최대한으로 이용한다. 곡식은 대개 우수하다.

조선의 밭은 중국의 농가와 다른데, 거기서는 짧은 이랑을 선호하여 곡식을 작은 크기의 밭에 재배한다. 조선 밭의 긴 이랑은 서구 방식을 떠올리지만 비슷한 점은 여기서 끝이다. 잘 정리된 밭을 보면 이 짓밟힌 사람들이 역경을 어떻게 열심히 싸워 나가는가를 잘 보여준다. 그러나 많은 점에서 그들에게는 도움과 충고가 필요하다. 그렇게 하는 것이 분별 있는 일이라면 나는 내륙지역의 선교

센터를 실험 농사 지도센터로 전환하여 각 센터에다 능력 있는 지도자를 붙이도록 하겠다.

조선 사람들은 주식인 쌀을 매우 귀중하게 생각한다. 그들은 지금은 우화와 신비에 둘러싸인 시기인 기원전 2838년에서 2698년에 중국의 하남(河南)에서 쌀 농사가 처음 시작되었다고 말한다. 쌀은 기원전 1122년에 보리 및 다른 곡식과 함께 기자(箕子)가 조선으로 들여왔다. 그 전까지 조선에서 경작되는 유일한 곡식은 기장이었다. 조선에는 세 가지 종류의 쌀이 있고, 그 밑에 아류 종자들이 다양하게 있다. 첫째 종류는 보통 논에서 키우는 쌀이다. 이것은 구체적으로 답곡, 혹은 논 쌀이라고 불린다. 이것은 쌀을 끓여서 만드는 밥을 짓는 데만 주로 쓰인다. 그리고 두번째로 춘곡 혹은 밭쌀이라는 것이 있다. 이것은 소위 고지대 쌀이라고 한다. 이것은 논쌀보다 더 건조하고 주로 쌀가루나 막걸리를 만드는 데 사용된다. 세번째 종류는 산비탈에서만 재배하는 야생 쌀이다. 그것은 다른 종류보다 작고 단단하다. 이런 이유에서 이것은 군량미로 쓰인다. 이 쌀은 날씨의 변화에도 잘 견딘다. 저지대 쌀은 5년을 보관하지만 산에서 나는 쌀은 10년 동안 끄떡없다.

쌀 다음으로 중요한 것이 여러 종류의 콩인데, 조선에 이러한 귀중하고 영양가 있는 식량이 넉넉하게 공급된다는 사실은 둥근 콩 13종, 긴 콩 2종, 혼합콩 5종이 있다는 사실에서 잘 알 수 있다. 이 많은 종류 중에서 '누에 콩'이 가장 흔하다. 이 콩은 조선 수출품의 큰 부분을 차지한다. 조선인들은 이것의 원산지가 중국 북서 지방이며, 사료로 널리 사용된다는 점 때문에 그런 이름이 붙었다고 생각한다. 한 가지 종류(검은 콩)만이 조선의 특산물이며 동아시아 어느 지역에서도 찾아볼 수 없다. 누에 콩은 전국적으로 흔하게 볼 수 있지만 경상도와 제주도에서 특히 많이 재배된다. 검은 콩은 전라도에서 가장 잘 자란다. 푸른 콩, 기름 콩, 머리가 흰 콩은 경기도에서 잘 자란다. 노란 콩은 황해도에서 볼 수 있다. 남강(South River) 콩은 충청도에서 재배된다. 할아버지 콩(주름이 많아서 붙은 이름)은 어디서나 볼 수 있지만 양이 많지 않다. 갈색 콩과 밤콩은 강원도에서 자란다.

조선 사람들에게 이 다양한 종류의 콩이 얼마나 중요한지는 이루 말할 수 없을 정도이다. 콩은 쌀에 부족한 지방과 칼슘을 공급하는 등 음식물로서도 훌륭하다. 콩 요리법은 밀가루로 만드는 요리만큼이나 많다. 그것을 열거하기가 불가능할 정도이다. 평균적으로 조선 사람들은 콩을 쌀의 6분의 1 정도 먹는다. 콩의 가격은 쌀의 절반이다. 각 작물의 가격은 다양하다. 어떤 콩의 종류는 쌀값에 맞먹는다.

barley의 일반적인 이름은 보리이다. 조선 사람들은 시적인 표현으로 보리를 가을의 다섯번째 달이라고 부르는데, 그때 추수하기 때문이다. 조선 사람들에게 보리의 가치는 봄에 처음 싹이 트는 곡식이라는 사실에 있다. 보리는 기장과 쌀이 나올 때까지 사람들을 지탱시킨다. 보리와 밀은 술과 막걸리를 만들 목적으로 조선 전역에서 널리 재배된다. 그러나 다른 면에서 이들은 여러 종류의 콩만큼이나 중요하다. 보리는 쓸 데가 많다. 보리는 전분이 있는 음식으로 바로 사용되는 것 외에 맥아, 엿, 시럽이 되어 여러 가지 간식을 제공한다. 밀은 주로 평안도에서 자라며 다른 지방에서는 극히 적은 양만을 볼 수 있다. 보리는 봄과 가을 작물로 생산하지만 밀은 겨울 작물로만 생산한다. 가난한 자들은 밀을 쌀의 대용으로 받아들이며 그것으로 죽을 끓인다. 그것은 풀로 사용되기도 하고 토종 약물에도 쓰이며 하지를 축하하는 제사 때에도 이용된다.

귀리, 기장, 수수는 조선에서 또 다른 중요한 곡물이다. 기장에는 6가지 종류가 있다. 품질이 좋은 기장의 가격은 쌀과 거의 맞먹는다. 이 여섯 가지 중 하나만이 조선에서 원래 발견된 것이다. 수수는 주로 경상도에서 재배된다. 그것은 남부에서 널리 재배되지만 밀, 기장, 귀리만큼 이용되지는 않는다. 중국산 수수와 국산

수수 사이에는 흥미로운 차이가 존재한다. 중국에서 수수는 설탕을 만드는 데 쓰이지만, 설탕을 만드는 수수가 조선 땅에 도착하면 설탕을 짜낼 수가 없다. 조선에서 자라는 세 종류 중에서 두 가지가 토종이고, 세번째 것은 중국 중부 지역에서 온 것이다. 귀리는 쌀을 구경할 수 없는 산악 지방에서는 주식이 된다. 귀리의 대에서 조선 사람들은 황제의 궁전에서 사용되는 유명한 종이를 만든다. 그것은 강원도, 함경도, 평안도에서 재배된다.

조선 사람들은 무엇이나 잘 먹는다. 공중의 새, 들판의 짐승, 바다의 물고기 등 입맛에 맞지 않는 것이 없다. 개고기는 특정 시즌에 수요가 많다. 피를 빼지 않은 돼지고기와 쇠고기, 그리고 눈, 내장, 발을 그대로 둔 채 요리한 새 종류, 햇빛에 말려 악취가 나는 생선, 이 모든 것이 조선 사람의 입에 맞는다. 항상 조리가 필요한 것은 아니다. 어떤 작은 물고기는 매운 소스에 찍어 날것으로 먹는 것이 더 좋다. 다른 진미들 중에는 김, 새우, 메밀가루와 잣, 백합 뿌리, 꿀, 밀, 보리, 기장, 쌀, 옥수수, 야생 감자, 서양과 동양의 정원에서 나는 모든 채소가 있다. 지금도 목록은 끝나지 않는다.

이러한 과잉이 그들을 소화 불량의 피해자로 만든다.

11장

조선 속의 일본·역사적 관계·오래된 부산에서
정치적 경제적 이해·주권의 오용

조선의 남부는 과거 일본인 세대의 전쟁 활동과 상업적 기업의
증거들을 많이 지니고 있으며, 일본인들은 고향인 섬나라를 버리
고 이웃 반도의 해안에 거처를 마련하려고 했다. 외국에서 온 이
러한 부랑자들이 외국인에게 전반적으로 적대적인 태도를 지닌 민
족에 섞여 위태롭게 살아왔지만, 그렇다고 다른 사람들이 계속 오
는 것을 막지는 못했다. 일본에서 은자의 왕국으로의 점진적인 이
주는 몇 세기 동안 계속되었고, 정부도 막을 수 없는 두 민족 간

의 교류가 증진되었다. 이러한 조선에서의 정착을 두고 일본 사학자들은 조선이 점령과 정복에 의해 2세기부터 일본의 속국이었다고 주장한다. 17세기까지 득세했던 이 개념은 1897년 2월 7일 일본 천황의 대사가 경성에서 조선을 독립국으로 인정하는 조약에 서명을 했을 때에야 비로소 거부되었다. 기원후부터 15세기까지 일본과 조선의 관계는 매우 가까웠다. 이 시기 이후부터 조선은 제국 밖의 사건에 초연한 태도를 견지하면서도 이웃인 중국과 일본의 끈질긴 위협을 받을 때면 고립이라는 정책으로 나약함을 내비쳤다.

중국과 일본에 인접한 두 지점에서는 전쟁과 평화가 번갈아 진행되었다. 만약 가끔 아무런 지원이 없이 침략자와 맞서 싸우러 나갈 때면 이 땅의 지도자들은 대개 두 경쟁국 중 하나와 연합하여 다른 한 나라와 싸웠다. 따라서 조선 전역에는 언제나 분란이 있었다. 북쪽에서처럼 남쪽에서도 전쟁의 조류가 다양한 성공을 거두며 밀려왔다 밀려갔다. 북서쪽에서는 랴오둥(遼東) 만 접경의 중국 군대가 반도를 약탈하고 파괴하기 위해 출몰했다. 산둥(山東)에서 온 함대는 서해를 건너 조선의 강에 닻을 내렸다. 서부는 중국 도적들의 위협을 받았고, 남부는 동쪽에서 온 배와 사람들의 공격을 받았으며 이들은 부산을 공략하고 남부의 도시를 점령하였다. 일본인들의 공격은 조선의 남쪽 국경을 안전하게 지키고 싶은 조선 사람들의 희망에 찬물을 끼얹었다. 무장 수비대와 울타리, 산맥과 수마일에 이르는 황폐한 황야의 장벽이 북쪽 국경을 중국 군인들의 침입으로부터 어느 정도 지켜주었지만 남쪽은 취약했다.

부산은 적대적인 일본인 무리들이 땅을 점령하기 위해 끊임없이 쏟아져 들어온 수문이었다. 그들은 조공을 거둬들이는 적으로서 조선을 침략했고, 중국에 대적하는 동맹군으로 들어왔다. 그들은 우호적인 국가의 사신으로 나타나서 자기네 군주의 조정에 부를 안겨주며 돌아갔다. 가뭄이 이웃 나라를 덮쳤을 때에는 자비심이 발동하여 양곡을 실은 배를 부산에 보내기도 했다. 일본과 부산 사이에는 끊임없이 배가 오고갔다. 조선의 남반부로 연결하는 관문인 이 출구를 중심으로 산발적인 상품의 교환이 이루어졌다.

초기 방문이 있고 나서 몇 년 동안 일본은 국내 문제로 너무나 정신이 없어서 조선을 평화와 고립의 상태로 내버려 두었다. 조선은 이 상태를 항상 선호하면서도 그것을 유지하는 데는 어려움을 겪었다. 이런 상태가 2세기 동안 지속되었다. 이 기간이 끝날 때쯤에는 조선의 조정에서 일본으로 매년 가는 사신도 중단되었다. 영원한 평화를 누릴 희망에 안심한 조선은 더이상 국방력을 유지하지 않았다. 군비도 소홀히 했고 군대도 해산했다. 백성들의 과거의 호전 정신도 죽고 의용군의 훈련에서 군사 훈련은 사라졌다. 방탕과 낭비가 만연했다. 그러는 동안 일본에서는 질서가 회복되었고, 군인들의 생각은 다시 한 번 정복의 들판과 용맹스러운 행위 쪽으로 기울었다. 조선에 조공이 다시 요청되었다. 조선 왕은 충성을 다시 맹세하라는 다그침을 받았다. 답변이 시원치 않자 침략 준비가 즉시 시작되었다. 함대가 구성되고 배들이 돛을 달았다. 훗날 일본의 특징이 된 기동력은 이 전쟁에서도 이들의 특징이 되었다. 부산에 상륙한 지 18일 만에 도성이 함락되었고, 타격이 가해졌으며, 그때서야 조선인들은 자신들이 처한 곤경의 중대성을 깨닫게 되었다.

이 전쟁에서 부산의 역할은 일본의 침략을 돕는 것이었다. 대마도 영주의 가신들이 오래전에 세워 놓은 부산의 정착지는 부산에 침략한 수많은 정벌의 탈영병들과 행상들의 도움을 받아 너무나 규모가 커졌고, 1592년 5월 25일 아침 부산 앞바다에 군대가 오는 것이 목격되었을 때 부산은 이미 그들의 수중에 들어갔다. 이러한 상황 덕분에 군대는 즉시 상륙할 시설을 갖게 되었고, 그 후 6년 동안의 전쟁이 여러 가지 고비를 겪을 때 전쟁의 진행을 촉진하는 역할을 했다. 부산은 그 위치로 인해 작전 중인 군대의 보급 기지 역할을 하거나 조선 함대와의 처참한 교전 후에 일본의 함대를 수리하는 장소로 사용되었다. 이 해전은 고니시 유키나가(小西

行長)와 구로다 나가마사(黑田長政)가 평양 바로 앞에 집결시킨 승승장구한 군대와 협력하려고 하다가 벌어진 것이었다. 첫번째 침략이 끝나고 일본이 북쪽에서 후퇴한 다음 조선과 명나라가 1593년 5월22일에 연합군을 결성하기 전까지, 부산은 일본 군대가 자기네 땅이 보이는 곳에서 겨울을 보냈던 해변의 요새 중 하나가 되었다. 이듬해 부산의 사령관 진영이 일본과 중국의 조정을 번갈아 오가며 진행된 협상은 실패하고 말았다.

그 시점에서조차 일본은 남부 지방을 손에 넣음으로써 조선을 장악하려고 혈안이 되었다. 이러한 시도가 실패하자 일본은 다시 공격을 시작했다. 부산은 또 다시 전쟁의 군사회의 본부와 2차 침략의 기지가 되었다. 전쟁은 1597년 9월 21일 아침 전라도의 난온(Nan-on)성을 공략함으로써 시작되었다. 12개월 후 일본군은 조선에서 물러갔고 전쟁은 끝났다. 조선이 이 전쟁의 참화에서 회복되는 데는 200년이 흘렀으며, 이 전쟁에서 사망한 남자의 숫자는 30만 명으로 기록되어 있다. 더구나 일본은 영원한 승리의 증거로 부산을 차지했다.

이처럼 남쪽 지방에 대해 일본인들이 일찍이 보여준 소유권 주장은 조선의 남반부를 병합하려는 이들의 바람이 얼마나 집요한지를 잘 보여준다. 오늘날에도 일본인들은 조선에 대한 이해관계로 하나의 전쟁을 시작했으며, 자신들이 끊임없이 괴롭히는 나라를 위한답시고 러시아와도 전쟁을 치를 준비를 하고 있다. 그러나 조선을 조선인에게 돌려주자는 그들의 호소는 눈독을 들여온 영토를 자기들 스스로 불법적으로 점유한 것과는 흥미로운 대조를 보인다. 실제로 이 땅 전역에 일본인들이 자신들을 위해 개발한 이권들을 보면 조선인들의 권리에 대한 고려는 전혀 나타나 있지 않고 있다. 일본인 정착자들에게 부산을 개방한 1876년의 조약은 몇 세기 동안 꾸준히 진행되어 온 해외 이민에 대한 명목상의 장벽을 제거하는 역할을 하였고, 일본의 식민화의 물결은 은자의 왕국의 동해안, 서해안, 남해안을 한 번에 집어삼켰다.

이전에 꾸준히 침략이 있었다는 증거는 이방인들과 토착민들 사이의 언어, 매너, 지역적 습관의 유사성에서 잘 드러난다. 이러한 유사성의 존재는 정착에 대한 주민들의 반대를 누그러뜨리는 강력한 도구가 되었다. 한편, 자기들이 간절히 원하는 지역의 양도를 얻어내지 못하자 일본인 커뮤니티는 그 경계선을 빙 둘러쌌다. 그들은 장사가 될 만하다 싶으면 가서 자리를 잡았고, 마침내 이 지역의 모든 자원은 모든 방면에서 이들에게 물꼬가 트였고, 모든 상업 활동이 사실상 그들의 손에 넘어갔다. 그러나 무역업자들의 집요한 사주로 다른 항구들이 열리면서 남쪽에서 이들이 자리 잡는 일의 속도가 떨어졌다. 따라서 조선과 열강들 간의 변화하는 관계를 의식한 일본인들은 내륙 안쪽으로 더 치고 나갔고, 가는 곳마다 자신들의 이익이 되는 산업을 발전시켰다. 일본인들의 깃발에는 반드시 상인들이 뒤따랐는데, 그들은 대개 무역항의 범위 내에서 활동을 했지만 지방 관리들을 윽박질러 규약의 한계를 넘어서는 일도 서슴지 않았다. 그들의 노력이 성공했음은 곧 확인할 수 있었다. 조약의 규정에도 불구하고 조선 정부뿐 아니라 자기네 정부의 반대를 무릅쓰고 과거의 선구자들이 벌인 못 말리는 활동은 이전의 적국이었던 곳에서 일본 무역이 성취한 우월성에 무의식적으로 공헌했다.

조선에서 일본 이권의 확장은 정치적 속셈을 담고 있었다. 이웃 나라가 잘되는 것이 자신들의 생존과도 엮여 있었던 것이다. 조선을 지키는 것은 자신들의 국경의 안전을 강화했다. 그리고 자신의 제국이 1등급의 강대국으로 발전하면서 동시에 조선의 위상도 높이고 싶은 욕망은 일본이 개별적 노력을 집중했던 정책의 정신이 되었다. 일본이 조선과의 무역을 장려했던 것은 그것이 양국 간의 유대를 강화하기 때문이었다. 일본이 외국과의 교역에 더 많은 항구를 개방하도록 장려한 것은 이러한 개방된 시장에서의 무역의 우위가 경쟁에 있어서 합법적인 승자라는 주장을 입증하기 때문이었다. 조선이 일본의 감독을 받은 이래로 조선의 발전은 조선인들을 괴롭히고 강압하려는 일본인들의 기질 때문에 겪은 어려움보다 더욱더 뚜렷하게 나타났다. 가끔 장님이 장님을 인도하면 문제가 생긴다는 주장이 제기될 때마다 그동안 실수가 별로 없었다는 것으로 그동안 내린 판단의 신뢰성을 주장했다. 물론 이것은 외국인들을 겨냥한 것이었다. 일본이 무지하던 시절에 지혜와 행정력으로 일본을 보호해주었던 서구의 가르침을 이제 외면하는 것과 동시에 일본은 독점적으로 조선에서의 이권을 보호하고, 자국 시장이 요구하는 것을 제공할 수 있기를 갈망하고 있다. 그러나 일본이 조선인을 대하는 데 있어 완전히 진보적이 될 때면 일본인에 대한 반감을 조선인들이 극복할 수 있을지는 아직 모를 일이다. 일본인들은 필요 이상으로 강압적인 방법을 사용한다.

일본의 힘이 외부적으로 표출되는 것은 조선인들을 정말 화나게 하며, 몇 세기 동안 일본인에 대해 품어왔던 억누르지 못할 혐오를 점점 증대시켜서 현재 조선에 있는 여러 외국인 중에 섬나라 일본만큼 경멸을 받는 종족은 없을 정도이다. 조선에 정착한 이들이 일본의 쓰레기 같은 존재라는 점을 생각하면 이러한 편견이 그렇게 심한 것도 아니다. 일본인에 대한 조선인의 반감이 사라지지 않았다는 것이 어쩌면 놀라운 일이나 잘못은 전적으로 일본인 자신에게 있다. 지난 몇 년 동안 일본의 위상이 바뀌고 이 섬나라 사람들의 허영심을 부추기는 일들이 너무나 많이 일어나서 그들은 사물을 제대로 보는 시각을 잃어버렸다. 자만심으로 부푼 이들은 가장 가증스러운 종류의 사회적 행정적 월권을 행하고 있다. 지나친 자만심으로 인해 그들은 자신들의 행동이 얼마나 우스꽝스럽고 어리석은지 보지 못하며, 그들의 번지르르한 문명이 허울뿐이라는 사실을 명백히 보여준다. 조선에서 그들의 행위는 그들에게 도덕적이고 지적인 기질이 없음을 보여준다. 그들은 사업에서 타락했으며, 공적인 면에서 불명예스러운 일들이 너무 많이 발생하고 있다. 자기 나라뿐 아니라 자신들이 정착한 곳의 법에 대한 해석은 썩어 빠졌다. 힘이 정의이고 그 힘은 이성, 정의, 관대함에 의해 전혀 조화되지 않았다. 그들의 매일의 삶, 습관과 매너, 상업적이고 사회적인 타락은 그들이 배웠다고 공언하는 문명에 대한 가증스러운 희화화일 뿐이다. 1등급 강국의 권위를 열망하는 정부가 우호적인 외국의 정착촌이 자신의 명예에 오점이 될 뿐 아니라 그들을 품어준 나라에 대해 수치가 되도록 허용한다는 것은 용인할 수 없는 일이다.

조선에는 약 2만 5,000명의 일본인이 있고, 일본인 거주지는 조선의 모든 항구에서 저주 같은 존재이다. 그곳은 상업의 중심지이면서 동시에 소란, 난동, 혼란의 장소이다. 여성들의 노출, 가게 주인들의 고성과 폭력, 거리의 쓰레기에서 일본의 섬세한 문화를 알려주는 것은 아무 것도 없다. 일본인의 특징인 겸손함, 청결함, 공손함은 이 나라의 거주지에서는 두드러질 정도로 찾아볼 수 없다. 이주와 함께 변신이 일어난 것이다. 상인은 깡패가 되었고, 일꾼은 무례하고 폭력적이며 일하기보다는 도둑질을 일삼는 무법자이다. 주인과 하인 모두 조선인들을 겁주며, 조선인들은 일본인들과 거래할 때면 목숨을 두려워한다. 중일전쟁 전에는 이런 분위기가 은자의 왕국의 수도에서는 그다지 크게 나타나지 않았다. 그러나 전쟁에서 승리하자 일본인들은 사람들을 대하는데 너무나 공격적이 되어 이런 상황에서 두 개의 악 가운데 선택권이 있었더라면 조선인들은 그 당시 시작된 상황보다는 중국에 의존했을 것이다. 1900~1901년의 중국 북부 정벌에서 일본 군대의 행위에 대한 존경의 분위기가 조선에 사는 일본인들의 허영심과 이기주의에 상당한 보탬이 되었다. 타고난 우월성을 확신한 이들의 조선인에 대한 폭력은 제지당함이 없이 계속된다. 그것은 이제 유례없는 차원에 이르고 있다. 강대국 간의 관계가 조선에서 만족스러운 토대 위에 계속되려면 일본 정부는 외국인, 일본인, 조선인들이 모두 목소리를 합쳐 비난하고 있는 이런 폐해를 바로잡아야 할 것이다.

12장

조선의 상업적 전망·무역 개방·시장의 요구·영국 기업의 부재

1900년의 무역 흑자는 전년도를 초과했다. 그러나 의화단 운동 기간 동안에는 중국에 대한 조선의 수출이 감소하였고, 외국 상품의 수입 또한 하락하였다. 뉴챵 산 만주 콩 수출의 중단과 중국군 군량 수요로 생긴 곡물 무역의 증가 요인은 직접적인 국내 수출과 직접적인 외국 수입에서의 잠정적인 하락을 상쇄하고도 남았다. 그러나 면제품은 전년도 수치에 비해 1만 4,297파운드의 증가를 보였다. 하지만 영국 제품과 영국 산의 수입은 특히 떨어졌고 일본

의 중요한 제품들은 특히 증가하였다. 지금 현재 영국 무역에 대한 일본 무역의 상대적 호조를 드러내는 작은 도표를 첨부한다.

영국의 감소	일본의 증가
셔츠 감: £59,069	셔츠 감: £1731
인도 실: £3,056	실: £11,329
시트 감: 약간 감소	시트 감: £40,422
다른 품목: 약간 감소	다른 품목: £25,676

때가 되면 일본은 통조림 형태로 현재 미국에서 들어오는 모든 제품과, 섬유와 식료품의 형태로 유럽에서 들어오는 모든 것을 생산할 것이다. 일본의 옷감과 열등한 품질의 통조림이 영국과 미국의 도매 제조사를 시장에서 몰아내고 있다. 따라서 현재 조선의 무역은 일본 시장의 능력에 의해 제한을 받고 있다. 일본인들의 저항, 조선 시장을 독점하려는 야심, 현 상태의 무역을 타개하려는 서방 상사들의 효과적인 시도의 부재를 볼 때 앞으로 우리의 해외 무역 역량이 상당한 정도로 확장되리라고 믿기는 힘든 실정이다.

그럼에도 불구하고 조선은 투자를 위한 훌륭한 시장이다. 유능한 상인들이 열정적인 유럽식 경영으로 조선에 대리점을 세움으로써 자신들의 이익을 보호할 수만 있다면 외국 무역의 조건을 개선하는 것이 가능할 것이다. 영국 상인들이 냉담한 무관심을 떠나 조선 무역의 가능성에 대해 철저하게 조사를 한다면 그들의 노고는 곧 보람을 찾을 것이다. 새로운 시장에는 새로운 상품이 필요할 것이고, 소비자들의 요구를 기술적으로 조사하기만 하면 그것은 쉽게 밝혀질 수 있다. 그러나 이런 조사가 실시되기까지는 영국 무역의 정체가 지속될 것이다. 조선은 새로운 산업의 개발이 실용적인 선에서 실시되어야 하는 흥미로운 시장을 영국에 제공한다. 간단히 말하면 지금 수입이 요구되는 것은 농경 국가의 요구를 충족시킬 만한 것으로 이런 나라에서는 광산 자원이 개발 과정에 있고, 철도 시스템이 아직 초기 단계에 있다. 광산 용품의 수입 급증은 이런 주장을 뒷받침한다. 포장을 위한 자루와 로프, 농업과 광산용 기계, 재봉틀의 수요가 크다. 물론 철도 관련 물자도 요구된다. 새로운 산업은 규모가 크지는 않을 것이다. 물론 삼베, 돗자리, 새끼줄과 같은 재래식 가공품을 만드는 데는 원시적인 방법들이 대부분 계속 사용될 것이다. 전통적인 양잿물을 가성소다와 소다회로 대치한 이래로 종이의 품질이 훨씬 좋아졌으며, 이것은 사람들이 기꺼이 받아들이게 된 혁신이다. 제지 산업이 확장될 가능성이 있지만 활발한 피혁 사업이야말로 이 나라에서 해볼 만한 일이다. 천연 상태로 일본에 수출되는 생가죽은 충분하며, 그 자리에서 쉽게 의류용 가죽으로 가공될 수 있다. 밀짚 끈 산업은 큰 가능성을 가지고 있고, 조선의 날씨는 비단의 재배와 처리에 적합하다.

그러한 기업들이 성공하려면 많은 것들이 필요할 것이다. 그 일은 조선이라는 나라와 언어에 대한 지식에 기반을 두어야 한다. 제조사나 판매상은 이곳 시장의 긴요한 필요에 맞는 수입을 하도록 조정하는 데 애써야 할 것이다. 가령 옷감에는 작은 꾸러미와 짧은 길이가 필수적이다. 조약항과 내륙의 중요한 무역센터에 샘플 창고를 세워서 거기서 셔츠 감, 면과 모 상품, 농기구 상자 등이 전시되고 판매된다면 주민들에게 어필할 것이다. 이러한 일탈은 기존의 여러 번 옮겨 싣는 유통 시스템 때문에 발생되는 원가의 상승을 피할 수 있게 할 것이다. 현재 상품은 상하이에서 즈푸로, 그리고 거기서 제물포로 온다. 그리고 수입업자의 손에서 중국 상인에게로, 거기서 조선의 도매상으로 넘겨진다. 이들은 물건을 아주 작은 양으로 행상이나 대리인에게 되팔고, 그들은 소매로 물건을 판다. 부산과 원산에 영사 대리 사무소를 차리는 것도 권장할 만하다. 현재 공식적인 대표는 서울에서 박봉과 인원 부족에 시달리는 공사와 제물포의 부영사에 한정되어 있다. 추가 직원은 부산에서 부영사직을 맡든가 공사의 사무직을 맡든가 여하튼 교대 근무가 가능해야 한다.

세관을 통과하는 수입과 수출 화물은 중국과 일본으로부터 온다. 운송 수단은 일본이 관장하고 있다. 조선의 수출이 전적으로 그들의 손에 달려 있는 것이다. 이 사실만으로도 영국의 해운 관계자와 선주들에게는 구미가 당기는 일이다. 불행하게도 수년 동안 번영의 세월을 누리면서 영국은 국가의 기운에 변화가 일어났고, 우리는 전에 우리의 특징이었던 진취성과 주도성을 더이상 보여주지 못하고 있다. 국가의 힘의 하락은 무역에서도 그에 상응한 침체를 가져왔다. 우리는 더이상 무역에서 선구자가 아니다. 지구 곳곳에서 우리가 지금 등한시하고 있는 나라들의 이익을 증대시켰던 우리 선조들의 능력과 용기가 우리에게는 더이상 없다. 20세기가 밝으면서 1901년 해외 수출입이 250만 파운드를 초과하고, 1902년에는 275만 파운드를 초과하는 나라, 같은 기간에 1만 척 이상의 증기선과 범선 무역선이 총 무게 200만 톤 이상을 기록하면서 방문하고 있는 나라를 영국 무역상들이 거의 손을 대고 있지 않다는 것은 놀라운 일이다. 이것이 통탄스럽기는 하지만 맥리비 브라운 씨가 작성한 통계에 의하면 영국 국기를 달고 중국이 전세를 낸 증기선이 1900년에 조선 해역에 들어왔으며, 1901년과

1902년에 각각 4척의 증기선이 왔지만 이것은 과거에 비하면 꾸준히 하락하고 있음을 보여주는 기록이다. 1880년에 조선이 개항을 한 이래로 영국의 배는 매 2년간 1377톤의 규모로 이 나라를 방문했다. 조선의 영사가 영국 증기선 회사에게 많은 어필을 하였지만 개선은 이루어지지 않았다. 이러한 노력에도 반응이 없었으므로 아무런 서비스도 개설되지 않았다. 이것의 결과로 귀중한 기회가 사라지고 있고, 일본이 우리의 무관심의 덕을 보고 있는 것이다.

조선의 무역은 점진적으로 성장하고 있다. 상하이와 원산, 요코하마(橫濱)와 블라디보스토크를 정기적으로 다니면서 조선의 개방항에서 화물과 승객을 싣고 돌아오는 길에 일본에 기항할 수 있는 증기선은 사업자에게 좋은 수익을 가져다 줄 것이다. 영국과 중국의 무역상은 영국 배에 짐을 싣기를 선호한다. 시간 엄수 및 신속한 처리와 같은 영국 상업 서비스의 오래된 전통을 조선의 항구에 기항하는 일본 유선회사와 오사카 조선회사의 증기선들은 지키지 않고 있다. 이들 회사의 증기선들은 언제 도착하고 언제 떠날지 거의 알 길이 없다. 스케줄을 지키려는 노력도 거의 이루어지지 않는다. 조선인이 경영한다고 여겨지는 오사카 조선회사의 선박 상태는 더럽기 짝이 없다. 더구나 이 회사는 화물에 부주의하며 승객의 편리함에도 무관심하다. 일본 유선회사는 외국 스타일의 식사를 제공하지만 오사카 조선회사는 아무 것도 제공하지 않는다. 일본, 중국, 조선을 왕복하면서 이 회사는 음식과 숙박의 문제에서 외국인에게 아무런 배려를 하지 않는다. 한 번의 경험으로도 족하다. 하지만 불행하게도 두 회사의 선박들만이 이 나라들과 조선을 연결하는 유일한 수단이기 때문에 외국인들은 이 배들을 타고 여행할 수밖에 없다. 정기적인 증기선을 운항할 수 있는 회사라면 어떤 회사라도 화물과 승객을 실을 수 있다. 일본 사람들은 자기 나라 선박의 불편을 감수하고 그것을 이용하는 것을 선호하기 때문에 처음에는 이윤이 적을지 모른다. 그러나 조선의 무역이 왕성하게 되면 궁극적으로는 성공을 가져다 줄 조짐이 보일 것이다.

배 한두 척을 가지고서라도 증기선 회사를 세워서 일본의 경쟁에 맞설 수 있겠지만 그것이 해볼 만한 유일한 사업은 아니다. 조선의 기후는 특히 과일 재배에 적합하다. 이 일을 할 수만 있다면 과일은 통조림으로 만들어서 바로 중국에 수출하여 금방 판매할 수가 있다. 근처의 비옥한 땅과 그 지역 연안의 풍부한 물고기 덕분에 원산이라는 항구는 외국인 경영 하에 생선과 과일 통조림을 생산할 수 있는 적합한 수출 중심지가 될 것이다. 일본의 생선과 과일 통조림 산업은 수익성은 좋으나 품질은 매우 나쁘다. 그럼에도 불구하고 그 생산품이 극동지역에 널리 배포되고 있다. 이러한 사업을 시작하는 데는 시간이 좀 걸린다. 왜냐하면 많은 어려움들이 조선에 자본을 투자하고 싶은 외국인을 압박하기 때문이다. 결국 적당한 사업으로 투자가 정당화될 만큼의 성공을 거두게 되면 그 이익으로 사업을 즉시 확장할 수 있을 것이다. 생선 통조림 사업은 문제가 없다. 과일도 마찬가지이다. 그러나 어떠한 성격의 투자를 조선에서 하더라도 고도의 기술적 감시는 반드시 수반되어야 한다.

극동의 영국 상인은 자기 나라 공사를 비난하고 영사를 욕하면서도 스스로를 도울 능력은 없는 존재이다. 그러나 영국 정부의 어리석음, 외무부의 이유 없는 편견과 어리석은 실수가 이러한 냉담한 반응을 초래했을 수 있다. 솔즈베리 경의 우유부단하고 공허한 정책으로 인해 극동 전역에 찾아온 우리의 위신과 무역의 침체는 피할 수 없는 일이 되었다. 공식적인 통계표는 무역과 상인들 모두가 처한 불행한 곤경을 너무나 완벽하게 설정하고 있다. 무역량에 있어서는 전반적인 하락이 있었으며, 다른 곳에서 상업적인 일에 종사하는 사람들 사이에서는 그것에 맞설 만큼 상응하는 활동이 전혀 없었다. 장려금의 보조를 받고 만들어진 물건이 보조금을 받은 배에 실려서 아무런 도움도 받지 못한 상품과 경쟁하는 한 결손은 해결될 수가 없다. 경쟁은 치열해지고 외국 제조사들은 이제 중국 시장의 요구에 직접 자신을 맞추고 있다. 우리가 옛날에 누렸던 상업적 우위를 미래에 회복할 전망은 거의 없어 보인다. 영국 상인이 자신을 파멸시키는 데 많은 애를 쓰고 있는 것 같아서 해볼 수 있는 일이 거의 없긴 하지만 그래도 시도는 해볼 수 있다.

영국 무역의 하락은 북중국에서의 최근의 소요 사태, 달러의 구매력의 하락, 시장 가격의 잠정적인 상승에 그 원인을 돌릴 수는 없다. 일본은 우리의 가장 무서운 경쟁자가 되었다. 우리 무역의 하락은 전적으로 일본의 부상과 상업적 발전 때문이며, 일본과 미국이 등장하기 전에는 영국 제품이 최고였던 시장을 일본과 미국은 우리에게서 성공적으로 빼앗았다. 영국 무역이 처한 상황의 중대성은 가볍게 볼 것이 못된다. 우리는 여전히 극동에서의 해운업을 꽉 잡고 있다고 자부한다. 그러나 이 방면에서 우리의 우위를 뒷받침하는 수치는 전적으로 신뢰할 만하지 않다. 실제적인 형편이 그대로 드러난다면 영국이 극동에서 해운업을 선도하는 것은 고사하고 수송되는 화물의 작은 부분만을 주장할 수 있다는 것을 알 수 있을 것이다. 우리가 선박을 소유하고 있을지는 몰라도 우리의 시장이나 우리 제조사들은 화물과 아무런 연관성이 없다. 국민들이 중국과의 무역의 이러한 특징을 파악할 수 있으면 좋겠다. 극동에서의 해운업—양쯔(揚子)와 중국 연안은 말할 것도 없고—을 우리의 상업적 번영의 자산으로, 최고로 강한 것의 상징으로 주장하기 전에 얼마나 많은 차감이 이루어져야 하는지를 모르는 의원들은 그들이 그토록 칭찬하는 풍요로움의 껍데기가 얼마나 허울뿐인지 깨닫지 못한다.

1901년에는 의화단 운동으로 인해 중국인이 소유한 많은 수의 선박이 영국 선적으로 이양되었다. 이 사건의 영향을 받았던 항구에 드나들었던 영국 선박의 총 톤수에 있어서 외형적인 감소는 다른 국적의 선박보다 적었다. 마찬가지로 화물의 가치로 인해 같은 기간에 영국 선적의 배가 지불한 관세에도 약간의 증가가 있었다. 보통 상황에서라면 이러한 불안의 시기에 영국 선박의 총 톤수의 비교적 작은 감소와 세관에 지불한 5만 냥 이상의 관세 증가는 우리 무역의 안정성을 시사해주며, 시장의 능력을 나쁘게 판단할 기준을 제공하지 않을 것이다. 하지만 불행하게도 우리 실적의 두 가지 중요한 항목인 총 톤수와 관세는 안정성의 범주가 되지 못한다. 전체 무역을 구성하는 각각의 품목의 개별 가치를 세밀하게 조사할 필요가 있다. 이렇게 되면 우리 상품의 전반적인 평가절하가 금방 드러난다.

미국, 일본, 독일의 실적을 비교해 보면 극동 시장에서 도매상으로서 우리의 존재를 위협하는 상업적 활동이 누구의 것인지 알 수 있다. 만약에 화물의 원산지와 목적지 외에 각국의 선박이 지불한 관세와 특정 국가의 총 톤수 간의 관계를 실적에서 비교할 수 있다면 영국 무역의 실제 상황이 한눈에 드러날 것이다. 이러한 귀중하고 흥미로운 사실을 보여줄 해상 보고서에 도표가 첨부되기 전까지는 각각을 검토하는 시스템에만 의존할 수밖에 없다. 이 방식에 의하면 1891년에서 1901년까지 미국, 일본, 독일과의 경쟁이 가능했던 모든 품목에서 극동에 대한 영국의 수출이 꾸준하게 감소하고 있음을 볼 수 있다. 일본이 중국 시장에 진출하기 시작한 1895년 이후에는 상업적인 강대국들 사이에서 일본이 제공할 수 있는 물품들 중에 모조리 성공하지 않은 것이 없었다. 10년 전만 하더라도 천, 드릴, 셔츠감, 면, 실, 그리고 성냥에서 영국 무역은 놀라운 위치에 있었다. 특정 품목에서만 미국이 우리의 경쟁 상대가 되었는데, 극동 시장의 근접성 때문에 그들에게 약간의 유리한 점이 있었다. 그러나 이제 무역은 완전히 일본인의 손에 넘어가거나, 일본과 미국, 일본과 독일 사이에 동등하게 분배되어 애초에 우리가 가지고 있는 우월성은 사라지고 말았다.

13장

영국, 미국, 일본, 프랑스, 독일, 벨기에의 이해 관계
철도와 광산의 허구·위조품

조선에서의 일본의 사례는 영국을 제외한 서방 강대국으로 하여금 비슷한 활동을 하도록 부추겼다. 서울에 낯선 얼굴이 나타날 때마다 소문이 난무한다. 새로 온 사람이 통신원에 지나지 않는다는 것을 입증할 때까지는 영사관에는 평지풍파가 일어난다. 그가 유럽, 아시아, 아프리카, 혹은 아메리카에서 특정 이권을 확보하기 위해 온 것이 분명한데 과연 그의 가능성이 얼마나 될까에 대한 추측도 난무한다. 이권을 가장 많이 차지한 사람들은 일본과 미국

에 균등하게 분포되어 있다. 일본의 이권을 제외하면 미국의 이권이 가장 두드러진다. 독일과 러시아는 조선에서의 산업과 관계를 발전시킬 기회를 만드느라 분주하다. 이탈리아와 벨기에도 교두보를 확보했다. 영국만이 조선의 시장을 무관심하게 바라보고 있다.

이 장에서 나는 제조 산업에 대한 각국의 이권이 조선에서 정확하게 어떠한 위치에 있는지 간략하게 설명하려고 한다. 조선의 시장의 요구에 부응하기 위해서 일본 상사들이 어떠한 수단을 사용하고 있는지 영국 제조업자들의 관심을 끌기 위해 구체적인 도표도 첨부하였다. 일본의 경쟁력은 제조 중심지가 인접해 있다는 이점이 있다. 일본인 조계지(租界地) 전체에 걸쳐 외국 상품에 맞서 협동이 잘 이루어져 있다는 것도 그들이 우위를 누리는 또 하나의 요인이다.

일본의 모방 능력이 따라올 수 없는 많은 상품들이 여전히 있다는 것을 알게 되면 영국 제조사들에게 약간의 위안을 줄 것이다. 이것은 주로 맨체스터 시장의 상품으로, 경쟁 상대가 되는 어떤 제품보다도 우월함을 입증해왔다. 가령 맨체스터 염색 상품을 모방하는 것은 불가능하다는 것이 판명되었고, 일본의 경쟁은 이 특정 상품의 인기에 영향을 미칠 수가 없다. 그러나 중국의 모시는 빅토리아 론(Victoria lawn)의 장점을 상당히 잠식했다. 생산과 운송비의 상승에 방해를 받지 않는 중국 제조사들은 저렴한 가격에 내구성이 강한 우수한 직물을 생산한다. 더구나 일본이 조선에 놓은 철로에서 영국 기관차보다 미국 기관차가 우수함에도 불구하고 영국 제조사가 생산한 객차는 그 위치를 유지해왔다. 경인선과 새로 놓은 경부선의 설비의 일부가 영국에서 조달되었다는 사실은 즐거운 일이다. 조선에 있는 유일한 영국 상사이며 일본 회사로부터의 주문을 담당하는 홈 링거 앤 컴퍼니(Home Ringer and Company)의 매니저인 베넷 씨는 수입된 철제 선로와 이음판이 캠믈 앤 컴퍼니(Cammel and Company)에서 왔고, 바퀴와 축은 비커스(Vickers)에서 왔으며, 주름진 철제 물품 창고에 대한 주문을 울버햄튼(Wolverhampton)에 넣었다고 내게 알려주었다. 기관차는 셰필드에서 오고 있다. 일본 회사는 재료가 영국산이어야 한다고 분명히 못박고 있다. 다량의 철사, 못, 도금 철제 전신선 주문이 미국에 들어간 것은 몇몇 영국 회사들이 카탈로그와 견적서를 보내는 데 극도로 꾸물댄 탓이었다. 이러한 늑장 부림은 영국 산업의 성공에 치명적인 영향을 미친다. 조선의 황제는 40대의 전화기, 교환기, 키보드, 기기 완제품을 주문하라고 베넷 씨에게 지시했다. 스톡홀름에 있는 에릭슨사는 세 벌로 된 전신 견적서를 발송했고, 케이블 샘플과 함께 다른 스타일의 모델들이 들어 있는 상자뿐 아니라 세 벌로 된 카탈로그와 사진을 특급으로 보냈다. 주문이 들어간 두 개의 영국 회사 중 하나는 아무 답장도 하지 않았다. 다른 회사는 두 달이 지난 다음에야 토양의 화학적 성질에 대해, 그리고 전선, 교환기, 기기들이 어떤 기후의 영향을 받게 될지를 문의하는 질의서를 보냈다.

몇 년 전에 값싼 바늘과 낚시 바늘에 대한 수요가 치솟았다. 영국 제조사들의 관심은 낚시 바늘 형태로 구부러질 수 있는 바늘의 공급의 필요성에 쏠렸다. 어느 독일 회사가 베넷 씨가 준비한 비밀 회람의 냄새를 맡고 구체적인 요구 사항을 충족시키는 다양한 바늘과 낚시 바늘을 보냈다. 결과적으로 독일 회사는 시장의 노른자를 차지하게 되었다. 영국제 바늘은 너무 딱딱해서 금방 부러졌다. 따라서 예비 검사를 위해 몇 꾸러미 열어본 것을 빼고는 이 바늘에 대한 주문이 한 건도 없었다는 점은 말할 나위도 없다.

조선에서 영국이 차지하는 위치는 상업적으로나 정치적으로 중요성이 전혀 없다. 다른 곳에서처럼 조선에서의 영국의 정책도 알 수 없는 무기력이 특징이다. 우리의 유일한 이권은 그 가치도 의심스러운 은산의 금광과 관련된 것이다. 1900년 후반에 영국과 조선의 합자회사가 원래의 신디케이트로부터 프릿차드 모건(Pritchard Morgan) 광산 채굴권을 획득하기 위해 런던에 세워졌다. 1901년에 E. T. 맥카시 씨가 새로운 소유주를 대표해서 이 재산을 차지했다. 맥카시 씨는 광산 매니저로서 상당한 경험이 있었다. 이 문제의 성공을 위해서는 가장 세심한 경영이 요구되었다. 연료가 없어서 석탄을 일본으로부터 수입해야 하기 때문에 작업 비용이 엄청나게 비쌌다. 그 지역에 석탄층이 발견되었으나 증기 기관용으로 적절한지에 대해서는 알려진 바가 없었다. 이 사업을 진지하게 고려하는 것은 불가능하다. 내가 조선에 체류하는 동안 모든 지상 작업은 중단되었고, 지난 몇 달 동안의 작업은 지하 개발과 답사에 한정되어 있었다. 제련소 설치에 대한 말이 있었다. 13피트의 구리가 든 자황철광 맥에 대한 관심이 있었으나 기계가 없었기 때문에 어떤 의미 있는 일도 할 수 없었다.

영국과 중국이 세운 또 다른 회사는 오리엔탈 담배 회사이다. 이 사업의 자본은 홍콩에 등록되어 있다. 1902년 5월부터 이 회사는 제물포에서 리치먼드와 조선산 원재료를 가지고 세 가지 종류의 담배를 제조해왔다. 현재 이 회사는 매일 1백만 개피의 담배를 생산할 수 있는 기계 설비를 갖추고 있다. 초창기에 이 회사는 거의 위험한 지경까지—처음 몇주 동안은 아무 수익도 못내는—몰렸다. 그러나 지금은 밝은 시대가 도래했고, 궁극적으로 성공할 전망이 거의 확실하다. 회사가 생산한 담배 판매에서 현금 거래는

1902년 7월에 시작했고, 1903년 2월 말에는 1,515파운드에 달했다. 여기다 신용 판매 896파운드를 더하면 처음 몇 달 동안의 총 수입이 2,411파운드가 된다. 다수의 현지 노동자들이 정규직으로 고용되어 있다.

이 회사와 광산 회사를 제외하면 영국의 산업 활동은 베넷 씨가 제물포에서 유능하게 통제하며 수도에도 지점을 세운 대행사와 엠벌리(Emberly) 씨가 경성에서 운영하는 스테이션 호텔에 국한되어 있다. 조선 주재 영국 공사인 조던(Jordan) 씨는 1903년 6월에 황해도에 5평방 마일의 금광에 대한 임차권을 요청했다. 이것을 제외한다면 런던에 있는 상사들이 제물포에 배달될 카탈로그의 주소를 '아프리카, 조선, 영국 부영사 앞' 이라고 쓰고 있는 판국이니 영국 상인들의 무관심이 유달리 특별하다고 할 수는 없다. 엠벌리 씨가 경성에 안락하고 번창한 호텔을 세웠다면 제물포에서는 베넷 씨가 그나마 조선에서 이루어지고 있는 영국 무역의 문을 열었다고 할 수 있다. 그가 있는 한 영국의 이권은 안전하다고 할 수 있으며, 상인들이 그와 협력한다면 일본의 경쟁과 모방에도 불구하고 좋은 사업을 시작하는 것이 여전히 가능하다. 이 점에서 영국 무역인들은 조선의 회사에 신용 연장을 해주는 모든 중국 상인들의 관습을 눈여겨 볼 필요가 있다. 극동에 있는 외국 은행들은 연리 7~8퍼센트를, 현지 은행은 10~14퍼센트를 부과하는데, 이것은 본국의 이율에 비하면 상당히 높은 것이다. 극동에서 가장 영민한 사업가 중 한 사람인 베넷 씨에 따르면 영국의 제조사들이 입지와 은행 보장이 확실한 회사에 본국의 이율만을 부과하면서 위탁 판매로 상품을 배송한다면 세관에서의 영국 물품 수입이 적지 않게 개선될 것이라고 한다. 조선에서 많은 사업을 벌이고 있는 미국의 어느 회사는 발송품에 대해 절대로 어음을 요구하지 않으며 그것을 통해 경쟁사들에 대한 상당한 우위를 확보하고 있다. 특히 조선에서의 무역이 주로 쌀을 비롯한 농작물에 크게 의존하고 있기 때문에 영국 발송 회사에 이러한 제안을 하고 싶다. 풍작이 있으면 곡물가의 하락이 온다. 그러면 물건을 미리 주문한 수입업자들은 곤경에 처하게 된다. 그들은 물건을 손에 넣고 일 년 혹은 그 이상 기다려야 하며 극동에서 통용되는 과도한 이율을 갚아야 하는 입장에 놓이게 된다. 제조사들이 영국에서 통용되는 것과 비슷한 이율로 상인들의 수요에 맞춘다면 영국 상품의 수입업자들은 미리 주문을 넣는 것을 꺼려하지 않을 것이다. 현 상황에서 상인들은 가을 배송을 위해서는 봄에 주문을 하고 봄 배송을 위해서는 가을 주문을 하는 위험 부담을 안는다. 반면 조선에서 며칠간의 거리에 있는 중국과 일본의 경우 수입업자들이 쌀 수확이 이루어질 때까지 기다렸다가 필요가 생기는 대로 상하이나 오사카 혹은 필요한 곳에 전신을 보낼 수가 있다.

141명에 달하는 조선의 영국 거류민에 딸린 식구로는 경성의 선교 본부장인 코르페 주교의 감독 하에 사제와 수녀 간호사들이 있다. 뛰어난 여자 의사이면서 영국 거류민단의 친구인 미스 쿡은 경성에 자리를 잡고 있다. 또한 많은 영국인들이 조선의 세관에 고용되어 있다. 맥리비 브라운 씨가 창설한 멋진 기관에 많은 기여를 하고 있는 그들의 봉사는 나무랄 데가 없다. 직원들의 적극적인 도움이 자신의 성공에 얼마나 많은 기여를 했는지는 맥리비 브라운 씨 자신이 먼저 인정을 할 것이다.

조선에서 미국 무역의 중요성은 부정할 수 없는 사실이다. 그것은 복합적인 성격을 띠고 있는데, 공사의 영향력에 의해 세심하게 고려되고 보호받으며 미국 선교사들의 열정적인 지지를 받고, 조선인들의 필요를 48시간 먼저 감지하여 파악하는 두 개의 회사에 의해 조종되고 있다. 내가 보기에는 이것은 당연한 일이다. 미국인들이 열심히 활동하고 있음을 나타내는 표시는 경성에서만 해도 어딜 가나 두드러진다. 경성 전차 회사, 경성 전기 회사, 경성 수도 회사는 미국 기업에 의해 창설되었고, 내가 방금 언급한 두 명의 특허 소유자의 활발함과 명민함의 지지를 받고 있으며, 미국 공사의 외교적 관심을 통해 전진하고 있다. 경인선의 허가도 미국 무역 회사의 대리인인 모르스 씨가 따냈고, 그것은 후에 일본 회사에게 팔려 이제는 그 회사가 이권을 소유하고 있다. 조선 국립은행의 설립 허가도 미국인들에게 부여되었고, 이제 창설 단계에 있다. 이익을 내는 유일한 조선의 광산도 미국 회사의 소유이다. 그런데 미국 공사인 앨런 박사는 조선어를 능숙하게 구사하는 사람이다.

조선에는 모두 240명에 달하는 대규모 미국인 거류민이 있다. 100명은 경성에 거주한다. 65명은 운산에 있는 미국 광산에서 일하고, 34명은 평양에서 일한다. 5명은 조선 정부에서 근무하고, 10명은 철도와 관련된 일을 한다. 유명한 두 사람은 사업을 하고 나머지는 공사와 영사 직원, 여러 선교사들로 이루어져 있다. 조선에서의 미국 무역은 석유, 밀가루, 광산 기계, 철도와 광산 부품, 가정용품과 농기구, 의류와 식량, 드릴, 시트류, 면제품, 면직사를 취급한다. 운산에 있는 미국 광산에는 133명의 중국인, 100명의 유럽인이 있는데, 그중에서 35명은 미국인이며, 임금이 일당 8펜스에서 1실링 2펜스에 해당하는 4,000명의 조선인이 있다. 이 개발권을 따낸 회사는 다섯 개의 광산을 운영해서 엄청난 성공을 거두었다. 40개의 쇄광기가 있는 2개의 공장과 20개의 쇄광기가 있는 2개의 공장은 오래된 것이다. 80개의 쇄광기가 있는 또 하나의 공장은 최근에 지은 것이다. 1901년에는 150만 파운드에 해당하는 금이 그 회사에 의해 수출되었고, 이듬해에는 이 금액을 훨씬 초과하였다. 광산의 부지는 800평방 마일이다.

조선이 일본에 합병될지는 미래만이 말해줄 수 있다. 현재 조선의 일본인 인구는 2만 명이 넘으며 실제 추산은 2만 5,000명에 좀 못 미친다. 일본인들이 경인선뿐 아니라 몸통이 되는 경부선도 관장하는데, 경부선은 현재 건설 중이며 일본 정부의 직접적인 감독을 받고 있다. 이 새로운 회사가 그 후에 경성에서 제물포까지의 모선을 흡수해 버렸다. 이 회사의 자본금은 2,500만 엔(250만 파운드)이며 첫 불입금 500만 엔의 10분의 1에 해당되는 금액이 예치되는 시기로부터 시작해서 매년 500만 엔씩 적립될 예정이다. 사실상 기공식은 1901년 8월 20일에 영등포에서, 9월 21일 부산에서 각각 개최되었다. 그 순간부터 일본 정부는 15년 동안 회사의 공모자본에 대해 회사채의 지불을 책임지면서 6퍼센트를 보장했다. 채권의 액면가는 5파운드이며, 주당 10실링의 이율이 지불되도록 되어 있다. 원래의 할당액인 40만 주 전체가 단번에 팔렸고, 일본인과 조선인만이 주주의 자격이 있었다. 경부선의 추산 건설 비용은 1마일 당 9,000파운드이다. 26마일 거리의 수원까지의 작업이 이미 완공되었으며, 구간 기차가 이미 운영되고 있다. 물론 건설은 빠른 속도로 추진되고 있고, 작업을 맡은 팀들은 경부선 곳곳에서 작업에 임하고 있다.

경부선의 길이는 287마일이 될 것이다. 공사는 6년 내에 끝날 것으로 기대하고 있다. 터미널 정거장을 포함해서 약 40개의 역이 건설될 것이며, 낙관적으로 볼 때 경성에서 부산까지의 총 여행 시간이 12시간이 될 것이라고 추정된다. 그것은 정차 시간을 포함해 평균 시속 24마일이며, 실제 스피드는 시속 30마일 정도가 될 것이다. 현재 경인선의 실제 속도는 약 25마일의 거리인 경성에서 제물포까지 2시간이 채 못 걸린다. 이로 미루어 볼 때 경성에서 부산까지 12시간 내에 주파하려면 상당한 발전이 이루어져야 함을 알 수 있다.

처음 몇 마일 동안 경부선은 경인선 철로 위를 달릴 것이고, 시발점은 남대문 바깥에 있는 역이 될 것이다. 다음 역인 영등포에서 선로는 제물포 지선을 떠나 시흥으로 달리게 되고 거기서 약간 동쪽으로 틀어서 경성에서 26마일 거리에 있는 안양과 수원에 당도하게 된다. 이 지점에서 철도는 다시 남쪽으로 방향을 틀어서 대황교, 오산동, 진위를 지나 경기도의 경계를 넘어서 충청도로 접어들고 평택 읍에 도착하게 된다. 그런 다음 철로는 해안가를 달려 정남쪽인 둔포로 가서 바닷물을 만난 다음 다시 정남쪽을 향해 가서 서울 기점 69마일인 온양에 당도한다. 거기서 진위를 향해 남동쪽으로 진행한 다음 정남쪽의 유명한 금강을 가로질러 중요한 공주라는 도읍에 접어든다. 서울 남쪽 96마일에 위치하고 있으며 수로 시설을 확보하고 있기 때문에 중요한 분기점이 될 공주로부터 철로는 신교를 향해 남쪽으로 향하고, 거기서 남서쪽의 주요한 상업 중심지인 강경과 본선을 연결할 중요한 지선이 건설될 예정이다. 전라도와 경상도의 곡물 무역이 통과할 연안항인 목포와의 연결을 위해 신교로부터 남서쪽으로의 연장선이 계획될 가능성도 있다.

신교는 서울에서 125마일 지점에 있다. 신교를 지나 남서쪽으로 향하던 철로는 갑자기 동쪽으로 방향을 바꾸어 논산을 지난 다음에는 반도의 산맥의 서쪽 끝자락을 가로질러 진산이라는 도시로 들어간다. 금산 쪽으로 여전히 동쪽으로 달리면서 양강의 남쪽 지류의 계곡을 상류에서 가로지르면서 북동쪽으로 강을 따라 얼마간 진행하면, 마침내 길은 양강이 뚫고 지나간 산맥의 틈을 이용하여 강을 가로질러 정동 쪽의 양산으로 향하고, 서울 기점 141마일에 있는 영동에서 멈추게 된다. 영동에서 철로는 서울 기점 153마일에 있는 황간을 향해 북동쪽으로 진행한다. 황간은 산맥 가까이에 있지만 추풍령으로부터 몇 마일 떨어져 있는데, 추풍령을 가로지르려면 일반적인 엔지니어링 기술로는 부족하다. 추풍령을 지나 약간 남동쪽으로 가면서 철로는 금산을 지나 낙동강으로 향하는데, 서울 기점 약 200마일에 있는 중요한 역사적 도시 대구에서 북동쪽으로 몇 마일 떨어져 있는 왜관에서 강을 건넌다. 그런 다음 철로는 낙동 계곡을 따라 강의 동쪽으로 가서 현풍, 장평, 영산, 석교천, 양산, 문천을 통과하여 동래에서 다시 낙동강과 만난다. 대구에서 부산까지는 줄곧 남동쪽 방향이며 부산에서 철로는 강 옆을 달린다. 구포에서 옛 부산의 기존 타운을 가로질러 만을 돌아 항구에 있는 종착역에 도착한다.

부산항에 광범위한 간척 작업을 제공하는 이 철로 사업은 이미 매우 중요한 경제적 요인이 되었다. 경부선이 지나는 곳이 조선의 곡창지대라는 것을 생각할 때 이것은 특히 명백해진다. 이 사업이 완공되고 나면 실질적인 성격의 개발이 뒤따를 것이며, 이 일로 인해 조선에서의 일본의 입지는 이전의 어떠한 지배가 보여주었던 것보다 더 공고하게 될 것이다. 조선 남부 지방의 풍부한 농업과 광업 자본의 개발이 촉진될 것이며, 이 새로운 지역이 철로로 인해 접근이 가능해지면서 조선의 남반부에 대한 일본 이민과 정착민의 유입은 걷잡을 수가 없을 것이다. 실제로 조선 정부로서는 매우 심각한 상황이 이미 발생했다. 왜냐하면 경부선 철도 건설에 종사하는 상당수의 일본인들이 조선의 영구 정착민이 될 의향을 표시했기 때문이다. 이 새로운 정착민의 경우 회사는 철로 양쪽에 자신들이 통제하고 있는 땅을 정착의 목적으로 각 가정에게 조금씩 불하해주었다. 남자가 철도 공사를 하는 동안 그의 가족은 집을 세우고 땅을 파헤친다. 이미 벌어진 일에 대한 회사의 행동이 정당화될 수 있을지는 알 수 없어도 이 정책은 경성에서 부산까지 조선의 남반부의 심장을 관통하는 일본인 정착촌을 계속 건립하는 결과를 가져왔다.

가끔 일본 정부도 일본인의 조선으로의 이민 물결을 제어하려고 시도한 적이 있다. 그러나 이미 정착한 거류지의 성공으로 인해 그것은 매우 민감하고 어려운—아마 앞으로 일본 정부는 손을 떼야 할—과제가 되었다. 일단 철로가 개통되면 조선의 남부 지역의 농업에 가해질 더 큰 자극은 수천 명의 정착 희망자들에게 큰 매력이 될 것이다. 이러한 침략에 대해 조선 정부가 어떤 반대를 하더라도 농업지역의 심장부가 이렇게 드러난 이상 조선은 이미 커져버린 일본 인구의 급격한 증가를 기정사실화해야 할 것이다. 조선에서 일본의 영향은 이미 지대하다. 그것은 특히 궁궐에서 엄청나게 크다. 조선의 구석구석의 정착지에서도 그것은 유지되고 있다. 경성 자체만 해도 4,000명이라는 번성하는 거류지가 있다. 일본인 거류지역에는 자체의 경찰력, 우체국, 전화, 전신과 무선 전보 체계가 있다. 또한 광산도 개발하여—가장 주된 광산은 직산에 있다—조선의 무역에 가장 큰 경제적 요인이 될 뿐 아니라, 많은 사회적, 정치적 개혁을 도입했다.

조선에서 프랑스가 차지한 이권은 별로 발전을 보여주지 못했다. 철도 사업권은 몇 년 전에 포기하였고, 몇몇 광산권을 포함하는 기존의 특허권도 거의 만기가 되었다. 그러나 매력적이고 열정이 넘치는 프랑스 공사 콜랭 드 플랭시 씨는 포기한 특허권의 조건을 다시 조정하는 데 성공했다. 그는 이 외에도 1903년 6월에 충청도에 새로운 금광 채굴권을 신청했다. 다시 살아난 특허권은 1896년에 부여된 것인데, 오래전에 몰수되었다가 최근에 다시 되살린 것이다. 옛 계약에 따르면 프랑스 회사인 피네 릴(Fines-Lille) 사는 경성에서 압록강 입구의 중요한 국경 항구인 의주까지의 철로를 건설하는 특허권을 받았다. 경부선과 함께 조선의 주요 간선이 될 이 철로의 건설은 왕실 정부가 도로를 만드는 일에 참여하면서 더이상 일개 프랑스 회사의 개별적인 투자가 아닌 것이 되었다. 2년 전 프랑스 공사는 자신들의 계획에 대한 조선 정부의 관심을 부활시키는 데 성공했고, 프랑스 기술자들만을 고용하고 새로운 공사의 물자를 프랑스 상사만이 공급할 수 있는 사업권을 확보했다. 연속적으로 이런 멋진 외교 업적들을 세우면서 콜랭 드 플랑시 씨는 후에 북서철도국을 창설하는 데 결정적인 역할을 했다. 철도국의 국장은 이용익이었고, 프랑스 공사의 일급 서기관 르페브르(Lefebvre) 씨가 전무이사를 맡았다. 라페이에르(Lapeyiere) 씨는 철도의 수석 자문 엔지니어가 되었고, 부다레(Boudaret) 씨, 프랑스 기술자, 기계공, 감독관, 숙련공 등이 회사에 고용되었다.

조선 정부는 이 철로 건설비로 매년 10만 엔(1만 파운드)의 지불을 책임지게 되었고, 공사는 1902년 봄에 시작되었다. 그러나 작업은 장마 때문에 중단되었다. 작업은 가을에 재개되었지만 이번에도 잠깐 작업을 하다가 중단되었다. 자금 부족이 분명한 이유이다. 그러나 그럼에도 불구하고 조선 정부는 철로 건설에 대한 러시아 재력가의 자금 제의를 거부했다. 경의선 철도는 처음엔 광물과 농업 자원으로 유명한 지역을 가로지르며, 현재의 수도인 경성을 이전의 수도였으며 지금도 융성한 도시인 송도 및 평양과 연결한다. 정부가 자금원을 찾을 수 있으면 송도까지의 철로를 단번에 완성하고, 시베리아 횡단철도와 연결할 희망으로 의주까지 밀어붙일 작정이다. 철도선으로 경성과 송도 간 거리는 80킬로미터이다. 건설 비용은 대략 26만 파운드로 추정된다. 운송 수익은 1만

2,000파운드인데 그중 1만 파운드가 승객 수송에서 걷힐 것이다. 연간 운영비는 8,000파운드로 책정되었다. 그리고 경성~송도 간 철도가 2년 내에 일반 승객에게 개통될 것으로 희망하고 있다. 수치는 모두 프랑스 측의 것이다.

경성~송도 간 철로의 개략적인 설명을 보면 프랑스 엔지니어들을 기다리고 있는 작업의 성격을 어느 정도 알 수 있다. 경사는 1마일 당 21피트가 되고, 제방 쌓기와 굴착은 1킬로 당 1만 3,000입방미터가 될 것이다. 철도의 26퍼센트가 곡선인데 가장 심한 곡선의 반경은 200미터가 될 것이다. 25개의 적당한 크기의 교량, 150개의 작은 교량과 암거가 건설 중에 등장할 것이다. 임진강은 처음에는 페리로 건널 것이다. 그러나 마지막에는 길이가 500피트 되는 교량이 이 공백을 메울 것이다. 선로의 게이지는 1.43미터, 침목은 길이 2.5미터, 폭 30센티, 두께 12.5센티가 될 것이다. 대피 선로(side-tracking)의 목적으로 1.7킬로가 건설될 것이며, 1.3킬로미터의 오프라인이 한강에 있는 행주로 지선을 이룰 것이다. 경성과 송도 사이에는 여섯 개의 역과 네 개의 신호 지점이 있을 것이다. 차량은 말렛(Mallet) 타입의 기관차 다섯 량, 1등급과 2등급 객차 다섯 량, 3등급의 객차 여덟 량, 다섯 개의 짐 칸, 25개의 화물칸으로 구성될 것이다. 이것은 포기된 특허권을 프랑스 공사가 기민하고 적극적으로 살려내어 제안한 노선의 전체적인 요구 사항이다.

이 노선은 해발 48.50미터에 있는 서대문 외곽에서 출발하여 59.5미터의 애오개 길을 가로질러 양화진을 향해 진행할 것이다. 한강 계곡 쪽으로 내려가던 선로는 해발 17미터에서 고양 서쪽에 있는 행주군을 가로질러 경성 기점 31킬로에 있는 대곡 계곡을 지나간다. 그리고 해발 15미터에서 교화 계곡을 가로질러 경성 기점 42킬로 지점에서 문산 포에 있는 임진강의 지류를 건넌다. 경성 기점 51킬로에서 철도는 임진 나루터를 만나고, 거기서 승객과 화물은 임시 계약을 통해 강 맞은편에 있는 두번째 기차로 옮겨 타게 된다. 철로는 그 다음에 장단 지역을 가로질러 송도 계곡을 올라가 해발 40미터에 있는 송도 종점에 들어선다. 철로 상의 거리는 도로보다 약간 짧으며 건설 과정에서 뜻밖에도 장애물을 거의 만나지 않았다. 송도 북쪽으로도 대략의 답사가 실시되었는데, 송도부터 철도는 해주를 향해 서쪽으로 갔다가 신천과 안악을 거쳐 평양을 향해 북쪽으로 곧장 가게 된다. 이 지점에서 의주까지는 아무런 답사가 시도되지 않았다.

그러나 프랑스 철도가 남부 지방의 철도에서 기대할 수 있는 것만큼의 만족할 만한 수익을 올릴 수 있을지는 미지수이다. 두 노선이 완공되고 부산이 시베리아 철도와 직접 연결이 되면 조선 북부

지역에 대한 확실한 확장을 기대할 수 있을 것이며, 철도는 압록강의 정크선과 경쟁할 위치에 놓일 것이다. 그러나 국경 무역을 제외하면 이 노선의 운송 능력에 기여할 만한 안정된 산업이 없다. 철도에 인접한 미국과 영국 광산이 수로 운송이라는 기존의 수단을 계속 사용할 수 있는 한 철도를 운송 수단으로 받아들일 것 같지도 않다. 물론 조선의 북부 지방에서 어떠한 광산과 농업의 발전이 일어날지 예측하기는 힘든 일이다. 그곳에는 금과 석탄, 구리와 철이 존재한다고 알려져 있다. 이러한 풍부한 광물을 개발하는 것은 조선을 개방하는 데 도움을 줄 것이고, 광산이 생기면 다양한 먹을거리를 그 지역에서 생산해야 하는 수요도 생길 것이다. 하지만 이러한 철도 수입의 경로에는 상당한 문제점이 있다. 프랑스 노선의 전망에 대해 부여할 만한 구체적인 경제적 가치가 없기 때문에 두 사업의 상대적 중요성을 비교해 볼 때 모든 면에서 일본의 사업이 우월하다는 것을 확인할 수 있다. 남쪽 간선 철도의 상업적이고 전략적 중요성은 조선인들에게 긍정적 면으로 다가갈 수밖에 없다.

조선에는 프랑스인이 80명가량 있는데 그중 40명이 프랑스 신부이며, 1명은 주교이다. 3명은 북서 철도국과 관련을 맺고 있고, 2명은 조선 세관에 근무한다. 2명은 제국 광산에서 일하고, 1명은 제국 정부의 법률 자문가이다. 1명은 프랑스 학교 소속이다. 1명은 조선 우편국을 아주 훌륭하고 성공적으로 운영한다. 2명은 조선 병기고에서 일하며 3명은 팔레 호텔의 경영을 돕는다. 프랑스 거주민은 최근에 많은 프랑스 엔지니어가 오게 되면서 그 수가 늘었고, 엔지니어들은 철도국에서 일을 찾으려는 희망으로 조선 정부를 공략해왔다. 잠정적인 방문객은 숫자에 포함되지 않았다.

독일 거류민은 작고 보잘것없다. 그러나 독일은 서울에서 원산 간 철도의 특허권을 땄다. 독일 회사가 운영하는 동고개(강원도 당현 금광을 말함-옮긴이)에 위치한 광산은 기계와 광산 재료를 사느라 투자한 수천 파운드의 손실을 겪게 되면서 문을 닫았다. 독일인들은 다른 특허권은 가지고 있지 않다. 제물포에는 중요한 회사가 있으며 이 회사에서는 경성에 지점을 개설하였다. 이 사업에서 나타나는 두드러진 특징은 조선어에 아주 능통한 독일인들이 경성과 제물포 사무소에 모두 근무한다는 점이다. 조선이 발전하면 이것은 적지 않은 영향을 미칠 것이다. 이같은 사실은 극동에서 독일의 상업이 자리를 잡는 조직적인 시스템을 아주 훌륭하게 보여주는 것이다. 조정의 악단은 독일 교수에게 훈련을 맡겨 왔다. 그 효과는 매우 크며 왕실에 독일 의사를 모실 필요성을 드러내주는 것 같다. 미스 쿡이 놀라운 감화력과 전문적 능력으로 얻어낸이 지위에 역풍이 불어닥친 것은 최근의 일이다. 이 영국 여자 의사는 수년 동안 왕실의 상임 주치의였으며, 조정의 완전한 신임을 얻고 있었다. 미스 쿡은 조선인의 편견과 의심을 완전히 극복하는 데 성공한 유일한 외국인이다.

특허권의 싸움은 조선에서도 중국에서만큼 치열하다. 최근에 조선의 광맥을 발굴하는 데 관심을 보인 것은 벨기에인데, 지금까지는 조선의 광산 발굴권에 대해 특별한 관심을 보이지 않았었다. 그러나 지금 벨기에가 나섰고, 규모가 9백리 정도 되는 광산 개발권이 벨기에 사람에게 돌아갔다고 알려져 있다. 벨기에는 조선 정부에 4백만 엔을 대출해 주었고, 그 대가로 25년간 광산의 임차권을 받았다. 광산은 충청, 경상, 강원도가 만나는 지역인 태백산에 위치해 있다. 현재 이 새로운 광산의 가치를 말하기는 불가능하다. 그러나 벨기에인들은 영악하고 냉정한 민족이다. 그러므로 그들의 투자가 우리나 독일인처럼 불행하게 되리라고 보기는 어렵다.

다시 조선의 무역으로 돌아가자면 외국 상인들은 조선 시장의 수요를 충족하는 일본 제조사들에 대해 분명히 앙심을 품고 있다. 나는 조선의 개항지의 일본 가게에서 팔리고 있는 소위 외제 물건들 중에서 뻔뻔한 모조품이 아닌 것을 찾아보기 힘들다고 감히 말할 수 있다. 그 물건들은 대부분 일본에서 위조되었고, 필요한 디자인과 상표를 붙여 식별하기 힘든 변형을 거쳤다. 이러한 행위의 불법성은 명백하다. 조선 세관 쪽에서나 이런 속임수의 해를 입은 상인들의 대표가 감독을 하지 않는다면 이것은 방지하기가 어렵다. 내가 개인적으로 잘 알고 있으며 가짜 상표로 팔리고 있는 일본 제조사들의 다양한 모조품들을 보여주는 도표를 여기에 첨부한다. 모든 경우 이 모조품은 일본산이다.

미국	스탠더드 오일의 석유 리치몬드 젬의 담배 아머의 고기 통조림 캘리포니아 산 과일 통조림 캘리포니아 와인, 백포도주, 적포도주 이글 브랜드의 우유 각종 약품
영국	페어스의 비누 브라이언트 앤 메이의 성냥 리 앤 페린의 소스 바늘과 면화 브루너 몬드 앤 컴퍼니의 알칼리 크로스 앤 블랙웰의 잼 존 오르-유잉 앤 컴퍼니의 터키 레드 염료
프랑스	와인, 적포도주와 백포도주 사진 재료
독일	베링거의 키니네 철물 바늘 베를린의 피아노
스웨덴	성냥
네덜란드	버터, 과일주와 독주
덴마크	버터
인도	면직물과 방적사
스위스	네슬레의 우유

일본의 석유는 스탠더드 오일사의 패턴을 그대로 본 뜬 캔에 담겨서 들여온다.

폭 27인치, 길이 40야드의 색이 바래지 않는 존 오르-유잉사의 터키 레드는 폭 27인치, 길이 37.5야드의 색이 바래고, 무게도 5파운드가 덜 나가는 옷감으로 변질된다.

새가 그려진 패롯 브랜드사의 상표는 상상할 수 있는 가장 완벽한 모조품이다.

네슬레의 우유, 브라이언트 앤 메이의 성냥, 베링거의 키니네, 그리고 다른 상품들의 모조품은 이들 회사에 의해 여러 번 고발을 당했다.

14장

조약항에 대한 설명: 원산, 부산, 목포
수출과 수입 교역의 특성·지방 산업

조선에서 가장 오래된 거류지는 조선의 동해안에서 부산과 블라디보스토크 중간쯤에 위치한 원산항이다.

이곳은 아름다운 환경으로 인해 금강산의 장관을 구경하려는 목적으로 여행하는 사람들이 이 북적거리는 조약항의 넓은 항구에서 우아한 결말을 맺을 수 있는 곳이다. 만의 넓은 바다를 둘러싸고 있는 소나무로 우거진 절벽과 이마를 내민 갑 한가운데에는 평안한 삶을 즐기는 것을 방해할 것이 아무 것도 없다. 암자만이 있는 거친 계곡과 울퉁불퉁한 꼭대기의 한적함을 떠나 조약항의 생기 있는 분위기로 접어든다고 해서 1만 2,000봉의 높은 지역에서 머물며 갖게 된 환상이 깨뜨려지지는 않는다.

은빛 백사장 가장자리에는 숲이 우거진 절벽이 40평방 마일 넓이의 항구를 굽어보면서 매달려 있고, 산들이 수평선의 구석구석을 둘러싸고 초목으로 푸릇푸릇한 바위섬이 사파이어 색깔의 바다에 점점이 떠 있는 곳에는 세계의 함대들이 완벽한 차단 속에 안전하게 닻을 내릴 수 있는 지점이 있다. 이곳은 정말 놀라운 항구이다. 이 보물을 확보하려는 러시아의 욕망으로 인해 가끔 소동이 벌어질 만한 곳이다. 이 항구가 가진 뛰어난 이점 때문에 이곳은 열강들이 갈망하는 대상이 되었다. 블라디보스토크나 뤼순항과 함께 이 항구를 손에 넣는다면 북쪽 바다의 통제권은 러시아 함대의 손에 들어갈 것이다. 그게 아니라면 이곳은 그만한 정치적 소용돌이의 중심이 되기에는 너무 평화로운 곳이다.

조약항 원산은 이 항구의 남서 코너에 위치해 있다. 항구의 북쪽 끝은 라자레프(Lazareff) 항이라고 알려져 있다. 남동쪽 부분은 브로튼 만인데 전체 항구를 대개 이 이름으로 부른다. 영국 항해사인 브로튼 함장은 1797년 10월 4일 16문짜리 범선 프로비던스를 타고 처음 이 항구에 들어왔다. 라자레프 항은 만을 가로질러 서쪽 방향으로 원산에서 약 16마일 떨어진 던(Dun) 강 입구에 있다. 이곳은 러시아가 시베리아 횡단철도의 종착점으로 확보하려 했다고 전해지는 곳이다. 브로튼 만에는 두 개의 입구가 있는데, 그중 하나는 라자레프 항으로 직접 연결된다. 러시아 군함은 항구를 방문할 때 이 이점을 최대한 이용한다. 왜냐하면 해변에 있는 당국에 자신의 존재를 밝히지 않고 입항할 수 있기 때문이다. 한번은 내가 그 인근을 방문하고 있을 때 두 척의 러시아 군함에서 나온 사람들이 산을 정찰하고 정박지의 수심을 재고 있는 것을 급하게 마주친 적도 있었다. 그들의 존재는 일본 세관이나 세관장의 의심을 전혀 받지 않고 있었다.

만은 산맥의 띠로 잘 보호받고 있으며, 이러한 외형적인 완벽함으로 인해 이곳은 해군 기지로 특별한 가치가 있다. 항구로 들어오는 해협은 넓고 깊으며, 아무런 장애물이 없다. 수많은 섬들이 입구에 위치하고 있어서 누가 접근하더라도 방어가 가능하다. 이 지역의 혹독한 날씨에도 불구하고 바다는 겨울에 결빙되지 않는다. 샘물은 무한정으로 구할 수 있다. 그리고 제철에는 사냥과 낚시가 다양한 스포츠를 제공한다. 그러나 이런 것들은 항구의 지엽적인 특성에 불과하고 이곳을 요새화하여 일급 해군기지로 전환한다면 블라디보스토크에 필적할 뿐 아니라 극동의 어떤 다른 기지보다 우월할 것이다. 이곳은 열강들이 중국에서 확보한 어떤 항구보다 앞선다.

다롄(大連)과 홍콩 사이에는 일급 해군력의 일급 해군기지의 요건에 맞는, 값싸고 쉽게 전환할 수 있는 항구가 없다. 다롄은 뤼순의 상업항으로서 러시아는 그것이 중국에 속하게 된 후부터 항구를 개선하려고 애써왔다. 현재 원산항에는 러시아와 일본이 이 해역에서 유지하고 있는 소함대만이 드나든다. 해변에는 일본인 거류지가 번성하고 있지만 경비정 임무를 띤 일본인 군함이 파견된 적은 없다. 그러나 부산과 제물포에서는 항구 임무를 위해 정찰 선박을 파견하는 일이 세심하게 지켜지고 있으며 일본은 특히 이웃들에게, 그리고 전 세계에 대해, 조선에 대한 자신들의 이권의 중요성을 알릴 기회를 절대 놓치지 않는다.

원산은 1880년에 일본 무역에 개항을 했고, 3년 뒤 11월 3일에는 일반 외국인 거류지가 되었다. 그 후의 발전은 전적으로 일본인들의 열심과 확실한 상업적 명민함 덕분이지만, 최근 몇 년간 외국 무역의 수입은 원산이 조선의 상업적 발전에서 점유하는 현재의 위치에 많은 기여를 했다. 하지만 항구의 경제적 확장은 일본인 정착자들의 이민과 조선인 인구의 증가로 비즈니스가 생기면서 촉진되었다. 옷을 만드는 재료인 면직물, 모시, 비단은 이 지역에서 특히 요구가 많다. 연간 수입을 비교해 보면 사업의 번성이 꾸준하게 이루어졌음을 알 수 있으며, 일본이 이곳의 복지에 행사하는 영향력으로 인해 수입되는 외국 무역 품목은 일본에서 수입될 수 없는 물건에 한정되었다. 6년간 사업은 2배로 성장했다. 그러나 수입 무역의 증가는 영국 상품에 반드시 유리한 것이 아니다. 블라디보스토크에서 유럽식 러시아에 적용하는 관세를 부과한 것은 원산에서의 수입의 증가에 기여했다. 이듬해인 1902년에 수입은 수출보다 훨씬 많아서 수입이 19만 1,535파운드, 수출이 10만 2,205파운드였다. 항구의 행정은 일본계에서 주관한다. 거리는 넓고 포장이 잘 되어 있으며 드문드문 가로수로 경계가 쳐져 있다. 이 거류지로 오기 전에 통과해야 하는 조선 동네들의 좁고 더러운 길을 경험하고 나면 이런 모습은 기분이 매우 좋고 매력적이다.

항구가 그 이름을 얻게 된 원래 도시인 원산은 거류지의 중심으로부터 2마일 떨어져 있고, 좁고 시끄러운 골목에 밀집된 오래된 초가집과 기와집들로 이루어져 있다. 조선의 여섯 개의 큰 도로 중 하나인 경성에서 변경으로 가는 간선도로가 마을의 중심을 통과한다. 이 훌륭한 도로 양쪽에 따닥따닥 붙어 있는 오두막을 보면 가장 적절한 부지는 단지 이 넓은 가로와 인접한 곳임을 알게 된다. 집들 사이로 만을 얼핏 볼 수 있다. 말린 생선과 썩어가는 쓰레기 냄새가 대기 중에 퍼지면서 만을 둘러싼 높은 꼭대기를 제외하고는 모든 것에 스며들어 바다 냄새는 사라지고 만다. 1만 5,000명의 인구가 초가로 된 상점과 쓰러질 듯한 집 무더기에서 옹기종기 살고 있다.

거류지로부터 약 1마일 되는 곳에서 원래의 마을은 갑자기 끝이 나고, 채소밭이 길과 경계를 이룬다. 마을이 위치한 해변은 햇볕에 말리는 생선들, 널려 있는 그물, 어선과 정크선들로 어지럽혀져 검은색이다. 잠시 후 해변은 절벽을 돌아가면서 끝나고 절벽 꼭대기는 소나무와 전나무로 향기롭다. 구불구불한 계곡은 웅장한 산봉우리와 산 능선을 배경으로 골짜기에 자리 잡은 번성하는 마을을 힐끗 보여주고, 나무가 우거진 갑과 곶은 만의 확 트인 바다와 그 너머의 대해의 풍경과 함께 그림 같은, 매력적인 구경거리를 제공한다. 원산에는 3,000명의 일본 주민, 몇 명의 중국 상인, 세관장과 세관 직원인 미세스 웨이크필드를 비롯한 작은 외국인 커뮤니티가 있다. 나머지는 그다지 중요하지 않은 선교사들이다.

원산의 기후는 건조하고 건강에 좋다. 더위는 바다 바람에 의해 조절이 되고 밤은 시원하다. 여름의 평균 기온은 22.7도이며 겨울은 -1.6도이다. 강수량은 서해안보다 약간 많은 44인치이다. 눈은 10월부터 다음해 5월까지 산을 덮으며 4피트 높이까지 내린다.

그러나 항구는 여름에는 제물포보다 시원하고, 겨울에는 대기의 건조함 때문에 추위가 상당히 누그러져서 약간 더 따뜻하다. 가을 하늘의 청명함은 주요 사냥철인 겨울까지 계속된다.

인근의 더 아름다운 장소에는 많은 역사적인 의미가 부여되고 있다. 이 일대에서는 고려의 왕들이 출생했다. 또한 이곳은 현재 왕조의 제1대 왕인 태조가 교육받고 살았던 석왕사가 20마일 떨어진 곳에 있어 조선 왕조의 산실이라고 할 수도 있다. 수도원 자체는 태조 자신이 통치의 초자연적 계시를 받았던 지점을 표시하기 위해 절과 함께 세운 것이다. 그리고 그 덕에 그의 자손들이 지금도 왕좌를 차지하고 있다. 이 외따로 떨어져 있는 아름다운 곳에서 태조는 장차 왕이 되기 위해 명상하고, 공부하고, 준비를 하면서 청년 시절을 보냈다. 수도원이 자리 잡고 있는 거대한 절벽에서 장엄하게 치솟아 오르며 절을 덮고 있는 멋진 나무들은 태조 자신이 손수 심었다고 한다. 유적을 보존하고 있는 승려들을 제외하고는 아무도 들어갈 수 없는 외딴 건물에는 그의 곤룡포와 장신구들이 오늘날까지 보존되어 있다.

원산은 함경도의 남쪽 구석에 위치해 있다. 원산 무역의 상당 부분은 조선의 북쪽 절반을 이루고 있는 평안도와 강원도라는 인접 지역과 이루어진다. 이 지역의 인구는 300만 명에서 500만 명

사이에 걸쳐 다양하게 추산된다. 이 지역에는 산들이 아주 많다. 숲이 우거진 산과 황량한 봉우리가 한데 뒤섞여 눈을 돌리는 곳마다 보이고, 이것들이 사방으로 서로 밀치고 서로 뭉쳐서 마침내 수천의 작은 골짜기에는 잘려진 산과 절벽밖에 보이지 않는다. 이것은 특히 함경도와 강원도에 해당된다. 평안도에는 계곡들이 넓게 퍼져 점점 낮아지고 드물어지다가 대동강과 농사를 지을 수 있는 넓은 공간으로 연결된다. 원산 인근의 잘려진 산맥들과 산악 내륙에는 사냥감들이 많다. 담비, 족제비, 수달은 함경도 북쪽에 몰려 있고 호랑이, 표범, 곰, 늑대, 여우는 소문으로는 풍부하지만 실제로는 드물다. 멧돼지, 사슴, 토끼는 드물지 않다. 꿩은 전보다 수가 줄었다. 도요새는 8월에, 오리는 9월에, 거위와 야생조류는 겨울에 늪지와 개펄에 나타난다. 육지에도 사냥감이 많고 바다에도 먹잇감이 많다. 고래, 상어, 물개, 연어, 그리고 수많은 작은 종들이 잡히기를 기다리고 있으며, 바다와 육지의 산물들은 이곳을 스포츠맨의 낙원으로 만들고 있다.

부산 조약항으로 가려면 녹색 섬이 흩어져 있고 높은 절벽이 둘러싼 만을 통해서 가야 한다. 해안을 스치며 절벽 위를 가로지르는 좁은 길이 오래된 성곽 도시인 옛 부산으로 바로 연결된다. 이곳은 만의 한쪽 끝을 이루는 바닷길 10마일 끝에 자리 잡고 있다. 신 부산은 다른 조선의 조약항과 비슷하다. 그러나 일본인 거류지의 냄새는 옛 도시의 더러운 골목과 하수구에서 나오는 어떤 냄새보다도 훨씬 더 고약하다. 옛 부산은 망가지고 무너진 성벽으로부터 황량한 바다를 건너 사라진 영광을 외롭게 명상하면서 만의 머리 쪽에 홀로 서 있다. 외국인 구역인 신 부산은 아주 시끄럽고 더럽고 불편하다. 일본인 가게 주인들은 다른 외국인을 위한 배려를 전혀 하지 않는다. 고약한 호텔은 외국인을 받는 것을 꺼린다. 이곳은 완전히 일본판이고 번성하고 있으며 활발하고 끈질기다. 이곳은 조선과 일본의 항구를 오가는 고물 정기선의 본거지로 타쿠, 뤼순, 블라디보스토크까지 진출한다. 사방에서 일본인 커뮤니티와 밀접히 연관된 무역과 산업의 외양을 볼 수 있다. 경부선 철도와 연계하여 거대한 항구 재개발 사업이 진행되고 있다. 이렇게 되면 턱없이 부족한 창고를 지을 충분한 공간이 나올 것이다. 도로 건설, 전깃불 설치, 거대한 급수시설은 이미 일본 당국의 관심을 받는 대상들이다. 부산에는 약 1만 4,000명의 동족들에게 일본의 법을 집행하는 일본 총영사가 있다. 이 숫자의 절반은 유동 인구로서 그들의 유일한 생계는 어업이다. 연안과 인근 군도에 널려 있는 귀중한 어장은 1,000마리의 청어와 50만 마리의 대구 어획고를 매년 올린다. 전반적으로 영국 상인들이 이곳을 등한히 함에도 불구하고 이곳의 부산함과 혼잡함은 조선 제일의 조약항이라는 사실을 뒷받침해준다. 1901년 부산 거류지의 실제 일본인 인구는 7,014명이었는데, 이것은 6,004명이었던 전년에 비해 1,000명 이상 증가한 것이다. 그 이후로 더 많은 증가가 있었고, 현재의 인구는 9,000명이 조금 안 된다.

조선의 개방항에서의 일본인의 활동은 항구의 크기와는 상관이 없다. 지역적 조건에 상관없이 그들의 지치지 않는 사업에는 쇠퇴란 없다. 항구가 10년이나 20년 전에 세워졌거나, 불과 1년 전에 세워졌거나, 그들의 상업적 왕성함은 같다. 원산, 부산, 제물포의 거류지를 거쳐 1897년 가을에 개항한 목포항을 방문하면 새롭다거나 중요하다는 느낌이 들지 않는다. 목포는 매우 작다. 하지만 이곳은 이렇듯 호감이 가지 않는 마을을 일본인들이 어떻게 번성하는 거류지로 차분하게 건설해 나아가는지를 보여주는 훌륭한 사례를 제공한다. 조선에서 항구를 개척하는데 선구자인 이들이 자신들에게 가장 적합한 거주지를 물색하는 것은 당연한 일이다. 부산, 원산, 제물포의 경우에 채택했던 시스템을 목포에서 그대로 반복하면서 일본인 거류지는 상업적 목적으로 변용할 수 있는 한 가지 상황만을 체크한다. 목포로 가는 길은 섬의 네트워크와 바위가 많은 해협을 통과하는데, 그 중 가장 큰 바위는 길이가 600야드 정도이다. 그 지역의 주요 수로인 약 90마일의 영산강 하구에 항구는 자리 잡고 있는데, 톤수가 큰 40척의 선박을 수용할 수 있다. 가장 최선의 길은 라인 해협(Lyne Sound)을 통해서이지만 남쪽에서는 워싱턴 만(Washington Bay)을 통해서도 쉽게 접근할 수 있다. 항구의 폭은 2마일이 못되며 수심은 낮은 곳이 11길, 만조 때는 19길까지 올라간다. 썰물 때 조수의 속도는 평균 시속 5노트이다. 한사리에는 이 속도가 증가하여 불안한 해저 때문에 생긴 불리함을 배가시킨다.

목포는 조선의 곡창이라고 불리는 전라도의 남서쪽 구석에 있다. 항구의 이름은 북쪽에 위치하여 강의 입구를 이루는 큰 섬의 이름에서 연유한다. 그곳은 그림처럼 아름답고 주변의 단조로움을 깨뜨릴 만큼 높이 위치해 있다. 그곳은 보기에는 거칠고 황량하지만 무역이 증가하면서 중요한 거류지가 될 만한 핵심적인 부분을 지니고 있다. 일본 영사관과 세관이 현재 그곳의 가장 웅장한 건물이다. 장식도 없는 투박한 바윗덩어리인 영국 영사관은 가장 황량하고 침울한 건물이다. 갯벌의 조망도 이곳의 아름다움을 더해 주지 않는다. 제방을 훌륭하게 쌓아서 몇 에이커에 이르는 갯벌을 간척한 것만 보아도 일본인들이 이곳을 발전시키기 위해 얼마나 공을 들이고 있는지 알 수 있다.

목포는 복합식 무역의 중심이며 그 가치는 10만 파운드가 넘는다. 수입은 이 총액에서 8만 파운드를 차지한다. 목포가 개항한 지 6년 동안 어떤 영국 배도 이 항구에 들어온 적이 없다는 사실은 어쩌면 말할 필요가 없을지 모르겠다. 그러나 독일과 미국의 증기선은 화물을 목포로 실어왔다. 일본 증기선은 정기적으로 다닌다. 무역은 조선인 시장을 대상으로 한 것이고, 조선인들의 수요는 일본이 충족시키고 있다. 물론 이것은 영국 수출업자들의 눈 밖에 있는 일이다. 피륙, 일본과 미국 산 담배, 성냥, 방적사는 물론이고 하류 계층들이 사용하며 남서부 지방의 조선인 인구 증가로 인해 앞으로 많은 수요가 있을 물건들이 무역의 대상이다.

영국 상인들이 조선의 다른 항구처럼 무시하고 있는 이 항구가 언젠가는 조선 상업의 중심지가 될 가능성이 많다. 지금 현재도 일본, 미국, 독일산 외국 물건이 많이 들어오고 있다. 값싸고 내구성이 있으며 실용적이고 현 상황에 맞는 영국 물건들이 영국인 상인들에게 유리하게 반입될 수 있는 여러 경로가 있다. 곡류는 많은 양이 재배되고 가마니, 삼베, 종이, 부채도 다른 토속 제품들이다. 두 가지 산업(제지와 방적)에서 확장의 기회를 엿볼 수 있는데, 야심차고 똑똑한 경영자라면 값싼 화학 물질과 저렴한 기계들을 수입함으로써 크게 발전시킬 수 있다. 제지업에서만도 알칼리 사업을 시작할 시간, 노력, 인내심을 투자하기로 결심하는 기업이 얻을 수 있는 많은 수확이 있다. 이런 일을 이미 시작한 마을에서는 벌써 돈이 되는 커넥션의 기반이 존재한다.

15장

의주 · 선천포 · 진남포 · 평양 · 군산 · 성진

앞으로 언급해야 할 항구들은 크게 고려할 만큼 상업적인 중
요성을 아직 획득하지는 못하였다. 그러나 조선인들이 자신들에게
부과된 요구를 어떻게 진취적으로 부응했는지를 잘 보여주며, 조
선의 이권이 증가함에 따라 국내 무역의 자연스러운 증가로 그 가
치가 높아질 것이다.

지금까지 조선의 남부가 북부보다는 개방항 문제에 더 좋은 대
접을 받았다. 조약항의 목록에 북동 해안에 있는 성진과 서해안
의 진남포(조선의 옛 수도이며 현재 조선의 세번째 도시인 평양이 인근

에 있는)가 추가되면서 거의 알려지지 않은 조선의 북부 시장의 상업적 발전이 훨씬 더 용이하게 되었다. 그리고 조선의 남부 지역의 무역을 예상하여 서해안에 있는 군산항이 북동쪽 해안의 성진항과 1899년에 동시 개항되었다. 이 항구는 제물포와 목포 사이, 전라도와 충청도 사이의 자연스러운 경계를 이루는 금강 입구에 있다.

그럼에도 불구하고 외국 기업이 새로운 시장을 개방하는 데서 오는 산업 활동의 전기를 찾기 위해서는 북쪽과 북동쪽 지역을 살펴야 한다. 매우 중요한 무역센터가 압록강 입구에 있는 의주에 이미 존재하고 있다. 이 도시는 개방될 필요가 있다. 한편 만주 국경이라는 위치로 인해 이 도시는 다양하고 가치 있는 직접 교역을 유인한다. 더구나 의주가 조선 해상세관의 감독과 통제 하에 들어가고 이미 개방된 다른 항구들과 같은 입장이 된다면, 그곳을 불법 교역의 연락 중심지로 삼아 왔던 밀수꾼들에게 더 큰 제재가 가해질 것이다. 지금 현재로서는 의주가 조약항에 포함될 수 있을지 말하기 힘들다. 조선 정부는 공식적인 보증이 확실히 수용될 경우 의주를 개방항으로 선포하기로 1903년 8월 22일에 결정했고, 동시에 용암포에 세관을 두기로 했다. 두 도시 사이의 거리는 평양과 진남포 사이의 거리보다 멀지 않다. 며칠 후인 9월 4일에 같은 취지의 발표가 경성에 있는 외무부에서 외국 대표들에게 전달되기는 했지만, 이 결정은 결코 확실한 것이 아니다. 이전 결정에 대한 이러한 공식적인 비준은 조선 내각의 정책이 왔다 갔다 하지 않고, 러시아 공사가 그토록 끈질기게 반대하지 않는다면 확신을 줄 수 있을 것이다. 러시아 공사는 용암포의 개방을 거세게 반대하고 있고, 의주를 개방하는 것을 반대하는 러시아 동료 파블로프 씨를 프랑스 공사인 콜랭 드 플랑시 씨가 지지하고 있으므로, 파블로프가 용암포에 더 집중하기 위해서 의주에 대한 반대를 철회하는 쪽으로 일이 진행될 수 있다. 러시아 측으로서는 불행한 일이지만 조선에 대한 영국의 정책은 두 항구를 모두 개항하는 것을 찬성하며, 경성 주재 영국 공사인 조던 씨는 많은 동료들의 간곡한 지지를 받고 있다.

압록강에 있는 이 항구들에 대한 영국 정부의 행동은 매우 고무적이며, 조던 씨가 훌륭한 일관성으로 자신의 입장을 유지하는 것도 매우 만족스럽다. 영국 정부의 요구는 1903년 7월 14일에 있었던 특별 알현에서 폐하에게 전달되었다. 그것은 즉시 러시아인들의 반대를 촉발했고, 며칠 후 영국 공사가 의주가 개방항이 될 날짜를 문의하기 위해 외무부에 사람을 보냈을 때 러시아인들의 반대 또한 조선 정부에 공식적으로 전달되었다. 한편 일본 공사는 영국 정부와 같은 요구를 했고, 그것은 동시에 베이징 주재 조선 공사를 통한 중국 외무부의 동일한 요구에 의해 지지를 받았다. 며칠간 문제는 소강 상태가 되었고, 상황은 지병을 이유로 외무대신이 사퇴하면서 더 복잡해졌다. 황제는 사표를 반려했고, 8월 9일 영국 공사는 7일 이내에 의주를 개방하기를 요구하는 급전을 보냈다. 며칠 후 영국 공사의 요구에 유리한 결정이 전달되었고, 영구적인 조치가 취해질지는 이제 두고 볼 일이다. 한편 항구의 신분에 품위를 즉시 부여하려는 조치로 일본 경찰이 거류지를 보호하기 위해 의주에 급파되었다.

개방항 중에서 가장 역사가 짧은 선천포는 아직 초기 단계에 있다. 선천포는 의주 남쪽 40마일에 위치해 있다. 앞으로 번성하게 될지는 알 수 없으나 진남포와 의주 사이라는 위치로 볼 때 국내 운송의 중요한 기항지가 될 것이다. 현재 선천포는 진남포에서 관할하고 있으나 앞으로의 노선이 이미 계획되었고, 분명히 번창하는 일본 거류지로 발전할 것이다. 지금 현재로서는 거래가 거의 없다.

진남포가 강의 입구를 이루고 있는 대동강은 조선에서 가장 중요하고 아름다운 하천 중 하나이다. 그것은 평안도의 남쪽과 남서쪽 지역의 배수를 맡고 있다. 바다로부터 67마일 떨어진 강둑에는 조선의 이전 수도이며 가장 오래된 도시인 평양이 자리 잡고 있다. 평양 주위에는 역사적이고 전설적인 수많은 낭만적인 기억들이 남아 있다. 도시와 마을은 대동강 둑 주변에 자리하고 있다. 풍경에는 투박한 아름다움이 있으며, 분수령에는 지리적이고 역사적인 중요성을 갖는 이정표들이 많다. 한사리 때의 강의 유속은 평균 3.25노트이다. 간조 때 진남포 둑쪽에는 강 반대편 연안의 돌출 부분 때문에 2노트 정도 빨라진다. 대동강 입구의 모양은 불규칙적이다. 배가 정박하는 곳의 들쑥날쑥한 지점들은 썰물 때는 펄이 된다. 진남포가 조약항으로 선정되기 전에 이 마을에는 이리저리 흩어진 몇 개의 오두막과 1,000명도 안 되는 사람들이 살고 있었다. 그러나 지금은 낡은 질서가 새로운 질서에 자리를 내주었다. 펄은 간척이 되었고, 항구의 전반적인 상태에도 많은 개선이 행해져 밝은 미래를 자신 있게 예견할 수 있게 되었다.

거류지인 진남포는 대동강 입구로부터 약 15마일 떨어진 북안에 위치해 있다. 항구는 1897년 10월에 개방되었다. 개방항으로서 몇 년 존속하는 동안 진남포는 적지 않은 발전을 이루었다. 그곳은 현재 상당히 중요한 상업 중심지가 될 가능성이 있다. 외국 무역의 증가와 국내 시장의 활성화는 일본인들의 관심을 집중시켰으며, 일본인들은 이미 항구에 상당히 자리를 잡았다. 원주민의 인구는 1만 5,000명에서 4만 명 정도로 추산되는데 적은 숫자가 실제에 가깝다. 비슷한 상황의 동일한 항구와 비교할 때 무역은 내용과 양에 있어서 상당히 유리하다. 항구의 발전에 약간의 제한이 있지만 실물 경제에 기여한 두 가지 큰 힘은 농업자원과 광산 산업이다. 운산과 은산에 대한 미국과 영국 광산 회사의 채굴권이 부여되었을 때 진남포는 광물 수송을 위한 배송항이 되었다.

대동강과 압록강 사이에 위치한 지역의 상업적 가능성은 초기 발전 단계에 있다. 머리를 써서 이용을 하면 이 새로운 지역은 많은 이익을 낼 것으로 예상된다. 조선의 동부지역으로부터 산맥에 의해 단절된 이곳은 남쪽으로는 진남포 근처의 보릅산으로부터 북쪽으로는 국경의 산악 요새까지 뻗어 있는데, 사람들이 살지 않는 곳이 군데군데 있다. 그곳은 조선의 강도 무리와 중국의 산적들이 출몰하는 곳이다. 토속적인 광산업의 중심지이며 국경 분쟁이 끊임없이 일어나는 곳이기도 하다. 황량하고 접근 불가능한 야생 동물의 서식지인 이곳은 서구 문명이 거의 닿지 않은 곳이다. 소나무와 전나무 숲, 넓은 산림은 조선의 북부가 하나의 거대한 숲이었던 시절을 생각나게 한다. 최근까지만 해도 이 지역에 서비스를 제공하는 두 곳의 개방항은 진남포와 평양뿐이었다. 북쪽 끝에 있는 세번째 항구인 선천포는 여전히 유럽인에게는 개방되어 있지 않다. 금과 석탄, 철과 구리는 이곳에서 나는 천연자원이다. 토양은 비옥하며 산업적인 개발을 시작할 시기가 무르익었다. 더구나 상업적인 번영은 이 외딴 지역의 상황에 좀더 평화로운 분위기를 자아내게 할 것이다.

평양은 넓은 무연탄과 역청탄 매장지의 가장자리에 있다. 광물의 노두(露頭)는 쉽게 찾을 수 있지만 연료로서의 품질은 현재 그다지 좋지 않은 편이다. 그러나 석탄은 중요한 광물에 속하며 땅에서 나는 자원은 콩에만 국한된 것은 아니다. 석재와 임업도 이 지역에서는 성행한다. 평양의 공식 기록은 약 3,000년을 거슬러 올라가며 도시의 건설은 이스라엘 왕국의 창건과 시기를 같이 한다. 사울, 다윗, 솔로몬은 기자와 그의 후대 왕들과 동시대인이다. 현대에 와서 가장 끔찍한 사건은 1866년에 제너럴 셔먼 호의 승무원 학살과 중일전쟁 기간에 도시를 덮친 일이다. 전쟁의 참화와 1895년의 전염병의 창궐로 도시는 황폐화되고 버려졌다. 그럼에도 불구하고 이 도시의 옛날의 영화를 일깨워주기라도 하듯이 행운의 조수가 밀려왔고, 약간의 번영이 회복되었다. 그 사이에 무역도 살아났다. 작은 외국인 커뮤니티가 성내에 거주하고 있으며, 불운한 징조의 날들이 이 구세계의 수도가 처음 성벽 안으로 자신을 가두었던 시절만큼이나 멀어지기를 사람들은 희망하고 있다. 상업적이건 산업적이건 평양은 많은 발전을 이루었다. 그리고 시대의 징조로서 현지인 지역사회에서 사립 영어 학교를 세웠다는 사실도 언급될 수 있겠다. 평양은 진남포와 너무나 밀접한 연관이 있어서 두 도시는 어느 쪽을 조사하더라도 서로 뗄 수 없는 관계를 맺고 있다. 그럼에도 불구하고 조선 정부가 의주를 개항할 수밖에 없다면 평양을 폐쇄하겠다는 의도를 표명했으므로 평양이 개방항으로 존속할 수 있을지는 확실치 않다. 영국, 미국, 일본 대표부는 이 제안에 강력하게 반대를 표명했다.

1899년 5월 외국인 거류지와 일반 무역에 문을 연 군산항은 주로 목포에서 공급하는 것과 같은 경로를 제공하고 있다. 전라도와 충청도 지방의 농산물에 크게 의존하는 군산의 무역은 쌀, 밀, 콩과 같은 곡물, 삼베, 종이, 대나무 제품, 다양한 생선과 해초의 수출에 한정되어 있다. 경부선이 완공되면 이 지역의 농산물은 이 항구의 운명에 영향을 미칠 것이다. 그러나 군산은 그 사이에도 기항지로서의 역할보다는 중국이나 일본과의 상품 교역에 기여하면서 번성하고 있다. 초기 군산항은 세금을 곡물로 내던 시절에 세금으로 바치던 쌀을 수출하던 항구로 알려졌다. 최근에는 그런 관례가 사라졌다. 군산에는 일본인 거류민이 늘어나고 조선인 인구가 많으며 작은 중국인 커뮤니티도 있다. 그러나 수입은 외국 물품의 모조품—맨체스터 셔츠감, 중국제 한랭사, 인도의 방적사, 미국의 석유, 그리고 영국과 스웨텐의 성냥—을 포함한 일본 제조사에 한정되어 있으며 모조품 제조업자들은 이것을 만드는 데 거의 비범한 경지에 이르렀다.

개방항 중에서 가장 고립된 항구는 북동 해안의 성진항으로 원산에서 약 120마일 떨어진 함경도 지역에 있다. 항구의 개항은 1899년 5월이었다. 주로 일본인들에 의해 이루어지는 원산과의 교역은 미미하다. 금, 구리, 석탄 광산이 이 도시 가까이에 있기 때문에 발전 가능성은 있다. 주변에는 흰 화강암 채석장도 있다. 연안 어업은 일본인 거류지를 부양한다. 많은 가축들이 이 지역 시장을 위해 사육되고 있으며, 콩 농사를 위한 개간도 주변에서 이루어지고 있다. 수출품은 콩, 가죽, 생선이며 수입품은 석유, 성냥, 면제품이다. 조선인들이 일본과 직접 교역하는 일은 없다. 성진의 현재 상태는 그곳이 한때 중요한 요충지였음을 보여준다. 무너진 높은 방어용 성벽 위에는 망루와 포대가 있다. 오늘날 이처럼 형편 없는 모습으로 남아 있는 것은 시간, 가난, 방치로 인한 것이다. 조선인 인구는 얼마 되지 않는다. 배를 대는 곳은 그냥 텅 빈 정박소에 지나지 않는다. 접근이 용이하고 깊고 지지가 훌륭하다. 흘수(吃水)[8]가 10피트 되는 배는 해안 가까이에 댈 수 있다. 봄에는 안

---

8 선체(船體)가 물에 잠기는 깊이나 정도

개와 높은 풍랑이 일지만 전반적으로 기후는 원산보다는 온화하다.

항구는 북위 41도선 근처에 있으며 원산과 블라디보스토크 중 간쯤에서 거의 북동쪽을 향하고 있다. 여름이고 겨울이고 주된 풍향은 남서풍이다. 이 정도 위도에서는 보기 드문 기상이변이 생길 때에만 북동풍으로 인해 정박이 안전하지 않게 되며, 배들은 사라코(Sarako) 갑에 은신처를 제공하는 만의 북동쪽 끝으로 정박지를 옮겨야만 한다. 해변에서 200야드 정도에서는 다섯 길의 깊이가 된다. 한사리의 간만의 차는 2피트이다. 부잔교(浮棧橋)와 선박항을 건설하는 데에는 아무런 장애물이 없다. 항구가 개항했을 때 몇 채의 오두막이 마을의 전부였다. 그 이래로 250채의 가옥이 지어졌다. 가까운 장래에 성진이 상업의 중심지로서 인근에 있는 임명을 대체할 가능성은 희박하다. 외국인 커뮤니티는 일본 영사와 직원, 일본 경찰과 우체국 직원, 교장, 발송계원과 노동자들로 구성되어 있다. 캐나다 선교부 소속의 영국인 의사와 그의 가족이 그곳에 거주한다. 거류지 경계 내에 지어진 유일한 외국인 사택에는 일본 영사가 거주한다.

16장

러시아의 이권·러시아와 일본·마산포·진해·용암포

    조선에서의 러시아의 산업 활동은 정치적 계략을 위한 위장이라고 간주될 수 있다. 황제가 러시아 공사의 보호 귀빈이 된 이래로 조선에서의 러시아의 영향력은 질에 있어서 더 분명해졌다. 프랑스 자본의 도움을 받아 어느 러시아 회사는 최근에 통조림 공장을 세울 목적으로 강원도 해변의 아야진(A-ya-chin)에 목장과 목양장(sheep run)을 시작했고, 통조림 공장은 현재 건축 중이다. 이와 더불어 러시아는 경성에 유리 공장을 세웠는데 의도를 도저히 짐작할 수가 없다. 러시아는 태평양 고래어업 회사를 추진했는데, 그 회사는 조선 연안에서 무역을 하면서 탐사되지 않은 만, 수심을 모르는 정박지, 석탄 매장지, 해류 등의 귀중한 정보를 수집하고 가끔 고래도 잡는다. 그 회사에는 12척의 선박이 있다. 러시아는 프랑스가 건설 중인 철도 노선에 관심을 가지고 있지만 관여하지는 않는다. 금광은 없지만 해군 장교로 구성된 지리 탐사팀이 수년 동안 압록강 지역을 지형적으로 조사하고 있다. 러시아는 마산포에서 특정한 이권을 부여받았다. 러시아는 해군 기지로 적합한 부지의 개발권을 따내려고 노력 중이고, 압록강의 목재 벌채권을 이용하여 용암포에 자리를 잡았다. 1903년 5월에도 상업 조사팀이 경성에서 의주까지 육로로 여행했다.

러시아는 상황이 허락하는 한 되도록 빨리 만주 전신 시스템을 조선의 간선과 연결하고 있으며, 펑텐(奉天)과 의주, 블라디보스토크와 원산 사이에 전신 통신망을 구축 중이다. 이 점에서 러시아의 활동은 조선으로부터 큰 반대에 직면해왔다. 조선 정부가 전신주를 세우도록 허가를 하지 않자 러시아 엔지니어들은 기다리지 않았고, 러시아 공사인 파블로프는 전신주를 뽑는 행위는 비우호적 행위로 간주되어 두 정부 사이에 불화를 야기할 것이라고 은근히 암시했다. 그러나 조선 정부는 겁을 먹고 물러나지 않았으며, 지난 몇 달 동안 지방 관리들은 러시아인들이 세울지도 모르는 전신주를 모조리 뽑아내는 데 몰두했다. 러시아는 또한 압록강 위로 펑톈에서 단둥에 이르는 지선을 건설할 공공연한 의도를 가지고 있으며 베이징에서 의주를 거쳐 경성에 이르는 전신선을 재구축하 겠다는 제안도 했다.

또한 러시아 군사 당국이 조선을 위해 많은 훈련 교관을 파견 하면서 러시아는 조선의 군대와도 연관을 맺어왔다. 지금은 그들 이 철수했다. 왕실의 귀빈을 위한 숙소를 마련하는 일은 어느 러시 아 여성이 맡아왔다. 경성에는 러시아 주민이 거의 없다. 거기 사 는 사람들은 공사 직원, 공사 경비원, 정교회 사제, 점원 몇 명이 다. 거류지는 작지만 제물포에 주둔한 경비정과 태평양 함대의 빈 번한 방문을 통한 인상적인 볼거리로 러시아 정부의 위엄과 권위 를 높이려고 애쓴다. 이때 경비정에서는 왕실의 오락을 위해 밴드 를 파견해 공연을 하기도 한다. 조선의 개방항에 영사관을 세우자 는 제안이 최근에 제시된 적이 있었다. 결국 경성에서 파견한 영사 관이 제물포에 세워졌는데, 조선의 개방항과 만주 사이를 오가는 만주철도의 정기선에 대한 서비스와 제물포에 노중 은행의 지점을 창설하기 위해서였다.

러시아는 몇 년에 걸쳐 서서히 조선에 대해 손을 뻗어왔다. 1885년 이전에는 러시아의 극동 소유지에 2만 명 이상의 조선인이 정착했고, 1885년에는 러시아가 조선과 상무협정을 맺어 조선의 변경 지역을 러시아 무역인들에게 개방했다. 1893년에는 러시아와 조선 간의 전신 통신이 가능해졌고, 조선에 대한 러시아의 정책이 마침내 모습을 드러내는 그 시점에 중일전쟁이 선전포고되었다. 그 전쟁의 결과로 어떤 결론을 예측할 수 있을지 모르나 그 전쟁이 극동에서 러시아와 일본의 실제 운명에 광범위한 영향을 미칠 것은 분명한 일이다. 중국에 대한 러시아의 정책이 변화를 겪는 동안 다른 열강들처럼 일본도 조선을 궁극적으로 손에 넣는 것을 목표로 하게 되었다. 그러나 러시아는 현재 중국의 몰락으로 이익을 얻을 게 별로 없으며 일본은 랴오둥 반도를 차지할 만큼 강하지도, 조선을 손에 넣을 만큼 대담하지도 않다. 그럼에도 불구하고 러시아, 프랑스, 독일에 의해 랴오둥에서 쫓겨난 일본은 여전히 조선에서의 완전한 물질적, 정치적 우위를 점유할 수도 있다. 만약 그것이 일본의 정책이었다면 때가 될 때 일본은 조선의 점령을 공공연한 사실로 공포하고 영국이 이집트에서, 러시아가 만주에서 가졌던 것과 같은 논리로 무장할 수도 있다. 그러나 러시아가 교묘하고 신중하게 만주의 정복을 꾸준히 진행한 반면, 일본은 마음은 있지만 식민 확장의 위험성을 모른 채 실제 현장 밖에서 열강들과 심각한 분규를 겪으면서 조선에서는 끝없는 어려움을 야기하고 있다. 일본이 자신의 가능성을 깨닫기 전에는 왕과 왕비를 손에 넣어 정부를 좌지우지하려는 계획에 몰두했었다. 그러나 일본의 쿠데타는 제 발등을 찍는 역효과를 즉시 가져왔다. 명성황후는 계략의 희생자가 되었고, 고종은 감금을 당했지만 왕세자와 함께 러시아 공관에 피신할 수 있었다. 황제의 도피는 일본의 실패를 강조하는 결과를 가져왔고, 그 후 일본이 조선에 관해 러시아와 조약을 맺었음에도 불구하고 러시아와 일본 사이의 극동에서의 힘의 균형은 일본이 자신의 위신에 가한 충격으로 인해 결코 회복될 수 없을 것이다.

일본은 여전히 조선의 고위층에 상당한 영향력을 행사하고 있다. 그러나 일본이 점유한 최고의 위치 내에서도 반대파가 퍼뜨리는 적대적이고 은밀한 영향력으로 인해 분열이 생기고 있다. 흥미롭게도 오늘날 러시아가 점유하고 있는 위치는 1896년의 위치만큼 주도적이지는 못하다. 그러나 러시아의 영향력이 눈에 띌 정도로 공격적이지는 않다고 하더라도 훨씬 유리한 것은 사실이다. 일본은 때에 따라서 상업적인 이권을 발전시키기 위해 정치적 이슈에서 멀어진 적이 있다. 러시아는 중국의 몰락으로 밝혀진 사실, 즉 만주가 자기 손에 있으며 조선도 곧 뒤따를 것이라는 사실을 드러내는 정책을 굽히지 않고 추구해왔다.

현재 압록강에서의 러시아의 활동은 과거 원산에서의 활동과 같이 이러한 동기에서 활성화된 것이다. 러시아는 극동에서의 지배를 완결하는 곳으로 조선을 보는 반면, 일본은 섬나라 제국의 존속에 필요한 확장 사업의 당연한 결과로 간주한다. 러시아가 만주와 조선을 손에 넣고 중국에까지 그림자를 던진다는 사실은 일본으로서는 영원한 위축과 제한을 의미하는 것이다. 그러나 마찬가지로 블라디보스토크와 뤼순이라는 위치에서 볼 때 일본이 조선을 점령한다는 것은 만주 통신의 심장부를 향해 쐐기를 박는 것으로 간주될 수 있다. 따라서 러시아가 조선으로 남하할 것이라는 두려움이 일본을 흥분시킨 것처럼 그러한 행동의 필요성은 러-일 관계의 위기를 더욱더 가깝게 느껴지도록 하고 있다. 개인적인 협약과 비밀스러운 제안이 오래전에 드러나버린 파국을 향해 길을 닦아왔다. 러시아가 태평양 함대의 필요를 위해 마산포항을 강제로 사용하겠다고 했을 때, 조선에서의 러시아의 행동을 더이상 숨길 수 없음이 분명해졌다. 마산포는 이후 개방항이 되었고, 일본 정부는 즉각적으로 보복하겠다며 조선 정부를 위협하는 한편, 러시아의 계략을 교묘하게 막을 책략을 구상하고 있었다. 그러나 러시아가 조선 정부와 1900년에 맺은 마산포 조약에서 조건을 내놓기 이전에도 이 멋진 항구는 일본과 중국 정착민들의 주의를 끌었다. 따라서 지방 당국이 외국인의 유입과 항구 주변의 외국인 구역 형성을 막을 힘이 없게 되자 어쩔 수 없는 정황에 의해 항구는 개방항이 되었다. 일본의 위협 때문에 황실 정부가 얼마나 공포의 상태에 처했는가를 감안한다면 경성에 있는 교활한 러시아 외교 대표인 파블로프가 어떠한 조약이라도 이끌어내는 데 성공했다는 것 자체가 괄목할 만한 일이다. 1900년에 러시아와 조선 정부가 맺은 비밀 협약은 항구의 독립성을 보장했고, 러시아에게 마산포의 분명한 점유를 확증해주지 못하면서 마산포항과 입구 주변의 어떤 땅도 특정 외국 강대국에게 영원히 양도하거나 판매할 수 없다고 명시했다. 항구 입구에 위치한 쿠차이(Keu-chai) 섬에도 같은 조건이 적용되었다. 일본의 열정적인 행동 덕분에 이 특별한 방향으로 향한 러시아 정책의 야심이 꺾이면서 마산포에서의 러시아의 위치는 전혀 확고해지지 않았다. 러시아가 마산포와 그 주변 지역을 자신들의 뜻에 반하게 독단적으로 완전히 점령하려고 했다면 일본은 선전포고 전날이라도 러시아와 전쟁까지 불사할 작정이었다.

마산포의 현재 상황을 볼 때 그곳이 조선의 남부에서 러시아의 영향력의 중심부가 될 것 같지는 않다. 사건의 여파가 잠잠해지기 전에도 일본은 거류지를 만든다는 목적으로 마산포에 큰 부지를 요구했다. 게다가 외국인 거류지로 배정된 구역은 거의 전부 일본인들이 차지했으며, 그들은 좀더 좋은 부지에 수백 곳에 달하는 주요 상점과 가옥을 세웠다. 일본의 우체국과 전화국이 마산포에 문을 열었으며, 불편한 여관이 지친 자들의 안식을 방해하고 있다. 큰 규모의 정규 일본 경찰들이 마산포에 파견되었으며, 다음 수순은 일본인 거류지를 보호한다는 명목으로 항구 경비정과 통상적인 보병 수비대를 파견하는 것이다. 이러한 행동들은 영구 임대를 암시하며 일본인들이 러시아-조선 협약을 무력화시키려는 수법을 잘 보여준다. 마산포에서 일본의 정책 목표는 러시아인들의 권리를 가능한 한 깎아내리고, 항구에서 그들의 존재에 대해 어떤 의미도 부여하지 않으려는 것이다. 러시아인들은 이런 입장을 강경책과 무관심으로 받아들이고 있다. 그들이 하려고만 했다면 1900년 조약에 저촉되는 그 지역 일본인들의 주제넘은 행동에 대해 거듭해서 항의를 할 수 있었다.

12개월 전 마산포의 외국인 인구는 일본인 230명, 중국인 41명, 러시아인 18명, 그리고 2명의 독일인으로 구성되었다. 이 숫자는 인구 중 성인 남녀의 수만 포함하며 아이들은 제외되었다. 이 항구의 실제 러시아 인구는 남자 8명, 여자 10명, 어린이 3명이다. 일본인 인구 중에는 78명만이 여자이다. 수출입 통행은 거의 없다.

불과 6시간 떨어진 부산이 가까운 곳에 있기 때문에 이곳과 직접 교역이 필요 없는 것이다. 부산에서 일본의 증기선이 매일 오가며, 이 지역의 농작물은 조선인들의 정크선으로 운반된다. 항구 연안에서는 큰 어업이 이루어진다. 그러나 그것은 부산에서 온 일본인 어부들의 통제 하에 있다. 육지에서 이루어지는 주된 산업은 거류지를 건축하는 것과 약간의 농사이다.

마산포를 확보하려는 노력이 실패한 이후로 러시아는 조선 반도 남단에 위치한 진해 혹은 신해라고도 불리는 칭카이완(Ching-kai-wan)을 해군 기지로 임대하려고 애썼다. 이 항구의 위치는 정확히 블라디보스토크와 뤼순의 중간이다. 지리적 위치로 인해 칭카이완을 러시아가 손에 넣게 되면 마산포 사건보다 훨씬 많은 적대감의 표출이 일본인과 정부로부터 생겨날 것이 틀림없다. 당시 러시아의 목표였던 남푸(Nampu)는 마산포 조약항 경계의 20마일 밖에 있었다. 일본은 마산포의 외국인 거류지 내에 러시아 증기선 회사의 석탄 보급소를 러시아가 확보하는 것을 막을 수는 없었지만, 20마일 떨어진 곳에 러시아 해군이 쓸 토지를 증여하는 것에 대해서는 강하게 반발했다. 일본은 또한 칭카이완에 러시아 해군 기지를 세우는 것도 반대했는데, 그곳에는 조약항도 없었고, 임대가 확정될 경우 러시아만이 접근할 권리를 갖게 되기 때문이었다.

청카이완은 러시아가 조선에서 영토를 획득하지 않는다는 러시아와 중국의 이해 하에 영국이 내놓았던 해밀튼항(거문도)에서 불과 몇 시간 거리에 있다. 이 조약을 뻔뻔하게 어기고 나서 러시아가 내놓은 핑계는 그것은 중국과 맺은 계약이지 우리와 맺은 것이 아니라는 것이다. 이 사건과 관련해서 훨씬 더 놀랄 만한 일이 있는데, 그것은 몇 년 전 베이징에서 이홍장(李鴻章)이 외국의 외교 대표에게 귀띔 해준 것이다. 이홍장은 중국과 러시아 간의 계약에는 유효 기간이 10년이라는 비밀 조항이 있다는 사실을 시인했다. 다시 말하면 이 조약이 10년 동안만 유효할 것이라는 암묵적인 이해가 당시 중국과 러시아 사이에 있었음에도 불구하고 영국은 러시아가 조선 땅을 침범하지 않을 것이라는 구실로 해밀튼항에서 물러나게 되었던 것이다.

용암포에서의 러시아의 행동과 관련한 일들이 최근에 부각되었지만, 이 문제는 실제로 블라디보스토크에 있는 브리너라는 러시아 상인이 압록강과 두만강 둑에 20년 동안 나무를 심고 목재를 벌채하는 권리를 조선 정부로부터 얻어냈던 1896년으로 거슬러 올라간다. 그 이권은 5년 내에 작업이 시작되지 않을 경우 압수되도록 되어 있었다. 기간 만료가 다가오자 경성에 있는 러시아 대리인은 3년간의 연장을 신청했다. 그 당시 파블로프의 이런 요청이 거부된 것으로 보고되었으나 후에 알고 보니 이 문제를 감독하도록 조선 정부가 임명한 감독자와 용암포에 있는 회사의 이권을 담당한 조사관 사이에 다음과 같은 내용의 합의서가 작성되었다.

1. 용암포에 있는 상기 구역은 러시아 회사에 임대한다.
2. 상기 구역의 경계는 러시아 공사와 조선 정부 외무대신이 정한다.
3. 러시아 회사는 조선 정부에 토지세를 지불한다.
4. 이 구역 내의 분묘 소유주가 분묘를 이장하고자 할 때 이장 비용은 러시아 회사가 부담한다.
5. 조선인이 벌목하여 강을 따라 운반하는 목재를 회사가 사용하고자 할 때 회사는 소유주에게 정당하고 적정한 가격을 지불해야 한다.
6. 러시아 회사는 그곳에서 사용되는 것을 제외한 어떤 가축도 이 구역 내에서 사육하지 못한다.
7. 이 구역을 침범하는 조선인은 조선 법정에서 다룬다. 러시아인 침입자는 러시아 공무원이 처리한다.

이 계약서는 1903년 7월 20일에 조선인 공무원 조성협과 러시아 조사관 보지스코가 서명했다.

그러나 한편 1903년 5월 조선 정부가 이 문제에 대한 결정을 내리기 전에 의주 목사는 러시아 군대가 압록강을 건널 목적으로 단둥에 집결했다는 보고를 했다. 며칠 후 40명으로 된 분견대가 강을 건넜고, 강 한가운데 있는 작은 섬에 멈춰서 사복으로 용암포에 들어가기 위해 군복을 벗었다. 용암포에서 그들은 의주 근처의 용천으로 갔고 거기서 100명의 중국인과 80명의 조선인들을 데리고 벌목 단지를 세웠고, 2명의 조선인 직원 명의로 12에이커의 토지가 딸린 17채의 가옥을 구입했다. 조선 정부는 이러한 거류지의 존재를 즉시 반대했고, 거류지를 즉시 철수시키지 않으면 관계가 악화될 것이라고 파블로프를 위협했다. 그러나 파블로프는 1896년의 임업 협정에서 발효된 효력을 이유로 벌목 단지의 존재를 옹호했지만, 그 협정은 그 당시 재확인되지 않은 상태였다. 다음 달인 6월 초에 용천 군수는 3명의 러시아 여성, 36명의 러시아 남자, 200명의 중국인, 그리고 많은 말을 포함한 또 한 무리의 러시아인이 용암포에 도착했다고 보고했다. 이것은 7월에 3명의 여성과 60명의 남자들에 의해 보강되었는데, 이들 대부분은 총과 칼을 차고 있었고, 이들도 즉시 가옥과 토지를 구입했다.

이들의 행동은 특정한 방향을 취했다. 벌목 단지로서의 존재를 확실하게 하고, 조선 지방 관리들의 명령에 맞서는 것에 혈안이라도 된 것처럼 몇몇 사람들은 협정 자체의 조항을 위반하면서 금지된 보호지역의 나무를 계속 벌목했다. 한편 나머지 사람들도 21마일이나 되는 해안도로를 압록강에 건설하기 시작했고, 그것을 목적으로 경편철도도 놓았다. 이러한 작업 외에 더 영속성을 띠는 개발이 착수되었다. 석조 건물이 등장했고 공장이 건설되었으며 광범위한 방어 장치가 채택되었다. 압록강 지역을 차지하려는 러시아의 의도를 확인이라도 하듯이 70명의 부대가 초산(cho-san)에서, 80명으로 된 제2진이 벽동(Pyök-tong)에서 각각 강을 건넜다. 러시아인들은 이렇게 산재된 벌목 단지를 통신으로 연결하는 데 착수했고, 이것을 목적으로 의주와 용암포 사이에 전신 라인을 세웠다. 그러나 이 라인을 조선인들이 즉시 잘라버렸고, 이에 러시아인들은 용암포에서 만주까지 육지를 가로지르는 라인 대신에 용암포에서 해안을 돌아 압록강을 따라 단둥에 이르는 해저 케이블을 놓기 시작했다. 케이블 프로젝트가 중요했고 용암포의 벌목 단지와 함께 보호가 필요했으므로 러시아는 300명의 군대를 그곳에 특파할 것임을 시사했다. 8월 말인 이 시점에서 용암포의 거류지는 70명의 러시아 민간인이 거주하는 60채의 가옥으로 성장했다. 그러나 이때 경성 주재 일본 공사 하야시는 조선 정부와 러시아 목재 회사 사이의 문건을 입수했다. 이에 그는 8월 25일 조선 정부에 최후 통첩을 전달했다. 같은 날 러시아 공사는 외무부로 가서 용암포의 임차권을 허가해 달라고 촉구했다. 그의 다급한 요청에도 불구하고 외무대신은 그것이 불가능하다고 선언했다. 27일 정오에 러시아 공사는 외무부로 가서 저녁 7시까지 그곳에 머물렀지만 외무대신은 몸이 아프다며 모습을 드러내지 않았다. 러시아 공사는 앞으로 외무부를 상대하지 않을 것이며 직접 황제에게 호소하겠다고 했다. 하야시는 급송 공문을 통해 조선 정부가 러시아 정부와 그런 임차권에 서명을 할 경우 일본은 그런 행위를 조선-일본 상호 조약의 직접적인 위반으로 간주하겠다고 했다. 이런 사건이 발생할 경우 일본은 양국 간의 외교관계가 단절되는 것도 불사할 것이며, 조선 영토 전체가 세계에 개방된 것이라는 가정 하에 자신의 이권 추구를 위한 어떤 행동도 가능한 것으로 간주하겠다고 했다.

일본 공사의 발끈한 행동이 조선 정부에도 영향을 미쳐 조선 정부는 즉시 용암포 군수에게 러시아인들이 더이상 침범하지 못하도록 명령을 내렸다. 그러나 지방관리들의 노력은 아무 소용이 없었고, 9월 중순에는 용암포의 거류지 외에 용천의 거류지가 1,300명의 중국인, 70명의 러시아인이 사는 128채의 중국식 가옥과 20 개의 텐트로 불어났다. 조선의 영토를 자신들의 필요에 따라 유용하는 러시아인들의 고압적인 행동에 대한 불평이 경성에 당도하기 시작했고, 9월 13일에는 용암포와 압록강의 벌목 단지 사이에 전신선이 설치되었다는 소식이 도착했다. 이처럼 재개된 활동에 대한 정보와 함께 훨씬 더 걱정스러운 내용이 도착했다. 러시아인들이 두류(Tu-ryu) 항 근처의 고지대에 파수대를 구축했고, 야포 3개 포대를 배치할 준비를 하고 있다는 것이었다. 그러나 한편으로 10월 23일 밤에 두만강을 건너 조선 영토에 진입한 2명의 장교 휘하의 500명 러시아 중대의 움직임에 대한 반격 시위로 일본 군함이 용암포 인근의 압록강 어귀에 닻을 내렸다.

러시아 거류지의 역사에 대해 이처럼 자세히 묘사한 데 대해 독자들에게 이해를 구하고 싶지는 않다. 현대사의 하나의 장으로 내 글이 어떤 가치가 있다고는 생각하지 않지만 필자처럼 처음부터 시작해서 어떤 문제의 추이를 천천히 추적해보고 싶은 사람들이 분명히 많을 것이다. 그러므로 압록강에서의 러시아인의 행동에 대해 그런 작업을 하려고 노력했다.

17장

길가에서 · 동고개로의 내륙여행 · 내륙의 아름다움

경성의 정치 세계가 갑자기 시시해진 나는 경성에서 오래 살아온 거주자의 충고를 무시하고 보따리를 싸 조랑말, 통역관, 하인을 고용한 후 조선의 수도를 떠나 내륙의 거친 지역으로 여행을 떠났다. 내 여정은 경성에서 며칠 거리에 있는 동고개의 독일 광산으로 가는 것이었다. 경성에서의 삶에서도 빛나는 아침의 나라의 특징인 단조로움이 없는 것은 아니다. 그러나 황제의 궁궐 경내를 벗어나 수많은 유럽인 집단이 보이지도 않고 들리지도 않는 곳으로 가면 사대문 안에서 부드러운 옷을 입고 움직이는 사람들의 무리와 탁 트인 농촌의 산과 계곡의 대조는 마음을 상쾌하게 한다. 한동안 이런 경험의 즐거움은 삶이 주는 기쁨 중에서 높은 위치를 차지한다.

경성에서 나와 처음 몇 리를 갈 때를 제외하면 우리는 사람들이 많이 다니는 길을 버리고 조용한 옆길과 산길을 따라 여행하면서 마음대로 산꼭대기를 오르거나 밤, 아침, 정오의 쉬는 시간에 한적한 웅덩이의 차고 깊은 물에서 수영도 하였다. 시원한 산과 햇빛 비치는 계곡의 쾌적한 그늘에서 사람들은 나무랄 데 없는 단순한 삶을 산다. 내가 미역을 감을 때는 젊은이들과 아이들이 개울에서 나와 함께 놀았다. 조선인들은 깨끗하지 않다는 말이 있는데, 많은 경우 이들이 즐겁고 자유롭게 이런 목욕을 하는 것을 보면 거짓말인 것 같다. 내 친구와 나처럼 독일 광산으로 가는 루트를 따라 깊숙이 들어와 본 외국인은 많지 않으며, 어딜 가나 볼 수 있는 선교사들도 이런 농가까지는 와보지 않았을 것이다. 산과 강에는 이름이 없다. 마을은 작고 여관은 존재하지도 않는다. 어딜 가나 만족, 평화, 무한한 안식이 있다. 자연은 원시적인 장엄함으로 우리에게 다가오고 계곡의 고요함, 산꼭대기의 험한 아름다움, 경치의 그림 같은 야생미를 즐기지 않을 수가 없다.

며칠이 지났지만 전원의 일반적인 특징은 변하지 않았다. 덤불의 다양하고 복잡한 색조, 이어지는 산꼭대기의 다른 양상, 변화하는 계곡의 색깔 등이 변하지 않는 특징—산과 나무, 산 밑의 외딴 집들과 계곡의 급류, 깎아지른 듯한 산길과 바람 부는 고원—이 만들어 낸 단조로움을 희석시켰다. 산길을 따라 이렇게 한가롭게 걷다보면 놀라운 파노라마가 말없이 펼쳐진다. 겹겹이 쌓인 언덕들은 점점 산맥과 합쳐지고, 2000~3000피트의 산꼭대기는 자작나무, 너도밤나무, 참나무, 소나무로 바위가 박힌 얼굴을 덮은 채 푸른 하늘을 배경으로 선명하게 솟아 있다. 이 산맥 밑에 있는 계곡은 길고 좁으며 시원하고 잘 경작되어 있다. 산 밑의 급류가 거대한 바위를 넘어 시끄럽게 소용돌이치며 달려 내려가고, 용암층에서는 점점 새로운 물길을 만들어낸다. 고요한 공기는 수많은 벌레들의 소리로 시끄럽다. 늪지에서는 개구리들이 울어댄다. 오만한 까치와 천한 까마귀가 나뭇가지 사이에서 화가 난 듯 지저귄다. 낮은 언덕의 짙은 덤불에서 수꿩이 놀란 듯 날아가고, 개들은 암탉의 우리를 향하고, 암사슴은 어린 나뭇가지 사이에 있는 새끼들에게 달려간다. 조용하고 행복한 자연이 아무런 방해를 받지 않고 사치스럽고 거침이 없는 향기로운 곳에서 저절로 펼쳐진다. 길은 험했다. 그곳의 험하고 거친 아름다움에 어울리게 이곳 저곳에서 길은 호주의 오지처럼 좁은 길이 되어 숲으로 막히고 웅덩이와 바위로 끊어져 일꾼들이 길을 내기까지는 거의 지날 수 없을 정도였다.

쏟아지는 맑은 급류를 가로질러 조야한 다리가 걸려 있는데, 임시방편으로 만든 것으로 폭은 3피트 정도에 흙과 나뭇가지로 바닥을 만들어 작은 무게만 실려도 휘어지고 흔들렸다. 어떤 개울에는 다리가 없어서 작은 조랑말은 마부들이 건너편 둑까지 물을 건널 때, 기꺼이 땀이 흐르는 옆구리를 물에 적시며 첨벙거렸다. 손질하지 않은 정원에서는 야생 고사리, 나비, 꽃들이 흐드러지게 피었다. 붉은 개나리와 자주색 붓꽃은 덤불과 숲의 푸른색을 배경으로 빛났다. 나비의 아름다운 색조는 물을 댄 논에서 한가롭게 노니는 두루미와 황새의 차분한 깃털과 조화를 이루었다. 비둘기색, 핑크색, 혹은 노란색 가슴과 검은 날개를 가진 다른 새들은 시끄럽게 울며 개울에서 물고기를 잡았다. 터너(Turner)[9]의 후기 회화를 연상시키는 가장 놀라운 색조가 이 아름다운 계곡에서 눈을 즐겁게 한다. 계곡 깊은 곳에서는 산의 급류가 한가롭게 흘러가고, 시내는 수많은 방향으로 이리저리 헤맨다. 물의 양은 양쪽에 늘어선 둑을 통해 인근의 논의 필요에 따라 조절된다. 이들 논에서는 파랗고 고운 싹이 맑은 물 위로 몇 인치 막 돋아나고 있다. 여기저기서 밀밭이 물을 댄 논을 둘러싸고 있다. 귀리, 옥수수, 보리, 담

---

9 조지프 터너(Joseph Turner): 영국의 화가로 주로 수채화를 많이 그림.

배, 목화, 콩, 기장이 토양의 비옥함을 선포하듯이 계곡의 옆과 평야에 이리저리 흩어져 있다.

모든 것이 잘 자라고 있었고, 길모퉁이를 돌 때마다 들판의 일꾼들의 근면함이 그대로 드러났다. 가능한 한 농지를 최대한으로 이용하는 재주는 피요르드까지 이어지는 노르웨이의 계곡을 연상시켰다. 그곳에서는 조선에서처럼 설선에서도 경작지를 볼 수 있다. 산등성을 따라 1,000피트 혹은 1,500피트 올라온 이곳 아름다운 계곡에서는 아늑한 평지가 한적하게 자리 잡은 따뜻한 곳에서 수 에이커에 달하는 황금 같은 곡식들이 자라게 될 것이다.

길모퉁이를 돌아가면 논이나 보리, 귀리, 담배 밭에 둘러싸인 곳에 마을이 자리를 잡고 있다. 더럽고 초라한 초가집이 모여 있는 곳에 불과하지만 무한한 색다름과 아름다움이 있다. 집의 벽은 무너져 내리고 있고, 큰 나무와 서까래가 지탱하고 있다. 격자 창문에는 종이를 발랐고 문턱은 낮다. 벽에 난 구멍이 굴뚝 역할을 한다. 현관에는 개가 잠자고 있고, 벽에 매어 있는 돼지가 꽥꽥거린다. 수탉과 암탉은 어디서나 널려 있고, 가족의 변소—더럽고 냄새 나는 열린 물통인데, 집안의 할머니를 빼고는 가족 구성원 누구나 괘념치 않고 사용하는—는 베란다에 있다. 작은 마을의 외곽 근처에 작대기를 세우고 가마니를 둘러 마을의 공동 거름 구덩이를 표시하는데, 그 내용물은 적당한 때에 밭에 뿌려진다.

마을을 지나가면서 집안을 힐끗 들여다보게 되면 긴 머리를 빗는 남자, 남편의 옷을 다듬이질 하거나 숯불에 달군 다리미로 다림질하는 여자가 보인다. 10대를 겨우 넘긴 어린 아낙네의 자녀인 아이들이 벌거벗고 뛰논다. 잠시 마을은 생명력이 없어 보인다. 행렬이 시끄럽게 다가오는 소리가 들리자 어떤 아이가 밥을 퍼먹으면서 창문에서 등장한다. 한 남자도 시끄럽게 하품을 하며 일어선다. 아기 젖을 물리거나 더러운 천으로 아이를 업은 아낙네들이 잘 발달된 가슴과 씻지 않은 등을 내보이며 거리로 쏟아져 들어온다. 모두들 새로 온 손님을 무관심한 호기심으로 바라보고 있을 때, 우리는 "좋은 분들에게 많은 비가 내리기를" 하면서 비가 많이 오기를 기원한다. 그러면 그들은 그 인사에 공손히 머리를 숙이고 금세 밝은 표정이 된다. 흙투성이의 벌거벗은 쾌활한 아이들이 우리에게 꽃을 건네고 어른들이 개울에서 물을 떠서 갖다 준다.

산을 따라 꼬불꼬불 길을 가다보면 넓고 비옥하게 경작되어 햇빛에 금빛 작물이 노랗게 반짝이는 긴 계곡이 밑에 뻗어 있다. 화강암으로 된 산꼭대기는 세월과 풍상에 상한 얼굴과 전나무, 자작나무로 가려진 거친 모습으로 치솟아 있다. 고요한 공기는 소나무 향기로 가득 차 있다. 하늘은 맑고 파랗다. 멀리서 눈처럼 흰 구름이 산모퉁이를 돌아가는 곳에 희미하게 걸려 있다. 거친 모습은 산이 가장 황량하고 헐벗은 지점에서 중단되었다. 우리가 가로질러 온 넓은 계곡이 방향을 틀면서 시야가 가려졌지만 저 먼 산 그림자 밑으로 길은 뻗어 있고, 펼쳐진 풍경은 가파른 등산을 이미 보상하고도 남는다.

기와가 육중한 서까래의 지지를 받으며 지붕을 이루고, 거리도 깨끗하며, 길과 강이 똑같이 우회하는 군 소재지인 촉성(현재의 철원을 말함-옮긴이)을 지나 몇 리를 가게 되면 길가의 풍경은 더욱 인상적이 된다. 몇 마일이고 나그네를 볼 수 없다. 마을은 뚝뚝 떨어져 있다. 비옥한 골짜기는 검푸른 골짜기로 바뀌고 그곳은 경작도 하지 않는 평화롭고, 장엄하고, 사람이 살 수 없는 곳이다. 완벽한 고요함과 파노라마의 놀라운 장대함은 넋을 나가게 한다. 풍경의 변화가 없다가 천천히 말을 타고 앞으로 나아가면 길은 편안한 산사의 그늘에서 평야의 눈부신 햇빛으로 바뀐다. 더 앞으로 나아가면 논과 옥수수 밭이 물러가고 산맥이 나타나는데, 구름을 덮어 쓴 높은 봉우리는 아까부터 이미 희미하게 보였다. 다음 이틀 동안의 여행에서 길은 올라갔다가 내려가며, 산 능선을 가로질러 꾸준히 경사를 높이며 굽어 돈다.

동고개로 가는 길은 힘들었으며, 어느 날 거류지가 지척인 작은 마을에서 저녁 캠프를 차릴 이상적인 장소가 발견되었다. 그곳은 바깥 세상은 의식하지 않고 자신의 존재조차도 거의 느끼지 않고 흔들리는 숲 가운데 화강암과 점판암의 색조로 자리잡고 있었다. 이른 오후였으나 앞에 펼쳐진 길은 거칠고 바위가 많아 보였다. 우리의 말들은 지쳤고 개울은 힘들었고 우리는 젖고 춥고 배고팠다. 숲에는 그림자가 짙어지고 있었다. 다음 마을의 위치나 우리가 가고 있는 방향을 아무도 몰랐기 때문에 우리는 멈춰 섰다. 말들은 옥수수 밭에 매어놓았고, 장비, 하인들, 통역관들, 그리고 일꾼들은 우리 주위에 혼란되고 굶주린 상태로 한데 누웠다. 강이 소리를 내며 흘러가는 것을 들으면서 우리는 잠을 잤다. 산 웅덩이에서의 수영으로 활력을 찾고, 약간의 식사로 기운을 차린 우리가 위에 펼쳐진 짙은 숲을 쳐다보며 담배를 피우고 이야기하며 캠프 침대에서 쉬었던 한 시간이 그날 중 가장 좋은 시간이었다. 말없이 긴 밤을 새는 것은 엄청난 평안을 주었다. 둘러싼 산의 고요함이 휴식을 주었고, 거기다가 밤바람, 흐르는 시냇물 소리, 그리고 우리의 육체적 피곤이 더해졌다. 조랑말이 먹이를 먹는 소리는 듣기 좋았다. 별이 나오는 것을 바라보고, 달이 뜨는 것을 보고, 수초 속에서 우는 개구리 소리를 듣고, 높은 산꼭대기에서 커졌다 작아졌다 하는 어느 농부의 노래 메아리를 듣는 것도 좋았다. 그리고 마침내 모든 소리가 사라지고 우리 주변의, 우리 위와 아래의, 모든 세상이 평화롭게 잠들었다.

18장

독일 광산·광물학과 채굴 방법·곰 사냥·총과 엽총

이 지역에는 자연 활동이 활발했다. 석회석과 점판암층, 현무암 융기, 용암 바위, 길게 이어진 화강암 산들이 많이 있다. 동고개 서쪽으로는 사화산의 분화구가 있지만 광산 지역의 용암층은 거의 완전히 침식되었다. 광산이 있는 분지는 물이 풍부하고, 경작이 잘되어 있으며, 곳에 따라 사람들도 많다. 그곳은 3,000, 4,000, 5,000피트 산맥에 둘러싸여 있다. 조선은 북쪽에 산이 많고, 남쪽은 구릉지이다. 동해와 서해 사이의 분수령은 거의 동해안과 평행으로 남북으로 뻗어 있다. 어떤 의미에서 이 산맥은 반도의 중추라 할 수 있다. 분수령의 동쪽은 좁고 가파른 반면, 서쪽은 더 넓고 낮은 평야들이 있어서 농사하기에 좋다. 산의 일반적인 고도는 5,000에서 6,000피트 정도이다. 아주 북쪽의 몇몇 지점은 그보다 훨씬 더 높은 것으로 알려져 있다.

주요 광산 지역은 중심 분수령과 그보다 작은 분수령을 따라 위치해 있다. 현재 조선 광부들이 차지하고 있는 강계, 갑산, 창진과 같은 유명한 광산 지역은 평안도의 북쪽 경계를 이루는 산맥과 조선의 주된 분수령의 접점 지역에 자리 잡고 있다. 은산의 영국 광산은 주된 분수령의 북서쪽 끝에 있고, 독일 광산은 조선의 동쪽 지역의 자연스러운 구분이 이루어지는 곳에 있다. 조선에는 많은 유용한 광물들—금, 은, 납, 구리, 철, 석탄—이 분포되어 있지만 가장 큰 수확은 금이다. 1901년 조선에서 수출된 금의 총액은 1900년의 36만 3,305파운드에서 50만 9,738파운드로 뛰었다. 1902년에는 금 수출이 51만 6,961파운드에 달하면서 한층 더 증가했다. 이 숫자는 세관에 신고된 금액만을 보여준 것이다. 더 많은 양이 매년 나라 밖으로 밀수출된다.

금의 존재는 오래전부터 알려졌다. 독일의 지질학자인 크노켄하우어는 조선의 강마다 금이 존재한다고 선언했다. 지금까지는 사금이 조선인들에게 주된 수확물이었다. 광부들은 사금의 근원이 되는 광맥이 나올 때까지 산등성이를 따라서 탐색을 했다. 금이 주로 묻혀 있는 지역은 조선의 북반부이며, 그곳에 운산의 미국 광산, 은산의 영국 광산, 동고개의 독일 광산이 있다.

조선의 금의 원천은 석영 광맥에서 찾을 수 있으며, 석영 광맥은 미국 광산의 경우 특히 풍부한 수익을 낸다고 한다. 산맥의 광맥에서 씻겨 내려온 사금 침전물은 조선인들이 그동안 자유롭게 캐냈다. 더 과학적인 방법을 동원한다면 만족할 만한 생산량이 될 것이다. 동고개 광산의 경우 퇴적물이 보통의 경우보다 50피트 정도 깊게 묻혀 있어서 깊이가 최대 75피트에 달한다. 허가권은 1898년에 부여되었다. 그 허가권에 의해 계약서에 서명한 날로부터 2년 동안 길이 20마일, 폭 13마일의 구역을 선택할 수 있는 권리가 독일 회사에 부여되었고, 그 회사는 20년 동안 모든 광물을 캐내되 순이익의 25퍼센트를 조선 정부에 매년 지불하도록 되어 있다. 이 계약에 의해 거두어들인 수익은 직접적으로 왕실의 사비로 들어갔다. 영국 조합회사의 경우 2만 파운드의 금액으로 합의를 보았고, 매년 2,000파운드를 추가로 내기로 하였다.

독일인들이 광산 부지로 택한 지역은 그들이 그곳을 장악하게 된 그 시점에 사금작업이 광범위하게 이루어지고 있던 중심지였다. 조선 광부들은 새로운 개혁에 강하게 반발했고, 무력으로 독일 회사의 권리를 거부할 준비가 되어 있었다. 그러나 마침내 12개월 동안 더 일할 수 있도록 해줌으로써 광부들의 반대는 해결이 되었고, 바우어 씨가 행정 기사로 부임을 할 때에는 반발이 이미 끝난 상태였다. 이 지역은 강바닥에 이전 작업의 흔적들이 남겨져 있다. 그것은 산등성이의 광맥이 있는 몇 군데에서도 발견된다. 필요한 장비들이 없는 상황에서 그곳에서의 작업은 필연적으로 체계적일 수가 없었다. 마침내 그 광산을 포기할 수밖에 없었고, 면밀한 조사를 통한 채산성이 있는 매장량의 존재 여부도 밝히지 못했다. 철수할 당시 그 회사는 9명의 유럽인, 13명의 일본인과 중국인, 그리고 약 300명의 조선인을 고용했다.

조선의 광업은 초보적인 수준이다. 대개 사용되는 방법은 '충적 광상'과 '분쇄'와 불처리 공정이다. 이 방법에서는 옆에 좁은 계단을 파놓은 수직 갱도를 광맥이 있는 곳까지 판다. 그리고 갱도의 바닥을 나무로 채운 뒤 거기에 불을 붙여 며칠 동안 타게 한다. 달군 바위는 광부들의 투박한 도구에 쉽게 부서진다. 이 수직 갱도 바닥의 광석을 확보하려는 경쟁이 치열하다. 용감한 사람들은 갱도가 식을 때까지 기다리지 않고 내려간다. 광석은 큰 바위 사이에 넣고 분쇄하여 씻은 다음, 다시 빻아서 냄비로 인다. 그런 다음 금을 골라낸다. 최근까지는 구식이 아닌 방식으로 금을 시험하는 곳이 없었다.

조선에서의 광산업에 대한 희망이 너무 낙관적으로 부풀려졌기 때문에 투자에 관한 모든 언급은 조심해서 듣는 것이 좋다. 지금 진행 중인 여러 광산 개발 사업의 결과를 많은 관심을 가지고 기다리고 있으며, 이것은 바라건대 조선의 광산업의 가능성에 대한 신뢰할 만한 시험이 될 것이다. 미국 광산의 수입은 이 가능성이 과장된 것이 아니라는 생각을 뒷받침한다. 그러나 채굴 작업이 서구식 방법과 장비로 성공적으로 수행될 수 있을지는 아직 검증을 해보아야 한다. 조선의 금 매장은 불규칙적이며, 연속적인 것도 결코 아니다. 조선인 광부에게는 이것이 그다지 중요한 일이 아니다. 그의 복장은 기껏해야 몇 실링밖에 나가지 않으며, 그의 소유물은 상황에 따라 어떤 거리든 쉽게 옮길 수 있다. 서구식 기계를 성공적으로 설치하려면 완전히 다른 일 처리가 필요하며, 사람들은 작업이 가능한 거리 내에 투자 대비 이익을 낼 만한 충분한 광물이 매장되었다는 증거를 요구할 것이다. 영국 광산의 경우에는 이것이 아직 입증이 되지 않았다. 독일 광산의 경우 사업은 실패로 끝났다. 이 광산 산업이 성공하는 것은 조선인이나 외국인들의 입장에서 모두 바람직한 일이다. 이 사업은 적어도 수천 명의 조선인들에게 좋은 임금을 받는 안정된 직장을 제공할 것이며, 그들의 수입의 일부는 외국 상품을 구입하는 데 소비될 것이다.

동고개에 머무는 동안 하루는 험한 꼭대기를 올라가 높은 지점에 도달했는데, 그곳에서는 조선인 탐광자들이 주 광맥을 찾으려고 산의 화강암 표면에 시추를 하고 있었다. 또 다른 하루는 곰과 사슴을 찾아 산꼭대기를 가로지르며 사냥하느라 보냈다. 사냥하는 날 새벽, 날이 밝자 바우어 씨는 먼 골짜기의 습지에 있는 탐광자의 집으로 우리를 안내했고, 그곳에서 우리는 몰이꾼, 총을 든 사람들, 사냥 안내인을 만나기로 했다. 맙소사! 그 조선 사람은 일어나지를 못했다! 그가 늦게 일어나는 바람에 우리는 2시간 늦게 그의 오두막에서 출발했다. 사냥팀이 출발했을 때 해가 이미 떠올랐고, 전문 사냥꾼과 몰이꾼으로 이루어진 잡다한 수행원들이 곰이 숨어 있는 골짜기로 우리를 안내했다. 사냥꾼과 몰이꾼이 우리 각자에게 붙었고, 우리는 높은 산맥의 봉우리까지 연결된 좁은 난간을 따라 산을 가로질렀다. 우리는 아늑하고 나무가 우거진 골짜기를 무수히 오르내렸고, 마침내 사냥꾼들은 우리가 목적지에 도달하고 있다고 경고했다.

몰이꾼들은 수많은 굽이진 곳과 구석진 곳을 훑기 위해 몇 리를 우회하려고 사라졌다. 덥고, 배고프고, 목이 마른 상태에서 사냥감의 출현을 기다리면서 숲에 숨어 있느라 몇 시간을 보냈다.

처음 한 시간은 어떤 소리도 골짜기의 고요함을 깨뜨리지 않았다. 그러나 곧 숲의 나무들 사이에서 폭풍우의 흐느낌 같은 먼 신음 소리가 우리 귀에 들렸다. 이상한 소리는 구구대는 산비둘기, 쾌활 하게 재잘대는 까치에게 불안감을 야기했다. 가슴이 붉은 황새는 졸졸 흐르는 시냇물에서 우습다는 듯 우아하게 날아올라 다른 연 못을 향해 갔다. 밤의 안개가 골짜기에서 없어졌다. 이슬이 우거진 관목에서 사라졌다. 해가 떠오르고 날이 점점 더워졌다. 우리가 신 경을 곤두세우고 맞은편 골짜기를 이리저리 살피는 동안 피가 혈 관을 따라 힘차게 흘러갔다. 몰이꾼들이 올라오고 있었다. 그들의 거친 목소리에서 나오는 거센 외침이 공기 중에 터져 나왔다. 공 기는 기괴한 소음으로 진동했다. 따로 떨어진 몰이꾼이 난리를 치 면서 열정적인 불협화음을 내고 있는 골짜기 깊은 곳에서 발작적 인 아우성이 올라왔다. 양쪽 골짜기는 꼭대기까지 올라왔다가 모 든 것을 자기들 앞으로 몰아대면서 내려가기 시작하는 몰이꾼들 의 애쓰는 소리로 울려 퍼졌다. 그들은 재빨리 움직여 우리가 숨 어 있는 곳을 내려다보는 바위에 자리를 잡은 조선인 사냥꾼들과 합세했다. 우리들의 시간이 마침내 도래했다. 우리 각자는 몰이꾼 들이 허리케인 같은 소리를 마지막으로 외쳐댈 때 앞을 뚫어져라 응시하며 총을 잡았다. 우리는 지켜보며 기다렸지만 결국 곰이 오래전에 추격자들의 저지선을 뚫고 도망쳤다는 결론을 내렸다.

조선인들은 대개 사냥을 비천한 직업이라고 생각하며 사슴, 곰, 호랑이를 사냥하는 것은 조선의 젊은 사람들 사이에서는 사랑받는 스포츠가 아니다. 양반들은 아주 북쪽 지방의 빈한한 가정에 속하거나 벌이를 보충하기 위해 부업을 해야 하는 사람이 아니면 사냥을 하지 않는다. 그럼에도 불구하고 사냥은 누구나 할 수 있는 일이다. 사냥법도 없고, 무기 금지법도 없고, 보존되는 동물도 없다. 죽이는 것을 금하는 유일한 동물은 매인데, 매의 생명은 아주 엄격한 법으로 보호받고 있다. 사냥터는 산악 지역에만 국한되어 있고, 사냥꾼들은 전국적으로 특수 계층이다. 그들은 사냥감을 찾아 언제나 바삐 옮겨 다니며, 자신들이 가는 마을에서 잠시 머물면서 신세를 지고 그 대가로 마을 주민들을 맹수로부터 보호해 준다. 그들의 주된 무기는 일본에서 수입한 수발총이다. 총신에는 은이 박혀 있고 가느다란 은고리나 주석 띠로 묶여져 있다. 이 무기에는 7파운드 유산탄 탄피에 들어 있는 많은 수의 작은 탄알과 비슷한 크기의 철제 총알을 장전한다. 장약은 꼰 새끼줄 코일에서 점화되는데, 그것은 사냥 중에 계속 불을 붙인 상태로 둔다. 개머리판은 짧고 가볍다. 총을 발사할 때 이 이상한 구식 무기의 개머리판은 광대뼈로 지지한다. 우리를 따라다닌 많은 사냥꾼들의 얼굴에는 오른쪽 눈 밑에 상처가 나 있었다.

그들의 복장은 독특했고, 그들은 대담하고, 겁 없고, 독립적인 거동으로 더욱 눈에 띄었다. 그들은 청색 캔버스 천으로 된 셔츠를 유니폼으로 입었고, 거기에 청색이나 녹색의 면 터번을 둘렀는데, 그것은 머리칼과 함께 두 번 감아서 너덜너덜한 끝이 이마 쪽에 늘어지게 했다. 이 두건에는 여러 색깔의 구슬을 박았고, 비슷한 구슬로 된 목걸이를 목에 걸었다. 종자콩으로 만든 고리를 가슴에 늘어뜨렸으며 거기에 직업상 필요한 신기한 도구들을 매달았다. 사냥꾼들은 아주 교묘하게 여러 가지 새와 동물의 소리를 흉내 냈는데, 특히 암꿩을 부르는 수꿩의 소리와 암사슴이 새끼를 부르는 소리를 잘 냈다. 꿩 소리는 6페니 동전 크기의 쇠 원반으로 냈다. 그것은 살구씨를 닮았고 구멍을 뚫었다. 사슴의 미끼는 갈라진 대나무 가지로 만들었다.

새 사냥꾼들은 사냥감의 날개를 절대 쏘지 않는다. 그들은 가죽이나 깃털로 위장을 하고 엄폐가 잘된 유리한 위치에서 사냥감을 잡는다. 사슴은 6월과 7월에 사냥한다. 사냥꾼들은 작은 무리로 나뉘어 먹이가 사정거리에 들어올 때까지 며칠 동안 산을 훑고 다닌다. 녹용은 조선의 한의사에게 판매되거나 중국과 일본으로 수출된다. 사냥꾼들이 곰을 사냥할 때는 총격의 효과가 확실해질

거리까지 사격을 미룰 정도로 유난히 세심한 주의를 기울인다. 곰의 여러 부위는 상당한 수익을 가져다준다. 가죽, 고기, 내장에서 나오는 수익금 외에도 특별한 의학적 성분이 있다고 생각되는 힘줄과 쓸개는 거의 은의 무게로 팔린다. 시암(Siam)에서 흰 코끼리, 이집트에서 낙타, 미국에서 들소의 경우처럼 조선이라고 하면 연상되는 왕족급의 네발 동물은 호랑이다. 열대 정글을 좋아하는 인도 호랑이와 달리 이 동물은 북위 50도의 먼 북쪽의 숲과 눈 속에서 발견된다. 조선인의 마음에 호랑이는 사나움, 용맹함, 영광의 상징이다. 호랑이 사냥꾼들은 이 고결한 사냥감을 우습게 보는 척하면서 가끔 훈련된 개들의 도움을 받아 창이나 짧은 칼을 가지고 단신으로 공격하기도 한다. 호랑이는 꼬챙이를 가득 채우고 흙과 덤불로 덮은 구덩이에서 가끔 잡힌다. 이런 상태에서는 호랑이를 죽이기가 쉽다. 사냥꾼들은 고기는 먹고 가죽과 뼈는 판매한다.

호랑이 사냥꾼들은 유난히 용감하다. 가끔 정부에서는 나라를 방어하는 데 그들의 봉사를 요구하기도 한다. 화승총, 창, 칼로 무장한 그들은 1866년에 로즈 제독이 이끄는 프랑스 함대를 무찔렀고, 1871년에는 미국인의 진격을 영웅적으로 막아냈다. 1901년에 그들은 만주 산적들의 침입으로부터 북쪽 국경을 지키기 위해 소집되었다.

19장

금강산의 승려와 절들·영안사(Temple of the Eternal Rest)
불목사(Temple of the Tree of Buddha)·불교

독일 광산과 금강산 사이의 지역에는 사냥감이 넘쳐나며 우리
가 유명한 장안사로 서서히 이동하는 동안 새와 사슴을 잡으려고
짧게 길을 멈춘 일이 여러 번 있었다. 불행하게도 사슴은 우리를
피해갔고, 꿩들이 숨어 있는 울창한 숲에서 꿩들을 쫓아내기도 거
의 불가능해졌다. 그러나 산비둘기 사냥은 재미를 보았다. 조선인
사냥꾼들은 우리와 어느 정도 거리를 두었고, 해금강 너머부터는
그들은 산 깊숙이 서쪽을 향했고, 우리는 북동쪽으로 계속 갔다.

조선을 여행하면서 겪는 고생은 우리가 길을 가면서 겪은 어려움이 잘 예시해준다. 그러나 그 어려움은 우리가 정확한 길을 몰라 가중되었다. 동고개에서 고승들의 사찰까지 산을 가로지르려면 길을 정확히 아는 것이 필요했다. 도치돌(To-chi-dol) 마을 주민들은 우리 마부들에게 말을 끌고 단발령을 넘는 것의 어려움에 대해 경고했다. 단발령은 외부 세계와 금강산의 첫번째 사찰의 고요함을 갈라놓는 아직 극복되지 않은 장벽이었다. 우리가 막대기로 명령을 강요하기 전까지 마부들은 거의 여행을 포기할 기분이었다. 그들의 반대는 잠시뿐이었다. 약간 화가 난 상태에서 평상시의 평정과 경쾌한 기분으로 되돌아가는 것은 즉각적이었다. 그들은 지치지 않는 에너지와 인내심으로 작은 조랑말이 나무 덤불이나 바위 무더기 사이를 지나 가파른 산을 오르도록 독려했다. 우리는 계곡의 말라버린 개울물 길을 따라 점진적으로 올라갔다. 산은 험했고 너무나 가팔라서 짐들이 조랑말의 등에서 미끄러져 내렸다. 여덟 마리의 짐승이 산을 오르는 데는 꼬박 여덟 시간이 걸렸다.

산꼭대기의 바위틈에 성황당이 있는 곳에서 아래로 내려오는 것은 덜 힘들었다. 마부들은 덤불에서 뽑은 푸른 담쟁이로 새끼를 꼬아서 보따리 주위에 둘렀다. 그들은 조랑말 뒤에서 걸으면서 이

밧줄을 잡으며 짐승들을 지지했고, 짐과 불편한 안장이 올라올 때의 과정을 역전시키지 않도록 했다. 그럼에도 우리가 가는 길에는 짐에서 떨어진 조각들이 널렸다. 그러나 이런 장치는 비교적 효과가 있어서 대개는 작은 말들이 큰 어려움 없이 시원한 푸른 숲길을 걸어갔다. 산등성이는 수많은 식물들로 향기로웠고 참나무, 산사나무, 밤나무, 자작나무, 소나무가 멋지게 우거져서 자라고 있었다. 들장미, 점이 있는 나리꽃, 자주색 난이 이끼를 장식했다. 숲 지대의 움푹 파인 곳 너머에는 날카로운 산맥의 무너진 등허리가 하늘로 몸을 일으키며 5,000피트 높이로 말없이 치솟아 자랑스러운 봉우리를 구름 속에 감추었다. 계곡 아래에는 화강암 절벽이 시끄러운 강 앞에 침투할 수 없는 장벽을 이루고 있었다. 강은 장마가 오기 전까지는 넓은 강바닥에 은빛 물방울이 떨어지는 정도가 된다.

우리의 여정은 강바닥을 건너 산중으로, 장안사로 하루를 더 들어가는 것이었다. 단발령을 넘은 후에 우리는 갈가니(Kal-kan-i)에서 쉬면서 지체했다. 다음날 아침 여명에 좁은 계곡을 숨겨 놓고 있는 산의 정상에 해가 다다랐을 때, 우리는 각비령을 따라 움직였고 그 골짜기를 가로지르는 것이 우리 여정의 마지막이었다. 우리는 피곤한 순례자의 마지막 고향에 다가가고 있었다. 산들이 갈라진 사이로 사찰의 깊은 곡선의 지붕이 보였다. 공기는 기분 좋은 풍경 소리로 울렸고, 길가 사당에서는 달콤한 향내가 소나무 향기와 섞였다. 이 영혼의 휴식처가 주는 차분함과 한적함 자체가 위로가 되었다. 왕실의 보호를 나타내는 붉은 문 밑을 지날 때 그곳의 평화로운 부드러움이 이 불교 사원이 주는 위안과 보호에 이끌리게 했다.

금강산에는 34개의 사찰과 암자가 있으며, 300명의 승려와 60명의 비구니가 관리하고 있다. 장안사는 가장 오래되었으며 몇 세대에 걸쳐 존재해왔다. 서기 515년 신라의 보평왕 시기에는 율사와 진교라는 두 명의 승려에 의해 복원되었다. 이처럼 낭만적인 위치와 수려한 경관을 자랑하는 사찰로는 장안사와 함께 서쪽 능선에 위치한 표은사가 있고, 동쪽 능선에는 유점사와 신계사가 있다. 이 절들은 중요성이 떨어지는 다른 30여개의 절과 함께 조선인들에게 깊은 관심과 열정을 불러일으키며, 조선인들 중 많은 사람들은 절을 방문하기 위해 몇 번이고 금강산을 여행하는 어려움과 피곤함을 마다하지 않는다.

4개의 주요 사찰은 170명의 승려와 30명의 비구니가 섬기고 있다. 장안사의 대웅전은 높이가 48피트가 되는 가장 큰 건물로서 동양의 여행객들이 곧 익숙해지게 되는 타입이다. 목재 구조는 직사각형이며, 깊은 곡선의 풍부한 조각이 새겨진 두 개의 지붕이 있고, 무거운 기와지붕은 원주가 3피트 되는 티크 기둥에 의해 지지되고 있다. 금강석으로 깎은 문의 패널은 창문 역할을 하면서 금으로 장식되어 있고, 높은 천장은 풍부한 디자인으로 조각되어 있으며, 화려한 도금과 청색, 붉은색, 초록색, 황금색으로 밝은 칠이 되어 있다. 화강암 계단은 사찰로 연결된다. 중심 대들보와 건물 전체를 지탱하는 기둥은 이 화강암의 둥근 판 위에 놓여 있다.

이 건물의 내벽에는 불교 경전의 사도인 가우타마[10]의 생애의 장면들이 그려져 있다. 도금한 불상은 황금으로 된 과거와 미래의 일곱 신들의 중심이자 거룩한 석가모니의 화신이며, 신자들은 그가 미래에 출현할 것을 기대한다. 더럽고 먼지 묻고 색이 바랜 브로케이드(brocade) 커버 위에는 동으로 된 향로와 촛대, 한문과 조선어로 된 예불 대본이 놓여 제단의 전면을 장식한다. 이 높은 제단 앞에서는 거대한 실내의 희미한 종교적인 빛 가운데 놀랍도록 인상적이고 신령한 모습의 한 승려가 끊임없이 절을 하고 나무아미타불을 단조롭게 외우면서 깊은 경배, 기도, 낭송을 하는 데 밤이고 낮이고 몇 시간을 보낸다. 이때의 표현은 티베트 말을 소리 나는 대로 외우

---

10 석가의 처음 이름

는 것으로 그 말의 의미는 주지스님 자신도 설명할 수 없다. 한문으로 옮겨 적었을 때에도 이해할 수 없는 것은 마찬가지이다.

이 특별한 사찰의 다른 절들은 미덕의 집, 4명의 현인, 10명의 판관에게 헌정된 것이다. 이 건축물 내엔 석가모니와 그의 제자들이 각각 형언할 수 없는 추상적인 태도로 앉아서 마귀와 끔찍한 동물, 사악한 사람들에게 후세에 주어지는 고통을 명상하고 있다. 장안사의 많은 건물들은 최근에 복원된 것이다. 사찰은 깨끗하고 흠이 없으며, 절 전체가 그것을 유지하는 데 얼마나 공을 들였는지 잘 보여주고 있다.

좀더 중요한 절들 외에도 숲속 구석에 자리 잡은 작은 암자들도 있다. 좀더 중요한 종교적인 수행을 하는 장소, 종과 서판 보관소, 수많은 방문객들의 말을 보관하는 마구간, 비구니 숙소, 주지와 스님들의 관사도 있다. 거기다 승려들의 방과 하인들의 숙소도 있다. 과부, 고아, 가난한 자들, 장애자들, 맹인들을 위한 시설도 있고, 노인과 버림 받은 사람들을 위해 승려들이 잠자리를 제공하고 보호해주기도 한다. 이 절에는 주지 외에도 20명의 남자, 수행자, 승려와 수련승, 소녀에서 주름진 할머니에 이르는 다양한 나이의 비구니 10명도 있었다.

부지 임대료와 수익금, 순례자와 방문객의 헌금, 부유한 사람들이 가끔 내는 기부금, 탁발승의 모금 등이 사찰의 수입원이다. 탁발승들은 불경을 외우며 집집마다 다니고, 길가에서 잠자리를 얻거나 전국을 돌아다니며 빈약한 시주를 받는다. 4개의 큰 사찰은 그 지역의 신도 중 한 사람이 운영을 책임지며, 그는 매년 선출을 통해 그 직책에 오른다. 그의 행동이 불만을 야기하지 않는 한 그는 사망하거나 불교 활동의 다른 센터로 전직할 때까지 그 직을 유지한다. 우리 교회의 의식과 계율이 전 세계 기독교의 교의를 따르듯이 금강산 사찰들도 불교의 원칙들을 따른다.

금강산 사찰에 대해 어느 미국 선교사회의 회원이 제기한 방탕함과 불경함에 대한 비난에 관해 나는 솔직히 그 진실의 근거를 찾아보기 힘들다. 이 경내의 한적함 속에서 몇 주를 보내고 난 후 나는 승려들이 불행과 고통의 시기에 그들을 찾아오는 모든 사람들에게 그러하듯이 가난한 자와 고통 받는 자, 배고픈 자와 심한 어려움에 처한 자에게 보여주었던 선행―진정으로 기독교적이라 할 수 있는 자비―을 기억하고 싶다. 그들이 불경을 암기해서 외운다고 한들, 그들의 학문이 깊지 않다고 한들, 그들이 수많은 시간을 보내는 많은 것들의 의미를 모른다고 한들, 이런 것들은 그들의 심오한 인간미, 숨 쉬는 모든 것에 대한 자애로움, 늙고 궁핍한 사람들에 대한 자비, 그들의 엄청난 겸손함, 놀라운 관용, 삶의 고요함과 극도의 소박함, 인류애적인 관심에 비하면 너무나 사소한 것들이 아닌가?

유점사는 온통 평화롭고 고요하다. 그것은 외부 세계와의 모든 인연을 끊고 동쪽 산맥 깊숙이 숲이 우거진 골짜기에 자리 잡고 있다. 그곳은 자급자족하고 있으며, 존재 자체가 깊은 헌신을 바치는 신앙의 신비 속에 싸여 있다. 장안사 계곡처럼 포효하며 내려가는 그런 급류도 없다. 우거진 수풀의 후미진 곳에서는 바위틈에서 솟아나는 물줄기가 나직하게 졸졸 흐르는 소리를 내고 있을 뿐이다. 이곳의 외양은 이상할 정도로 경건하며 그곳에 모인 승려들의 일상생활에 영향을 미쳐 그들에게 극도의 금욕주의적인 삶을 살도록 한다. 피곤한 영혼에게 커다란 위안을 주는 휴식과 은둔의 분위기가 그곳 전체에 깃들어 있다.

금강산 내에 있는 34곳의 불교 사찰 가운데서 가장 웅장한 것이 유점사이다. 그곳은 장안사 골짜기의 바위 길을 오른 후 4,215피트 되는 안만재를 통해 분수령을 가로지름으로써 금강산의 서쪽에서 접근할 수 있다. 하산은 깊은 숲속의 거칠고 아름다운 길을 따라 산맥의 동쪽에 사찰들이 모여 있는 곳으로 할 수 있다. 장안사로부터 약간 우회하여 갈 수 있는 좀더 쉬운 길은 높이가 3,700피트인 부티정(Pu-ti-chong) 재를 통하는 것이다. 숲속을 몇 마일 꼬불꼬불 간 후 사찰 문으로 통하는 길로 바로 연결된다. 모든 길은 장안사에서 출발하며 동쪽 비탈에 있는 절을 방문하고자 하는 사람은 누구든지 산을 가로질러야 한다. 어떤 길로 가더라도 8시간 이내에 주파할 수 있다. 장안사 급류 바닥이 위험하기 때문에 이 길을 말이 건너기는 불가능하다. 가벼운 짐을 실은 조랑말은 부티 정을 넘을 수 있다. 인부를 고용하는 것이 좋으며 한 사람 당 조선 화폐로 1냥 정도 든다.

유점사의 절들은 장안사와 매우 비슷하다. 그러나 사찰의 수가 훨씬 많고 시설도 화려하다. 대웅전 앞 계단에는 작은 화강암 탑이 있는데, 우아한 자태가 유점사의 주된 건축물들이 인접한 널찍한 경내에 품위를 부여한다. 대웅전의 제단은 독특한 목재 조각이 장식하고 있다. 뒤집어 놓은 나무뿌리 위에는 53개의 작은 불상이 앉거나 서 있다. 스님들은 이 독특한 구조물에 대한 오래된 전설을 말해준다. 수세기 전에 부처의 가르침을 이 오래된 땅에 전하러 인도에서 온 53명의 대사들이 그늘진 나무 밑에 있는 우물 옆에 앉았다. 세 마리 용이 우물에서 즉시 나와 53명을 공격했고, 바람의 용에게 도움을 청하자 그 용은 나무뿌리를 뽑아 버렸다. 싸움이 계속되는 가운데 대사들은 나무뿌리 하나하나에 부처의 상을 놓았고, 뿌리 전체를 제단으로 변환시키자 그 힘 때문에 용들은 움푹 파인 구멍 속으로 쫓겨 들어갔고 커다란 바위가 구멍을 덮쳐 그것을 막아 버렸다. 승려들은 그때 절을 창건했고, 쫓겨간 용의 흔적 위에다 대웅전을 지었다. 환상적인 제단의 양쪽에는 높이와 길이가 몇 피트에 달하는 연잎을 디자인했다. 대웅전의 중심을 장식하는 금과 보석을 박은 거대한 불상의 발에는 엄청난 크기와, 무게와, 오랜 역사를 지닌 거대한 구리 그릇이 몇 개 있다. 그리고 휘장 역할을 하는 청색과 홍색의 비단 거즈 커튼이 지붕의 거대한 서까래에서 늘어져 있다.

조선의 사찰에서 볼 수 있는 불상들은 아시아 전역의 불교 사원에서 볼 수 있으며, 가장 으뜸이 되고 중심이 되는 불상은 석가모니 상이다. 이러한 신전의 중심인물을 조각하고 예술적으로 발전시키는 데에는 인도, 시암, 티베트, 몽고의 전통에서 벗어나는 것이 거의 없다. 현자는 발바닥을 얼굴 쪽으로 치켜들고 가부좌를 하고 있다. 그의 손바닥과 손가락은 합장하고 있다. 눈은 약간 찢어졌고 귓불은 약간 둥글다. 옥좌는 영원의 상징인 연꽃의 열린 꽃받침으로 되어 있다. 불목사(Temple of the Tree of Buddha)에 있는 불상의 광채는 특히 눈에 띈다. 제단으로부터 묵직한 빛이 어떤 영적인 불빛처럼 거대한 방의 희미한 빛 속으로 흘러가는 것도 대단하다. 지존불의 집(House of the Ever-Supreme Lord)

에서는 예불이 끊이지 않는데, 주재하는 승려들이 차례로 제사와 기도를 드리기 때문이다. 어느 승려가 혼자서 가장 거룩한 제단 앞에 있는 지존불에게 용서의 은혜를 구하는 모습은 가장 엄숙한 순간 중 하나이다. 불경을 외우는 소리가 법당의 커다란 공간에 커졌다 작아졌다 하면서 승려가 열정적인 자포자기의 절망감으로 몸을 흔들 때의 그 모습은 이상하게 동정과 감동을 자아낸다. 예불은 그가 눈부신 부처 앞에 무릎을 꿇고 얼굴을 바닥에 대는 순간 그가 들고 있는 종 치는 소리로 시작된다.

유점사에서 낮과 밤의 가장 중요한 예불은 구리로 된 거대한 종의 울림—14세기의 화려한 작품—과 지름이 몇 피트 되는 둥근 대북의 소리가 함께 한다. 두 악기는 경내에 각각의 탑에 모셔져 있다. 작은 예불 때는 승려들이 절을 할 때 사슴의 뿔로 계속 두드리는 작은 구리종의 찢어지는 소리가 함께 한다. 연화사에는 거대한 불상이 유리 스크린 뒤에 인자한 태도로 앉아서 충실한 신자들의 경건한 예불과 헌신을 엄숙하게 굽어본다. 이 제단은 쑥 들어가 있고 전체 불당이 유리판으로 보호를 받고 있어서 축복을 위해 제단에 바치는 쌀 시주는 유리 밖에서 하게 된다. 유점사에 있는 절과 암자 중에는 영생전, 수월전, 능인전이 있다. 유점사에는 승려가 50명, 비구니가 12명, 아직 입문하지 않은 동자승이 8명 있다. 이 절에 사는 많은 동자승들은 아주 어린다. 어떤 아이들은 아주 어릴 때 부모님이 데려왔고, 또 다른 애들은 불교 신자들의 자비로 그곳에 있게 되어 절의 예불에 헌신한다. 이 동자승들은 아주 똑똑해 보인다. 그들은 몇 가지 불경과 기도만 배우는데, 그것들을 쉽게 익힌다. 동자승들은 깨끗하고 잘 먹는다. 승려들은 깨끗하긴 하지만 식사를 아주 적게 한다. 그들의 보잘것없는 식사는 밥과 절인 채소, 꿀로 뭉친 잣강정, 쌀강정이 전부이다. 아무리 값진 진미라도 곧 입맛을 잃게 된다. 겨우 연명하느라 이들의 몸과 얼굴에는 쇠약한 표시가 눈에 띈다. 이 사찰에 매력을 느끼고 온 비구니들 중에는 종교적인 동기에서 들어온 사람도 많이 있고, 세상에 아무 연고가 없어 이곳에서 생을 보내는 것이 편리하다고 생각하는 사람도 있다. 그러나 두 부류 어느 누구도 승려들의 종교적인 예배 의식에 범접하지 못하며, 자신들만의 세계에서 함께 지내면서 완전히 따로 산다.

오늘날 조선의 주요 종교는 불교, 유교, 무속이다. 고대 중국과 일본 작가들, 초기 예수회 선교사들의 글은 옛날부터 귀신과 악마에 대한 숭배가 국가적 신앙의 기초였음을 증명하는 경향이 있다. 산신령은 지금도 가장 널리 믿는 신이다. 하늘과 땅의 신령, 공기와 새벽별의 보이지 않는 세력들, 산과 강의 수호 신령, 땅과 곡식의 수호신에 대한 숭배는 너무나 오랫동안 지켜져 왔기 때문에 불교가 이 땅에 수세기 동안 존재해왔고, 유교의 영향이 있었음에도 불구하고 대중들의 실제 숭배 행위는 그다지 큰 변화를 겪지 않았다. 이처럼 하류층은 귀신 숭배 쪽으로 널리 쏠려 있지만, 15세기부터는 공자의 철학이 조선에서 공식적이고 널리 유행하는 신념이 되었다. 처음에는 소수가 믿었다가 점차 민중에 의해 흡수된 어떤 종교가 너무나 확고하게 자리를 잡았다고 스스로 생각이 들면 주장의 편협함, 불관용, 다른 종교를 박해하는 악독함을 통해 우월함을 강조하는 경향이 있는데, 유교는 중기에 바로 이런 지경에 이르렀다. 유교는 이제 한반도 전체에 퍼졌다. 깨우친 자의 종교가 득세하던 4세기에서 14세기까지는 배운 사람들만이 그것을 연구하고 실천했다. 불교는 반도의 남반부만을 지배했고, 유교의 가르침을 대적할 수 없었던 제국의 북부에는 단지 부분적으로만 영향을 미쳤다. 그러나 불교는 발전 과정에서 조선의 국사(國事)에 강력한 영향력을 행사했고, 그것은 지난 왕조 말까지 계속되었다. 승려들의 힘은 한때 조정을 휘둘렀고 군주의 명령을 무효화하기도 했다. 불교가 처음 우위를 점하던 기간에는 조선의 교육에서 가장 강력하고 무서운 요인이 되었다. 불교는 무제한적이고 거칠 것 없는 힘을 휘두르는 한편, 그 시기의 정치적이고 사회적인 변혁을 인도했다. 조선에서는 불교의 가르침에 대해 아직도 큰 존경심을 표한다. 여전히 새로운 사찰들이 건축 중에 있다. 이것은 서양 선교사들의 활동을 저지하기 위한 조선과 일본 승려들의 공동 대응인 셈이다. 황제는 언제나 이 신앙의 전파에 관심을 보여 왔으며, 귀빈 엄씨와 함께 도성 외곽에 황폐한 사찰들의 복원에 많은 돈을 희사해왔다. 모든 것을 고려할 때 불교가 이 작은 왕국의 역사에 남긴 흔적은 너무나 커서 공자의 가르침의 순전히 윤리적인 성격을 인정하기는 하더라도 조선은 여전히 불교 국가로 분류해야 할 것이다.

20장

혐오스러운 황폐함 · 조선을 가로질러 · 동해안 · 어업과 쓰레기

　유점사와 장안사 승려들의 평화, 경건함, 숭고한 열심은 신계사의 형편과 놀랄 만한 대조를 보인다. 유점사의 장대함, 장안사의 자비로운 인자함은 금강산의 소외된 외딴 곳에서 부처를 섬기는 일에 삶을 헌신한 사람들에 대한 진심어린 감사와 관용의 감정을 불러일으킨다. 그러나 금강산의 남동쪽에 위치한 사찰이 보여주는 광경은 분명한 어떤 악의 존재를 보여준다. 다행스럽게도 이것이 이 지역의 더 중요한 불교 중심지를 훼손하지는 않는다. 무질서를 가져온 것은 시간만이 아니다. 그림 같은 곳의 폐허에 위엄과 매력

이 있었다면 물리적인 손상은 그렇게 슬프지만은 않았을 것이다. 이곳 승려들의 말투는 완전히 다르다. 모든 게 방치되었으며 모두가 무관심하다. 깨진 기와의 조각이 건물 주위에 널려 있다. 부주의와 방치의 자연적인 결과인 먼지와 흙이 그들을 더럽히고 있다. 숭배의 정신이 결여되어 있다. 풍경이 완전히 바뀌었다.

신계사는 작은 절이다. 어쩌면 신계사의 건축물들은 우아함과 아름다움에 있어서 유점사의 그것들과 비교되어 본 적도 없을 것이다. 그러나 경내의 무질서와 방치, 예불 의식의 나태함은 결코 용서가 될 수 없다. 금강산의 심장부에 위치한 다른 절들과 이 절 사이에는 공통점이 전혀 없는 것 같다. 인간에 대한 사랑이 너무나 인상적이었던 연로하신 유점사 주지의 근엄한 위엄은 찾아보려야 찾을 수 없다. 그의 행동을 지배하던 배려, 공손함, 헌신의 원칙은 슬프게도 신계사에 속한 주지, 대사, 승려들에게서는 볼 수가 없다. 대조는 실로 엄청난 것이다. 가장 고통스러운 감정은 번성하던 사찰의 몰락에서 느낄 수 있는 감정이다. 분노와 슬픔이 영혼을 가득 채운다. 절을 넘어 밑에 있는 계곡의 평화와 아름다움을 보노라면 마치 혐오의 땅에서 또 다른 좋은 세상을 건너다보는 것 같다. 빛이 바랜 과거의 뼈대만이 남아 있으며, 우리는 그 조직을 원래의 모습으로 되돌릴 힘을 간절히 열망하게 된다.

위치상으로 신계사는 자연의 정신을 일부 취한 것 같다. 이러한 황폐 속에서도 뭔가 위안을 찾을 수 있다면 그것은 계곡을 타고 오르며 치솟은 험준한 산의 야성적 아름다움이다. 그 산의 화강암으로 된 얼굴 너머에는 바깥세상의 시련과 고통이 있다. 일단 산의 회색빛 품안에 안기게 되면 삶의 작은 아이러니는 사라진다. 원시림이 산맥의 깊은 골짜기를 장식하고 있다. 야생화가 자라고 있는 개활지로부터는 색채의 홍수가 밀려오고, 숲속 나뭇잎은 초록색을 무한한 다양함으로 보여준다. 깊은 숲의 꼬불꼬불한 길을 따라가다 보면 탁 트인 부지 중심에 뭄사암(Mum-sa-am)이 있다. 이 암자는 신계사 소속의 20명의 비구니들의 거처이다. 그들의 삶에 대해서는 전혀 모르지만 절간의 상태와 주변의 무질서와 조야함으로 미루어 볼 때 그들 또한 낮은 곳의 사찰에 사는 60명의 대사, 승려, 동자승만큼이나 부처의 가르침에서 큰 깨달음을 얻거나, 주변 경치에서 만족감을 얻는 것 같지는 않다.

금강산의 더 중요한 사찰에서 보낸 우리의 날들은 큰일이 없이 지나갔다. 손님들의 편안함을 위해 스님들이 애쓰며 보살피는 노력들은 매 시간 볼 수 있었으며, 그들은 기회가 있을 때마다 친절한 주의를 우리에게 기울였다. 우리가 즐기도록 시원하고 높은 구역이 할애되었다. 사찰의 모든 자원도 우리가 마음대로 쓸 수 있었다. 장안사의 주지스님은 우리의 간식으로 꿀물과 잣강정을 준비했다. 매일 아침 꿀, 밥, 밀가루, 그리고 신선한 채소 꾸러미가 식탁에 올라왔다. 이 소박한 사람들은 우리의 편안함에 도움이 된다고 생각되면 그 어떤 일이라도 하지 않고 지나가는 법이 없었다. 철철 흐르는 계곡물 웅덩이는 우리가 사용하도록 예비되었다. 저녁의 시원한 바람이 한낮의 더위를 식히고 난 다음, 우리는 미역을 감으러 나갔고 주지스님은 우리가 웅덩이에서 방해받지 않고 놀도록 자발적으로 배려해주었다.

장안사에서 우리가 머물면서 사용한 절당에는 삼부처 제단이 있었다. 건물은 넓고 웅장했다. 넓은 베란다가 삥 둘러 있었고, 티크로 된 기둥이 육중한 지붕을 떠받쳤다. 부처 생애의 사건들을 그린 두루마리와 우화적인 그림이 벽을 장식했다. 바닥에는 장판이 깔려 있었다. 화려한 수를 놓은 비단 천, 작은 매트, 동으로 된 향로와 촛대가 제단을 장식했고, 중앙에는 삼존불의 거대한 불상이 있었다. 매일 저녁 일몰 때 이 절당을 관장하는 승려들은 제단에 밥, 꿀, 잣강정을 놓고 작은 등잔과 촛불을 밝혔다. 항상 기도를 하는 것도 아니었고, 예불이 항상 같은 것도 아니었으며, 특별한 의식의 성격에 따라 밤마다 참석하는 승려의 수도 달랐다. 예불이 끝나면 많은 스님들이 우리 거처로 와서 흥미로운 것을 구경하였는데. 그들은 주로 부엌 주변에 모였다. 그들은 통역관이 요리하는 것을 돕기도 하고, 그의 요리를 맛보기도 했다. 그들은 부엌의 조리 기구들과 여행용 칼을 놀라서 만져보았다. 점점 친숙해져서 어느 정도 친밀함이 생기면 승려들은 자신들의 염주와 시주그릇을 우리에게 보여주었고, 절을 찍은 사진과 자신들의 책을 교환하자고 했다. 카메라의 정교함을 보고 그들은 즐거워했고, 스포츠 라이플의 겉모양은 그들의 가슴에 놀라움을 자아냈으며, 그들은 내 야전 침대에서 흔들거리는 것을 결코 싫증내지 않았다.

장안사에서 유점사로 거처를 옮기기 전까지 우리의 필요를 사려 깊게 배려해준 많은 친절한 행동과 끊임없는 표현으로 인해 승려들과 우리 사이에는 금세 친분이 두터워졌다. 그들은 자신들의 질병에 대해 우리에게 자문을 구했는데, 대개 급체나 간헐적인 설사 형태를 띠는 것이었다. 내가 가진 약품은 키니네 정 몇 알과 한 병의 과일 소금에 불과했다. 그들은 어떤 처방이든 감사한 마음으로 받았다. 하지만 그들이 그 후에도 우리의 거처에 호의를 가진 방문객으로 들락거리기는 했지만, 치료에 대한 후보자로 자신을 다시 내세우는 경우는 거의 없었다. 우리가 떠날 때가 되자 작은 선물들이 여러 개 우리에게 안겨졌다. 또한 우리는 사찰에 비용을 얼마를 내야할지 한동안 도무지 알 수가 없었다. 마침내 통역관의 설득이 먹혀들었다. 우리가 계산된 금액에다 사찰기금으로 몇 달러를 더 얹어 주자 우리의 작은 선물에 그들이 너무나 큰 감사와 은혜의 표현을 하여서 우리가 그들에게 환대와 친절을 베푼 것처럼 거의 착각할 뻔했다.

유점사에서의 숙소도 우리가 장안사에서 묵었던 숙소보다 전혀 못하지 않았지만 환경에 있어서는 더 쾌적했다. 유점사 영빈관에서는 나무가 덮이고 바위가 흩어지고 계곡을 따라 산의 급류가 쏟아져 내리는 것이 보였다. 장안사에서 우리는 삼불전을 둘러싼 넓은 베란다의 처마 밑에서 거주하였기 때문에 가능하면 거룩한 대웅전을 사용하는 것을 피했다. 하지만 유점사에서는 그렇게 조심할 필요가 없었다. 우리가 쓰도록 된 건물은 사찰을 방문할지도 모르는 공직자들의 필요를 위해 마련해둔 것이었다. 숙소는 깨끗하고 편안하고 밝았다. 걸려 있는 현판에는 이곳을 다녀간 방문객들의 직함과 이름이 새겨져 있었다. 높은 벽이 건물을 둘러싸고 육중한 대문이 예기치 않은 침입으로부터 경내를 보호했다. 이 숙소에서의 삶은 이상적인 평화와 행복 그 자체였다. 괴롭히는 외부 힘의 방해를 받지 않고 작업하는 것이 가능했다. 실제로 다른 사람들이 존재한다는 기미도 전혀 없었다. 우리는 외딴 성소에서 살았으며 그곳에서는 인간의 염려가 침투하지 않았고, 인간을 짓누르는 고난도 없었다.

15리 되는 신계사 너머에는 잘 닦인 길이 해안까지 북북동으로 연결되어 온정리에서 해변과 만난다. 신계사에서 사람을 지치게 하는 불편함을 겪은 후에 바다의 냄새를 맡으니 특히 반가웠다. 유점사와 신계사 사이에는 늪과 논이 듬성듬성 널려 있다. 이런 늪과 진흙 구덩이를 뚫고 걸어가는 어려움 때문에 말들의 걸음이 느려졌다. 해안가 도로는 군데군데 거칠고 돌은 많아도 적어도 이런 장애는 없기 때문에 구불구불하지만 즐거운 여정을 제공했다. 현무암 능선을 가로질러 거칠게 깎은 계단을 오르다보면 눈부신 백사장으로 뚝 떨어진다. 서쪽과 남서쪽 방향으로 내륙을 가게 되면 인근 산맥의 험한 경사를 피할 수 있다. 바다는 부드러운 속삭임으로 백사장을 넘실대고 훈풍은 푸른 해면을 거의 출렁거리게 하지 않는다. 금빛 모래와 반짝이는 바다, 탁 트인 계곡과 푸른 언덕이 주는 끊임없는 변화는 여행의 매력과 신선함을 더해준다. 자유의 느낌이 둘러싸인 산들의 세계에 의해 차단되는 지역을 여행할 때 느끼는 단절감은 바다와 그곳을 항해하는 배들을 보면 단번에 날아간다. 평화로운 바다가 펼쳐져 있는 저 멀리에 어선들이 있었는데, 몸체를 수평선에 드리우고 황포돛대를 변덕스러운 바람에 간헐적으로 부풀리는 회색 정크선들이었다. 얕은 연안에서는 청어와 청어새끼를 잡느라 웃통을 벗은 그을린 남자들이 바닥을 훑고, 아이들은 기뻐서 소리치며 깊은 웅덩이에 뛰어들면서 게를 잡고 있었다.

　바다 옆 집들이 옹기종기 모여 있는 곳에서는 남자들이 내리쬐는 햇볕 속에서 잠을 자고 있었다. 남편들이 쉬는 동안 여자들은 그물 구멍을 수리하거나 조잡한 통발을 만드느라 바빴고, 그걸 가지고 남편들은 계속 고기를 잡았다. 해변 마을은 그다지 매력적이지 않았다. 그리고 우리가 지나온 내륙의 마을과 비교해도 그다지 좋을 것이 없었다. 마을은 더럽고 지저분했으며, 사람들의 외양은 지독히 비위생적으로 보였다. 공기는 햇볕에 말리는 생선 냄새로 가득했고, 생선 자체는 바다의 염분 맛을 풍기면서 향긋하지만 여기서는 다양한 단계의 부패 상태에 있는 생선과 해초 냄새가 쓰레기 더미와 섞여서 악취로 구역질이 났다. 사람들 또한 호기심이 많지도 친절하지도 않았다. 대개 그들은 신선한 계란, 생선, 닭 등을 팔려고 내놓았고 무관심한 태도였다. 이 마을의 해변은 가장 원시적인 방법으로 백사장에서 말리는 줄지어 선 생선으로 까맣다. 생선을 훈제하는 방법을 알지 못했고, 생선을 아무렇게나 절이는 폼으로 보아 생선을 처리하는 데 아무런 원칙이나 체계가 없음이 분명했다. 개들이 생선을 늘어놓은 곳에 누워 있고, 새들이 아무런 제재를 받지 않고 생선을 쪼아 먹으며, 군데군데 남자들이 생선더미를 쌓아 놓고 지친 머리를 기댈 베개로 삼아 편안히 자고 있다. 이런 식으로 계속 방치된다면 마을 사람들에게 생기는 많은 질병의 원인을 그들이 그토록 게걸스럽게 먹는 말린 생선에 돌리는 것이 당연하다.

절이고 말린 생선 판매는 널리 이루어지고 있으며 조선 전역에까지 팔린다. 경성과는 육로로 상당히 중요한 거래들이 이루어진다. 건어 다발이나 두름은 모든 마을에서 볼 수 있다. 말린 생선을 가득 실은 짐꾼이나 조랑말은 조선의 어떤 길에서도 만날 수 있다. '자기 보따리를 지고 다니는' 행상인은 거의 항상 작은 양의 재고를 지니고 다닌다. 생선을 절이는 사업에 비할 만한 것으로는 바닷물로 소금을 만드는 작업이 있는데, 이것도 거칠고 임시변통의 방법으로 행해진다. 이 두 사업 모두 간단한 기술 지도와 자본이 필요하며, 자본의 부족은 특별한 성공을 거두는 것을 어렵게 만든다. 연안에는 어류가 너무나 풍부하여 어획물을 적절하게 처리만 한다면 융성한 수출 산업을 금방이라도 시작할 수 있다. 현재는 보잘것없는 양만 잡히며 번영의 날은 아직 멀기만 하다. 어업은 관리들의 착취로 완전히 마비가 되었다. 농부들과 마찬가지로 어부들은 자신들이 관아의 요구로부터 자유로워지려면 극도로 가난할 수밖에 없다는 사실을 너무나 잘 안다.

금강산을 여행하면서 나는 많은 어촌을 지났다. 마을들은 서로 비슷했고, 유일한 차이라면 크기, 해변에 끌어올려진 어선의 수, 냄새의 강도 정도였다. 이 마을들의 가난과 더러움은 놀랄 만한 것이다. 사람들은 기백도 없고, 하품하고, 게으르게 연명하는 것에 만족했다. 그들은 지금 당장 배와 그물과 낚싯줄을 특별히 사용할 데가 없다고 하면서도 돈을 준다고 해도 하루 낚시 일꾼으로 일하려 하지 않는다. 이처럼 조선인들의 무관심이 팽배한 가운데 일본 어민들이 재빠르게 연안의 어장을 자기 것으로 만들고 있다. 이 음울하고 멍청하고 더러운 사람들이 깨어나지 않는다면 자신들의 바다에서 고기를 잡는 사업은 이들의 수중에서 완전히 떠날 것이다. 일본인들은 사계절 물고기를 잡는다. 반면 조선인들은 한 시즌만 잡는다. 그것도 마음이 내킬 때에만. 따라서 이들은 엄청나게 이득을 올릴 수 있는 어업에 점점 영향력이 약해졌고, 1만 척의 일본 어선이 그곳에서 고기를 잡고 있다.

마을의 비위생적인 상태로 인해 그곳에 머무는 것은 불결하다. 차라리 그곳을 떠나 넓은 야외에서 캠프를 하는 것이 현명하다. 원산에서 75리 떨어진 화딩(Wha-ding)이란 마을에서 머물게 된 것은 나의 불운이었고, 다양한 벌레들의 해독은 호주, 미국, 아프리카, 혹은 아시아에서의 나의 경험을 초월했다. 벼룩은 어느 곳에나 있었다. 뉴질랜드의 북서풍과 아프리카의 열풍이 고운 모래 입자를 공중에 날려 보내듯이 벼룩은 대기를 통해 떠다녔다. 화딩에서의 어느 날 밤은 그중 가장 끔찍한 경험으로 기억된다. 서 있을 수도, 앉을 수도 없었고 잠은 아예 불가능했다. 우리는 옷을 털고 목욕을 하고 씻고 파우더를 발랐다. 모든 노력이 고통이었으며 모든 예방책이 그 상황의 아이러니를 가중시켰다. 이 망할 곳의 저주를 더하기라도 하듯이 귀신을 쫓아내려고 여관 주인이 고용한 무당이 귀가 찢어져라 주문을 외는 통에 귀가 멍멍했다. 우리는 나중에 벼룩이 그토록 설쳐댄 것이 바로 그 때문이 아니었던가 생각했다. 통역관의 중재로 무당에게 뇌물을 주어 구슬리려 해봤지만 아무 소용이 없어 하인 중 한 사람을 귀신으로 꾸미기로 했다. 그는 황량한 어둠 속으로 나가서 구슬피 울었고, 우리는 노인들과 무당을 불러다 놓고 떠나가는 귀신을 향해 어둠에다 대고 엄숙하게 권총을 쏘았다. 불행하게도 우리는 귀신이 떠나갔다고 무당을 설득하는 데 실패했다. 이성을 상실한 내가 화가 폭발하여 무당의 징과 꽹과리를 우물 속에 처넣고, 그 다음에 무당까지 우물에 집어넣고 나서야 우리를 괴롭히는 또 하나의 골칫거리를 제거할 수 있었다.

21장

가뭄·기근·내륙의 혼란·강우와 질병

영국에 있는 우리로서는 전 국민이 쌀을 주식으로 하는 나라에서 비가 완전히 중단됐을 때 초래될 수 있는 해악이 얼마나 광범위한지 이해하기 힘들다. 장마가 좀 늦었다는 간단한 신문 기사는 다가오는 수확에 대해 수백만 사람들이 품고 있는 불안의 징조를 전혀 보여주지 못한다. 물은 논에 생명을 뜻하고, 가뭄은 주 작물의 흉작은 말할 것도 없고 기근과 함께 질병과 죽음이 따라온다는 것을 의미한다. 다시 말해 논에 가뭄이 든다는 것은 겨울에 사람들이 떼죽음을 당할 수도 있다는 것을 뜻한다. 극동에서는 정부가 위급한 상황을 처리할 능력도 없고, 체계적인 구호 조치라고는 들어본 적도 없기 때문에 자연 질서의 와해는 바로 인구 감소와 사회 조직의 붕괴로 연결된다.

쌀농사에 의존해서 살아가는 곳에서 가뭄의 여파를 훨씬 더 심각하게 보여준 것은 1901년의 가뭄의 결과로 조선에서 일어났던 끔찍한 생명 손실과 무질서의 무서운 폭발이다. 광범위한 황폐함이 전국을 뒤덮었다. 평소에는 평화를 사랑하고 법을 지키는 사람들이 가족과 자신을 기아에서 구할 수 있는 식량을 빼앗기 위해서 무리를 지어 다니며 시골사람들을 괴롭혔다. 굶주림 때문에 마을 사람 전체가 읍내로 나섰고, 거기서도 그들의 복지에 대한 마련은 전혀 없었다. 전국적으로 무정부 상태가 지속되었고, 사람들의 절실한 필요는 그들을 필사적으로 내몰았다. 거지들의 무리가 수도에 출몰했다. 폭력 사태 때문에 해가 진 후에는 경성의 거리는 안전하지 않았으며, 도적들은 도시 지역에서는 공공연히 약탈을 자행했다. 조선은 몇 달 만에 햇빛과 안식의 평화롭고 행복한 땅에서 불행, 가난, 불안의 황무지로 돌변했다.

구호 수단은 빈약했고 쌀을 수입하긴 했지만 쌀을 살 돈이 없는 많은 사람들은 굶어죽었다. 이러한 재난에 대비할 효율적인 기관이 없다는 것이 혼란을 더욱더 가중시켰다. 구호 대책이 마련되기도 전에 수천 명이 죽었다. 경성의 20만도 못되는 인구 중에서 2만 이상의 빈곤한 사람들이 발견되었다. 지방 도시로부터 올라온 보고서는 많은 시골 지역의 사람들이 완전히 야만의 상태로 돌아갔음을 보여준다. 가뭄, 전염병, 죽음이 몇 달 동안 조선에 창궐했고, 굶주림을 간신히 면한 많은 사람들은 그 후 이 땅을 휩쓴 전염병의 큰 유행에 목숨을 잃었다.

조선 정부가 조선에서 곡물이 수출되는 것을 금지했더라면 기근이 이 정도로 심하지는 않았을 것이다. 곡물 수출 금지 조치의 해제가 백성들이 가장 궁핍을 겪고 있을 때 그들이 구할 수 있는 식량의 품귀 현상을 가중시키는 역할을 했음은 의심할 여지가 없다. 가뭄으로 황폐화된 지역의 사망자 통계는 1백만 명 이상의 복지가 영향을 받았음을 입증한다. 그러므로 대여섯 명의 일본인 쌀 상인의 이해관계가 곤란을 겪지 않도록 금지 조치를 해제해 달라고 끈질기게 요구한 일본의 행동은 비난을 받아 마땅하다. 이처럼 많은 인명 손실의 일차적 책임은 전적으로 일본 정부에 있다. 조선 정부에 압력을 넣어 1백만 명이 죽도록 한 결과를 초래한 일본 정부는 이성과 상식에 모두 어긋나며, 인류를 거스르는 정책을 저지른 것이다. 그들이 조선 정부의 강한 반대를 존중하지 않은 것은 정말 통탄할 일이다. 그럼에도 불구하고 이 사건은 조선과의 관계에서 일본 정부의 가증스러운 태도를 똑똑히 보여준 좋은 예로서 가치가 있다.

가뭄이 시작될 때 경성의 주민들은 비의 신이 노했다고 믿었다. 황제와 조정은 세 번에 걸쳐 기우제를 지냈다. 여전히 비가 오지 않자 참회의 기간이 선포되었고, 이 기간 동안은 기도와 금식을 하면서 국민들이 모든 노동을 그치고 아무런 일도 하지 않는 숭고한 게으름의 상태에 들어갔다. 불행하게도 대다수 국민들이 일을 삼가는 동안 황제는 새로운 왕궁을 짓는 데 수백 명의 인부를 계속 고용했다. 미신을 섬기는 황제의 백성들은 이 일 때문에 비의 악마가 특히 노했다고 생각했고, 경성에서는 폭동으로 도시의 고요가 깨질지도 모른다는 불안이 감지되었다. 그러나 뜻밖에 지나가는 소나기가 내림으로써 이런 공포는 경성에서 없어졌다. 사람들은 악한 기운을 이겨냈다는 생각에 기뻐하며 일상에 복귀했다. 그러나 그것은 잠깐 동안의 유예였다. 곧 전국적으로 가뭄이 계속되어 논이 말라붙고, 목초지가 타버리고, 농작물이 시들었다. 이런 악재 가운데 백성들의 상황은 아주 궁핍해졌다. 수백, 수천 명이 길가의 풀과 나무뿌리를 캐먹는 신세가 되었으며, 간간이 사람을 잡아먹는다는 소문도 들렸다.

가뭄의 예외적인 특징은 1887년부터 1901년까지 제물포의 강수 기록에 잘 나타나는데, 이것은 상트페테르부르크의 관측소 통신원이 기상국에 보낸 것이다. 제시된 강수량은 1887년부터 1900년까지의 총괄적인 강수량이며, 강설량은 녹은 눈을 물로 환원한 수치이다. 그러나 헐버트 교수가 지적했듯이 어떤 것이 적절한 강우량인지 평가하려면 비가 어느 계절에 내렸는지를 아는 것이 필요하다. 11월에 온 30인치의 눈은 6월에 그 절반이 온 것보다 논에는 가치가 없다. 벼농사에 있어서 비는 적기에 내려야 하는 것이다. 그렇지 않으면 가치가 없으며 이런 상황에서는 아무리 비가 오더라도 가을의 실제 강수량에는 보탬이 될지 몰라도 농사짓는 데는 그다지 이점이 없다.

강수량기록

연도	비(인치)	눈(인치)	합계	안개	비	눈
1887	30.86	2.00	32.86	13d 3h	19d 17h	4d 2h
1888	20.91	2.15	23.06	14d 5h	12d 6h	3d 3h
1889	28.18	0.91	29.09	25d 13h	25d 5h	5d 9h
1890	47.00	1.06	48.06	12d 18h	27d 10h	0d 64h
1891	41.04	1.66	42.7	13d 5h	30d 20h	3d 7h
1892	34.04	1.20	35.24	15d 20h	16d 10h	4d 6h
1893	50.64	3.55	54.19	31d 5h	36d 6h	8d 11h
1894	31.81	0.64	32.45	33d 18h	21d 9h	1d 8h
1895	31.88	2.06	33.94	32d 7h	29d 11h	6d 17h
1896	31.08	5.15	36.23	51d 7h	27d 0h	2d 0h
1897	48.35	3.23	51.58	24d 5h	31d 17h	4d 18h

1898	37.80	4.73	42.53	31d 14h	29d 19h	5d 15h
1899	25.07	2.05	27.12	-	18d 19h	1d 3h
1900	29.14	0.83	29.97	-	21d 2h	0d 20h
1901	7.09	0.06	7.15	7d 5h	3d 7h	2d 0h

아래의 기록은 1898~1901년의 강우량이며, 풍부한 강우가 벼
농사에 매우 중요한 시기의 강우량이다.

연도	6월	7월	8월	총계
1898	4.5	10.0	11.0	25.5
1899	8.5	7.5	6.7	22.7
1900	2.0	6.2	4.5	12.7
1901	0.3	2.7	1.1	4.1

조선과 같이 벼농사를 짓는 나라에서는 모내기를 하고 곡식이
열매를 맺기 위해서는 여름 석 달 동안 충분한 양의 비가 내려주
는 것이 필수적이다. 1901년에는 물 부족으로 상당수의 모내기가
이루어지지 않았다. 모는 그냥 시들고 말았다.

물론 기근의 직접적인 결과 중 하나는 전국적인 사망률의 전반
적인 증가이다. 수천 명의 조선인들이 처한 가난의 상태는 그들의
건강을 너무나 심각하게 약화시켜서 많은 경우 굶어죽는 신세를
면한 사람들도 기력이 심하게 손상된다. 못 먹어서 생긴 무기력과
허약함 때문에 질병에 걸리기 쉬운 사람들도 많다. 이것은 특히 내
륙지역에서 더 심하다.

보통 상황에서 말라리아는 어쩌면 조선에서 가장 흔한 질병일 것이다. 말라리아는 전국에서 발병하지만 특히 논이 많은 지역에 집중되어 있다. 천연두는 몇 년마다 전염병의 형태로 발병하면서 거의 항상 존재한다. 거의 모든 어른과 10세 이상의 거의 모든 아이들이 걸려본 경험이 있을 것이다. 한센병은 남부지방에 상당히 많이 있지만 서서히 퍼지는 특징이 있다. 이 질병의 증가 속도를 볼 때 전염성이 없다는 것은 확실해 보인다.

　　건강의 큰 적 중 하나는 결핵균이다. 환기의 부족, 위생 상실, 가옥의 협소함이 이 작은 병균을 배양한다. 결핵과 관절 질환이 흔하며 언청이, 눈·목·귓병도 그러하다. 눈의 가장 흔한 질환은 백내장이다. 귀의 경우는 중이염인데, 많은 경우 어린 시절의 천연두의 결과로 생긴 것이다. 코의 폴립 또한 많다. 히스테리는 꽤 흔하며 간질과 중풍은 흔히 보는 다른 신경계 질환이다. 소화 불량은 온 국민이 겪는 저주로서 한꺼번에 많은 양의 밥과 날생선을 먹는 습관 때문에 생긴 것이다. 치통은 다른 나라보다는 적다. 디프테리아와 장티푸스는 아주 드물고 성홍열은 거의 없다. 발진 티푸스, 말라리아에 의한 이장성 열과 재발성 열도 드물지 않다. 성병은 옛날 영국에서만큼 일반적이다.

　　한마디로 질병이 많은 것은 더러운 습관, 좋지 않은 음식, 그리고 작고 비좁은 가옥 때문이다. 인류에게 공통적으로 있는 대부분의 질병들이 조선에서 치료를 기다리고 있다.

22장

선교적 질문·기독교의 윤리·종교적 위선과 장삿속·절제의 필요성

조선에서 선교 사업의 역사는 프랑스 선교사들이 조국을 위해 얼마나 놀라운 방식으로 자신들의 목숨을 바쳤는지를 보여주는 사례들로 넘쳐난다. 이렇게 말하는 것이 다소 냉소적으로 들릴지는 모르나 오늘날 극동에서의 로마 가톨릭 신부들이 자국 정부의 앞잡이라고 믿을 만한 충분한 이유가 있다. 그들은 조국의 이익이 걸린 일이라면 자신들의 죽음을 초래하면서까지 무질서와 폭행을 자행한다. 중국에서의 기독교의 시작부터 그들은 순교의 영광을 추구했으며, 그 과정을 조선에서도 반복하고 있다.

조선에 기독교가 들어온 것은 1777년경 베이징에 있는 예수회의 중국어판 서적들이 우연히 흘러 들어오면서부터였다. 이 작은 시작에서부터 사상이 퍼지기 시작했고, 마침내 대원군은 이 새로운 신앙을 금하도록 공개적으로 호통을 칠 수밖에 없었다. 이것으로 부족하자 눈에 띄는 열성분자를 본보기로 삼았다. 많은 사람들이 고문당했고, 영원히 귀향을 간 사람도 있었다. 박해는 1787년까지 지속되었다. 그러나 개종자들이 사형 집행인의 무서운 감시를 받는 가운데서도 전도는 계속되었다.

외국 선교사가 조선에 처음 들어오려고 시도한 것은 1791년이었다. 그러나 서양 선교사가 국경 수비대의 눈을 피하는 데 성공한 것은 3년이 지나서였다. 용감무쌍한 많은 기독교인들이 당했던 잔인한 죽음에도 전혀 개의치 않고, 한 선교사가 들어오자 다른 선교사들이 뒤따랐다. 대다수 백성들이 노골적으로 적의를 보이는 가운데 프랑스 선교사들이 위험한 일을 수행하면서 그 일의 대가로 목숨을 잃는 동안 조선이 견고하게 세운 고립의 벽이 점차로 무너지기 시작했다. 프랑스, 러시아, 영국에서 온 배들이 서해에서 무역과 탐색을 하러 왔다가 상륙했다. 이런 이상한 배들의 겉모습에서 받은 인상들이 연상 작용을 일으키면서 조선인들은 세계가 자기 나라와 그보다 조금 먼 중국이란 나라에서 끝나는 것이 아니라는 생각에 점점 익숙해져갔다. 그러나 조선인들은 이 땅의 모든 법을 거역했던 프랑스 선교사들을 떠올리며 자기들 손에 맡겨진 선원들을 즉시 죽이고 말았다. 이런 일이 1866년까지 계속되다가 자기 동포가 조선에서 살해되었다는 소식이 톈진(天津)에 주둔하고 있던 프랑스 함대의 제독에게 들어갔다. 이 소식을 듣고 원정대가 꾸려졌고, 그것은 지리적으로나 산업적으로 특성을 잘 개발하면 이익을 얻을 수 있는 나라에서 선교사와 선교 문제를 다룰 때 프랑스 정부가 취했던 정책의 초기 단계를 잘 보여주고 있다.

몇 세기 동안 조선에는 용인된 종교적 교리가 없었다. 현 왕조가 즉위하기 전까지 1,000년 동안 존재했던 불교는 호응을 얻지 못하였다. 유교의 가르침은 상류층의 마음을 완전히 만족시키지 못했고, 무속은 원시적인 대중들의 숭배만을 받았다. 좀더 실용적인 철학이 도입될 시기가 무르익었으며, 시간이 가면서 기독교의 복음이 전해지고 인도주의의 위대한 경전에 대한 반대도 줄어들었다. 조선인들이 기독교 신앙을 고백하는 것에 대한 관리들의 박해를 피할 손 쉬운 수단들이 생겨나면서 서양 종교의 여러 양상에 대한 용납이 이제는 일반화되었다. 그럼에도 불구하고 기독교의 전파에는 피흘림과 고난이 따랐다. 조선에서 기독교 신앙 전파에 따른 어려움과는 별개로 여러 선교단체의 방법이 과연 그들의 가르침인 자선의 정신을 보여주고 있는지 의심해 보아야 한다. 조선인들의 필요를 채워주고 있는 많은 선교단체 중 어떤 그룹의 개별적 성향을 비난하는 것은 아니지만, 로마 가톨릭 사제들과 성공회 사역자들의 삶에서 그토록 두드러져 보이는 자기희생의 원칙이 높은 보수를 받는 미국 선교부 직원들의 편안한 삶에서도 마찬가지로 나타나고 있는지 확인하기는 어렵다. 프랑스 신부들은 극심한 재정적 어려움 속에서 살고 있다. 그들은 자신들을 신도들의 상황과 동일시하면서 자신들의 사역에 대한 대가도 휴가도 일절 받지 않는다. 내가 이 시점에서 논란에 뛰어들려는 것은 아니며, 단지 서로 상반되는 일의 진행 절차에 대한 인상을 전하고 싶을 뿐이다.

코르페 주교의 지휘 하에 잉글리시 미션이라고 알려지게 된 성공회 선교는 공산주의 체제를 채택했다. 식사, 숙박, 의복, 세탁, 연료비는 공동 기금에서 지출되며, 분기 별로 선교회 회계 파트에서 각 선교관의 책임자에게 지급한다. 숙소의 거주자 수에 따라 매년 한 명당 70파운드의 비율로 계산하여 비용이 지불된다. 이러한 비용은 남자 직원의 경우이고 여직원은 남자보다 3분의 1이 적다. 미션 지부는 경성, 제물포, 목포와 강화에 위치한다. 조선의 지부 외에 중국 뉴촹에 사제부가 있다. 이 미션의 활동 중심지는 강화도에 있다. 교육, 친절, 인내를 통해 가난한 사람들의 형편을 개선하려는 과업은 제물포와 경성에서 조용히 진행되고 있는데, 특히 병자들의 복지에 특별한 관심을 쏟고 있다. 한때는 이런 곳들에 중요한 의무실과 병원시설이 있었지만 제물포에 있는 의료시설은 이제 문을 닫았다.

잉글리시 미션의 회원들은 주변 상황의 원시적인 소박함 때문에 적지 않은 궁핍을 겪는다. 반면에 그들의 사역은 불필요한 허례를 보여준다. 그들이 공사를 막론하고 입는 빳빳한 대마 띠를 두른 정장 성직자 복장은 이러한 의례적 경향을 강조하며 내가 보기에 약간 허세가 심하다. 그럼에도 불구하고 일상의 습관에서 조선의 성공회 선교사들은 로마 가톨릭 교회 신부의 특징이라고 할 수 있는 불필요한 희생, 숭고한 영웅주의, 인내심에 대한 이상주의의 기준을 설정해 놓았는데, 이 기준은 극동의 어떤 다른 선교사들—미국, 영국, 스코틀랜드, 아일랜드—도 실현할 수 없는 것임을 인정할 수밖에 없다.

극동에서 미국 선교사들은 이해하기 힘든 존재이다. 그들은 스스로를 상업적으로 상당히 중요한 요인으로 만드는 계략에 능숙하다. 경성에서는 미국 선교사가 돈을 내는 손님을 뻔뻔스럽게 받음으로써 스테이션 호텔 사업에 명백한 손실을 끼치고 있으며, 원산에서는 또 다른 미국 선교사가 자신의 과수원을 악용한다. 대개 그들은 신문 특파원과 전문 사진가 역할을 한다. 아주 드물게—여기서 나는 경성에 있는 작은 그룹의 미국 선교사들을 특히 지칭한다—자신들이 우연히 살게 된 나라의 역사, 매너, 습관, 언어를 학문적으로 연구하는 사람들이 있기는 하다.

미국 선교사들은 200파운드가 넘는 연봉을 받으며 추가 수당으로 아주 윤택한 보조를 받고 있다. 주택과 하인들이 제공되고 자녀 교육 수당도 지급된다. 미국 선교사들은 대개 대가족을 거느리고 있으며 비교적 사치스럽게 산다. 조선에서 그들은 외국인 거주 지역에서 가장 매력적이고 넓은 집에 살며, 최소한의 노력으로 최대한의 이익을 주변으로부터 얻어낸다. 미국 선교사들이 이방인에 대한 선교와 장사를 병행하는 것이 미국 선교부 임원들의 허락 하에 이루어지는지 나는 알 수가 없다. 어떤 선교사가 글쓰는 일, 보험 관리, 과일 농장의 운영 등 이런저런 상업적인 상황들을 처리하는 데 적지 않은 시간을 할애한다면 암흑 가운데 놓인 사람들의 이해는 당연히 손해를 볼 것이라는 것이 나의 생각이다.

미국 선교사들은 조선을 자신들의 특별 영역으로 삼았다. 독특한 미국식 악센트로 기독교에 대해 나불거리는 개종자들은 20세기의 수도에서 볼 수 있는 특징 중 하나이다. 여러 곳에 만들어진 선교센터는 이제 번영의 징조를 보인다. 그들은 조선인들에게서 적지 않은 공감과 지지를 받고 있다. 조선에서 많은 선교 사역이 자립적 성격을 띠게 되면서 선교에 대해 이 백성들은 자신들의 특징인 관용적 태도를 지니게 되었다. 선교사들의 사역이 모든 조선 사람들의 의견에 부합하는 것은 아니다. 폭동과 유혈 사태가 전도의 노정을 손상시켰으며, 조선인들이 쉽사리 믿음을 갖게 되면서 과도한 생명의 희생을 낳게 되었다. 조선에서의 기독교 전파의 특징이 된 소요 사태, 특히 몇 달 전 제주도에서 일어난 반기독교 봉기는 빛을 받아들인 사람들이 누리고 있는, 관리들의 탐욕으로부터의 보호를 대다수의 이교도 무리들이 시기하면서 생긴 것이다.

제주도의 경우 이러한 반감, 그리고 프랑스 신부들이 신도들에게 준 면세 혜택이 이교도들을 참기 힘들게 했다. 무정부 상태가 섬을 휩쓸었고, 약 600여명의 신도들이 즉결 처분에 처해졌다. 이러한 순교 사태로 어떤 보상이 따를지는 모르겠지만, 극동에서의 선교적 경솔함이 야기한 무분별하고 과도한 생명의 희생은 현대 문명에 대한 능욕이다. 우리는 중국에서 무서운 반기독교 봉기를 겪었으며 이러한 시위가 또 다시 일어나는 것을 피하려면 모든 형태의 선교 사역을 더 꼼꼼히 감독하는 것이 필요하다. 개별 신자의 안전을 보장할 뿐 아니라 공동체의 전반적인 안녕에도 이바지할 수 있는 특정 조처가 선교 사역에 채택되는 것이 급선무이다.

최근의 선교 사역은 너무나 걷잡을 수 없이 제멋대로였다. 아무런 제약 없이 자유롭게 여러 단체들이 과도하게 활동을 하다 보니 지치지 않고 열심히 일하는 사람들에게 가장 치명적으로 불똥이 떨어졌고, 종교적인 핍박을 받을 이유가 전혀 없는 많은 사람들에게도 적지않은 피해가 갔다. 따라서 강력한 제재를 통해 이처럼 과도하고 논쟁적인 전도를 통제해야 할 시점이 왔다. 선교사들을 극동 국가들의 내륙지역에까지 확산시키는 행위는 중단되어야 한다. 그 지역 영사와 외무부의 승인이 모든 경우에 요구되어야 한다. 더구나 어떠한 경우에도 독신 여성이 다른 거류지의 세심하게 규정된 제한 구역 너머로 전도하는 것을 허용해서는 안될 것이다. 또한 독신 여성뿐 아니라 가족이 있는 선교사들이 이런 중립지역 너머에 살도록 허용해서도 안된다.

물론 선교사들에 대한 이런 제한은 불만을 살 것이다. 서양 선교사들의 개입으로 인해 조선, 중국, 일본에서 희생된 인명의 총 숫자가 발표된다면 그 엄청난 숫자는 강한 제재를 취할 필요성이 얼마나 급박한 것인지를 아무 생각 없는 대중들에게 인식시킬 수 있을 것이다. 그러한 제재는 현재 세계가 이미 익숙해진 끔찍한 대량학살에 의해서도 도덕적으로 정당화할 수 있다. 선교사들의 무분별한 고집이 자주 개종자들의 세례와 십자가형을 동시에 초래했다. 누군가 자신의 수단에 의해 이중으로 영광을 받는 것 이외에 광신적인 열성분자가 더 이상 무엇을 바라겠는가? 스승과 제자 간에 점점 증대되는 사망률은 선교 사역의 전반적인 시스템에 대해 즉각적인 교정의 필요성을 강하게 역설한다.

23장

내륙 여행·조랑말, 하인, 통역관, 음식, 그리고 숙박
무엇을 어떻게 먹을 것인가·한강변의 유흥과 여가

조선의 내륙지역을 여행하는 것은 나름대로의 매력이 있기는 하지만 아주 편안한 소일거리는 아니다. 활기에 찬 분주한 도로가 끝나면 경치가 펼쳐지면서 언덕과 목초지, 숲이 우거진 산과 논, 강, 호수, 콸콸 흐르는 급류를 특징으로 내세우는 아름다운 풍경이 끊임없이 다채롭게 나타난다. 이동하는 야영대는 곧 문명의 전초기지를 뒤로 하게 된다. 이처럼 황량한 곳으로 서서히 움직이는 것은 여행에 묘한 매력을 준다. 길모퉁이를 돌 때마다 끊임없이 변

하는 풍경의 황량함이 돋보인다. 넓은 들판과 골짜기는 거칠고 음산한 깊은 숲에 자리를 내주고, 그곳에서는 험한 산길이 미끄럽고 위험하다. 새로운 생명의 분위기가 대기에 가득 차 있다. 그러한 순간은 한동안 상상할 수 있는 가장 완벽한 실존인 것처럼 여겨진다. 자유는 근심의 구속을 받지 않는다. 세상은 그날만큼은 최대한의 공간 속에 담겨 있다. 공중의 새, 들판의 짐승, 숲속의 사냥감은 야영대가 먹을 음식을 공급해준다. 마을에서는 쌀, 야채, 계란을 얻을 수 있고, 산등성 옹달샘에서는 물을 얻고, 강에서는 수영을 할 수 있다. 공기는 맑고 삶의 모든 것이 아름답고 즐겁다.

조랑말에게 사고가 생기거나 조선인 하인과의 마찰, 비, 안개, 길의 어려움 등으로 망쳐진 힘든 하루가 끝나면 저녁 야영을 하게 된다. 말에게 먹이를 주고, 손질하고, 짐을 내리고, 모기장 밑에 야전 침대를 깔고, 저녁 식사를 준비하는 안식과 편안함의 시간들은 엄청난 만족감을 준다. 나는 이 평화의 순간들이 가져다주는 것을 삶이 그 순간에 제공할 수 있는 최선의 것으로 받아들이며 그것을 언제나 사랑했다. 그러한 시간에는 문명의 세련됨이나 관습의 제약이 유치해 보였다. 더구나 이러한 시도에서 얻을 수 있는 실제적 이점도 무척 많았다. 시련은 꾸준한 성격을 계발시켜주고, 위험은 스스로 자립할 수 있는 힘을 길러준다.

규모가 크든 작든 간에 내륙 여행을 준비하는 것은 시간이 상당히 걸린다. 조랑말을 구하고, 하인을 고용하고, 통역관을 확보해야 한다. 짐을 싣게 될 조랑말은 직접 세밀하게 살펴보는 것이 좋다. 조선인들은 무지막지하게 동물들을 다루며 선교사들도 이 불쌍한 짐승의 처지를 개선시킬 노력을 하지 않는다. 조선인 주인들이 너무나도 부주의하게 조랑말을 취급한 결과, 이 불쌍한 짐승들은 내가 지구의 다른 어떤 곳에서 본 것보다 크고 끔찍한 어깨의 상처 때문에 고생을 한다. 조선인들이 말 다루기의 기본과 거친 안장을 얹고 매는 원칙, 그리고 몇 가지 실제적인 수의학적 지식을 배울 수만 있다면 이 불쌍한 조랑말의 신세는 훨씬 더 좋아질 것이다. 그러나 이 불쌍한 동물들이 경성의 거리를 연달아 지나가면서 보여주는 깨진 무릎, 벗겨진 목, 피가 흐르는 등짝, 상처가 난 발꿈치를 보노라면 화가 치민다. 자신들의 선행을 너무나 자랑하는 미국 선교사들이 이처럼 방치할 수 없는 해악을 방관한다는 것은 이상하기 짝이 없다. 보잘것없고, 쓰러져 가는 조선의 조랑말의 고통을 완화시키는 것에서 얻을 수 있는 점수는 아마 없나 보다.

조선의 짐 싣는 조랑말은 주로 제주도에서 온다. 크기가 아주 작아서 셰틀랜드 종보다는 크지 않고, 웨일스 조랑말보다는 오히려 작다. 조랑말은 대개 종마이고 자기들끼리 싸우고 발로 차는 것을 좋아하며 사납기로 소문이 나 있다. 조랑말의 난폭함은 안장의 거친 표면으로 인해 상처가 나서 부어오른 등을 매일같이 자극하면서 더욱더 심해진다. 말들은 다른 종자보다 오래 걷고 음식을 적게 주어도 잘 견딘다. 이들은 또 걸음도 빠르고, 강하며, 열심히 잘 먹고, 뛰어난 고집과 끈기와 인내심을 발휘한다. 그러나 많은 경우 조선에서의 나의 여행은 조선인 마부들이 말을 학대하는 바람에 완전히 망쳐버리고 말았다. 말들의 끔찍한 상태는 화가 치밀게 만들었고, 거의 날마다 나는 무지막지한 학대 때문에 마부들을 나무랐다. 그러나 그들은 나의 인내심을 바닥나게 할 뿐 내 충고를 전혀 듣지 않았고, 마침내 나는 그런 끔찍한 모습을 보지 않으려고 여행을 포기했다. 조선인들은 동물의 고통에 대해서는 아주 냉담하다. 조선인들은 먹이를 잘 주기도 하고, 먹이를 준비하기 위해 한밤중에 일어나는 일도 기꺼이 한다. 그러나 아무리 종기가 나고 상처에서 진물이 흘러도 불쌍한 조랑말이 해야 하는 일을 중단시키는 일은 없다. 이건 이해할 만하다. 그러나 패드를 잘 대줌으로써 상처가 쓰라리지 않도록 하는 일을 결코 자발적으로 하는 일이 없다. 화농한 부위가 아무리 심해도 짐 나르는 일은 계속되며 불쌍한 조랑말의 고통은 발작적인 발차기, 깨물기, 비명으로 표현된다.

조선인들이 동물의 고통에 이처럼 무감각한 사례를 보여주기 위해 이 사건을 이야기해야겠다. 한번은 원산 외곽에서 어느 조선인이 바위 옆에 앉아 자신이 붙잡고 있는 개의 머리를 계속 때려서 결국 불쌍한 개는 의식을 잃고 쓰러졌다. 그러고 나서도 그는 개의 갈비뼈를 몇 대 더 때리더니 시체를 타다 남은 불더미에 던졌다. 이 일이 나의 시선을 끌었을 때 우리는 몇백 야드 떨어진 곳에 있었다. 나는 논을 가로질러 그 나쁜 놈을 쫓아가려다 결국 길이 힘들어 포기할 수밖에 없었다. 나중에 나는 마부들이 도중에 멈출 때마다 말들의 등을 세심하게 보살펴 주고 안장이 상처를 스치지 못하게 배려하는 것을 보았다. 틀림없이 개 사건으로 말미암아 행간의 의미를 읽고 교훈을 얻어서 이런 친절한 행동을 하는 것이 틀림없었다.

이런 여행에 동행하는 조선인 수행자들의 성격은 여행자가 앞으로 편하게 지내는 데 엄청나게 중요하다. 경성의 스테이션 호텔의 주인은 내게 뛰어난 남자 아이를 구해주었다. 그가 내 밑에서 일하기 시작한 바로 직후 그 아이가 내게 오기 전부터 그를 갈망하던 어느 미국인 선교사가 그를 매수했다. 그 아이는 나의 두번째 출정 전날 밤에 내게서 도망쳤다. 현지인 하인을 둘러싼 이런 짓거리는 수에즈 동편에 있는 유럽 사람들 사이에서는 거의 자행되지 않는다. 나는 이 문제를 미국 공사인 앨런 박사에게 보고했지만, 선교사는 계속 그 아이를 데리고 있었다. 하인, 마부, 잡부는 이런 여정에 모두 필요한 사람들이다. 말 한 필에 마부 한 명을 붙이는 것이 현명한 할당이다. 조선인들은 말 세 필에 두 명의 마부를 붙인다. 그러나 나처럼 하는 것이 더 낫다. 유럽인들에게는 주인의 개인적인 일을 돌보고 식탁에서 섬길 몸종이 필요하다. 독일어가 되었든, 프랑스어가 되었든, 영어가 되었든 유럽어를 하고 중국어를 할 줄 아는 통역관은 매우 귀하다. 각각의 경우 개종자가 아닌 남자를 데려가는 것이 안전하다. 인부는 매우 유용하며 조랑말이 할 수 없는 일들을 한다. 카메라, 물병, 그리고 그때그때 필요한 짐들을 진다. 요리사는 꼭 필요한 것은 아니다. 내 통역관은 자발적으로 요리사 역할을 했다. 내륙 여행에서는 통역관을 말에 태워야 한다. 몸종을 짐 싣는 조랑말에 타게 하면 마찰을 상당히 줄일 수 있다. 통역관은 한 달에 30달러에서 40달러를 받고, 몸종은 8달러에서 20달러를 받으며, 인부는 8달러에서 10달러를 받는다. 마부까지 딸린 조랑말을 빌리는 데는 하루에 1달러이며, 출발하는 날 금액의 절반을 미리 지불해야 한다. 모든 계산은 조선 화폐로 이루어진다. 말과 마부를 제외한 전 수행원들의 식사는 여행자가 부담한다. 통역관이 모든 재정을 담당한다. 지시를 할 경우 그는 통과하는 마을, 강, 호수, 계곡, 평야, 산과 길의 이름을 적을 것이다. 이것은 매우 유용하다. 조선의 지도는 구제불능으로 업데이트가 안 되어 있으며, 이런 명칭을 지리학회에 보냄으로써 기여를 할 수도 있다. 통역관은 인부, 마부, 그리고 다른 하인들의 급여를 평가절하된 화폐로 지불할 것이고, 멕시코 달러로 계산을 하여 75퍼센트의 이익을 챙길 것이다. 그는 탐욕스럽고 자신의 호주머니의 이권에 대해서는 집요하다. 그리고 자신도 하인이 필요하다고 요구할 것이다. 이런 말을 하면 매질을 해줘야 한다. 그는 기회가 있을 때마다 셈을 흐리게 할 것이다. 그는 삥땅을 칠 다른 방법이 없으면 영수증을 잃어버렸다고 할 것이다. 그는 겉보기에는 순진하고, 정직하고, 절주(節酒)와 미덕의 원칙에 충실하다. 위에서 언급한 보통의 방법을 사용할 기회가 없다면 말이다. 모든 상황에서 그는 요주의 인물이다.

조선인은 중국인을 몸종으로 취급하지 않는다. 중국인은 자발성도 능력도 없으면서 온갖 종류의 폭음, 부도덕, 게으름을 함께 가지고 있다. 대개 주인이 하인을 시중드는 결과가 빚어진다. 그러나 이러한 사태에 대한 예방책이 있다. 요점을 충분히 설명을 하고, 필요할 때마다 가끔 발로 차면서 시범을 보여주면 1등급의 게으름뱅이 부랑아를 똑똑하지는 않지만 말 잘 듣는 하인으로 개조시킬 수 있다. 어떤 상황에서도 그의 부정직함은 고쳐지지 않는다.

　조선에서 여행할 때는 식량을 많이 가지고 갈 필요가 없다. 계란, 닭, 신선한 생선, 과일, 성냥, 담배, 채소, 쌀가루는 어느 마을을 가든 대량으로 조달할 수 있다. 주민들은 자기 마을에 그런 것이 없다고 단언할 것이다. 자신들은 불쌍할 정도로 가난하다고 하면서 말이다. 마을은 그 상태를 꽤 잘 보여주는 표시를 대개 지니고 있고, 이런 일이 발생하면 가장 효과적인 해결책은 마을에서 가장 연장자인 노인을 불러 담배를 주며 이해를 시킨 다음, 통역관에게 돈을 주어 두 사람을 멀찌감치 내보내는 것이다. 한번은 서해안의 벼룩이 들끓는 항구에서 이 시스템이 실패하였는데, 그곳 마을 여관에는 마구간도 없었다. 그리고 나는 정말 마을에 닭이 없다고 생각했다. 하지만 몇몇 마을 사람들의 우는 듯한 하소연을 비웃기라도 하듯이 갑자기 두 마리의 닭이 담을 넘어 도로로 떨어졌다. 회합은 혼란에 빠졌다. 마부, 하인들, 통역관은 주변을 채찍으로 치면서 단숨에 사람들에게 달려들었다. 해를 당한 사람은 없었지만 상당한 소동이 이어졌고, 마을 사람들이 마구간, 닭, 계란을 즉시 대령하면서 물건 값도 그 자리에서 지불되었다. 마을 사람들에게 지불하는 돈 중에서 마부들이 말의 잠자리에 대한 비용을 지불하는지 확실히 해두는 것이 좋다. 마부들은 가능하면 돈을 주지 않으려 할 것이고, 이것이 여관 주인의 기억에 남아 있으면 다음 외국인이 지나갈 때 문을 닫아걸게 만든다. 그러나 일반적으로는 돈만 내면 어떤 것이나 구할 수 있다. 만약 길이 험해서 도자기 바구니에 예사롭지 않게 해가 가해졌다면 급할 때 그릇과 화로까지 구할 수 있다.

단조로운 행군을 해나가는 동안 한낮에 잠시 쉬기 위해 마을 밖에서 야영하는 일은 즐거운 일이다. 수영을 할 만한 날씨이면 강가에서 하는 것이 특히 좋다. 음식은 나무 그늘 아래서 햇볕을 받으며 준비할 수 있다. 이러한 피크닉 풍의 휴식은 선교사들이 늘 불평하는 시골 여관에서 머무는 것과는 색다른 변화를 준다. 조선의 여관은 정말 있을 곳이 못된다. 나는 갑작스런 소나기로 여정을 중단하고 여관에 머물렀던 적이 몇 번 있다. 저녁 숙박은 대개 여관에서 벗어나 이루어졌다. 저녁마다 통역관은 깨끗하게 보이는 개인 주택을 찾아서 내가 머물 수 있는 방 두 개를 빌릴 수 있도록 집주인과 흥정을 했다. 그런 거래는 절대로 거절된 적이 없었으며, 이런 경우 무례한 일을 당하거나 모욕을 받은 적도 없었다. 그 집에서는 내 하인들을 기꺼이 도와주었고, 마부들이 말을 데리고 마구간으로 물러가고 나면 방해하는 사람이 아무도 없었다. 몸종이 아침 식사를 준비해주었다. 우리에게 할당된 공간은 내가 야전 침대를 펴고 모기장을 칠 만큼 언제나 넉넉했다. 대개 그곳은 마당을 향했고, 마당 둘레엔 집들이 지어져 있었다. 한쪽이 개방되어서 환기는 잘 되었고, 바닥은 땅에서 얼마쯤 올라온 높이에 두꺼운 목재로 만들어졌다. 날씨가 좋지 않을 때는 불을 때고 문을 닫을 수 있었다. 더구나 무엇보다 깨끗하다는 점에서 이러한 시스템은 칭찬할 만하다. 대개 내가 방값으로 내는 50센트는 물론 미리 흥정한 가격의 두 배였다. 가끔 이런 개인주택을 구하기 힘들 때는 야영을 하거나 관아의 숙소를 사용하는 등 임시변통을 해야 했다. 관아는 불편했고 우리는 언제나 관아나 여관에 들어가기보다는 개인적인 숙소를 택했다. 이런 주택의 툇마루에서 여러 밤을 보냈고, 툇마루는 뒤쪽 사실(私室)로도 연결되었다. 우리의 잠자리는 가능한 한 활짝 트인 곳에 만들었는데, 밤 시간의 고요한 아름다움을 즐길 수 있다는 것이 그 이유였다. 나는 툇마루 아래쪽에 잠자리를 펴고 사람들이 다니는 길 가장자리에서 옷을 갈아입었는데, 남에게 피해를 주지 않는 조용한 조선 사람들의 무리가 몇 피트 떨어진 곳에서 담배를 피우면서 나를 구경했다. 나는 잠옷을 입고 잠자리에 들어 모기장을 닫았는데, 그러고 나면 사람들은 조용히 흩어졌다. 사람들에게 공개되는 것을 피할 수 없었고, 항의해야 소용이 없었기 때문에 구경꾼들의 호기심을 가지고 승강이하는 것보다는 상황을 받아들이는 것이 더 편했다.

필요 없는 물건은 안 가지고 가는 것이 언제나 상책이다. 땅에서 떨어진 상태로 놓을 수 있고 미국식 침대보다 더 단단하게 만들어진 야전 침대는 필수품이다. 양쪽 끝에 주머니가 달린 야전용 캔버스 천 가방 또한 없어서는 안 된다. 거기에 모든 개인 용품을 넣을 수 있다. 플라넬 셔츠, 타월, 양말, 책 한두 권, 필기용품, 모기장, 구충제 등도 모두 포함되어야 한다. 신선한 박하는 침구근처에 작은 무더기로 쌓아놓으면 벼룩을 막는 데 유용하다. 그것은 귀중한 치료약이고 대개는 효과가 있다. 그런데 이곳에 머무는동안 한국에서 경험했던 벼룩보다 뉴욕과 필라델피아의 가옥들의벼룩과 벌레가 이런 처방에 훨씬 안 듣는 것을 발견하긴 했다. 카메라, 안장, 자이스 안경, 샷건, 사냥용 라이플, 리볼버 권총, 사냥칼, 그리고 대용량 고무 물병도 필요하다. 소다수 제조용 알약도추천할 만하다. 로프, 실, 잼, 코코아, 차, 설탕, 알코올, 병조림 육류, 통조림 과일, 비스킷, 에나멜 처리한 식기와 조리기구, 몇 가지화장용품 등도 챙겨야 한다. 관리나 다른 유럽 여행객에게 접대를할 기회가 생길 것을 대비하여 와인과 다른 사치품을 넣은 작은바구니를 가져가는 것도 좋은 방법이다. 특히 관리들에게는 이것이 잘 먹힌다. 조선의 담배는 가볍고 순하며 쉽게 피울 수 있다. 나는 담배 주머니를 항상 가지고 다닌다. 군용의 캔버스 천 가방은 어떤 상자보다 좋다. 이것을 사용하면 말을 다치게 하는 날카로운 가장자리와 모서리를 없앨 수 있으며, 딱딱하지 않기 때문에 짐을 지울 때에도 가죽, 주석, 혹은 나무 상자처럼 말의 옆구리를 불편하게 하지 않는다. 나의 침구와 야전 용품은 조랑말 위에 균형 잡히게 싣고, 내 식량과 하인들의 짐은 다른 조랑말에 실었다. 통역관과 나는 말을 탔고, 하인들은 짐을 실은 말에 탔으며, 인부들은 걸었다.

한번은 독일 친구와 여행할 때 수행원들이 지나치게 많았다. 우리 각자에게 딸린 개인 수행원뿐 아니라 합동 수행원들이 있었다. 그러나 사실은 이건 옳은 방식이 아니다. 게다가 비용도 많이 들고 귀찮은 일이어서 그렇게 큰 행렬은 적지 않은 관리가 필요하다. 이것은 일반적으로 취할 방식은 아니지만 이러한 행렬에는 사치스럽지만 뭔가 재미 있는 면도 있다.

조선에서 내가 더이상 할 일은 없었다. 나는 육로 여행으로 부산에서 경성까지, 또 경성에서 원산까지 갔고, 광산과 산업이 이루어지는 내륙과 해변 중심지에 대한 조사도 종결되었다. 불교 사찰이 있는 금강산의 아름다움도 충분히 음미해 보았다. 이런 힘든 일이 모두 끝나자 나는 피곤했고 불편했다. 게다가 조선의 수도인 경성에서 태평양 연안의 러시아 블라디보스토크까지의 긴 육로 여행을 시작할 시기가 다가오고 있었다. 경성의 더위가 최고조에 달해 견딜 수 없던 어느 날 영국 공사인 거빈스 씨가 한강 몇 마일 상류에 있는 섬에서 잠시 휴식과 회복의 시간을 갖자고 제안했다. 해가 떨어지기 전 나의 스태프와 나는 물길이 바뀌자 배를 타고 강 입구로 나아갔다. 나를 짓누르고 있던 피곤의 짐이 항구에서 불어오는 세찬 바람과 상쾌한 공기로 인해 가벼워졌다. 블라디보스토크 여행 준비로 집안의 귀찮은 일들이 신경을 거슬리게 하던 경성의 덥고 답답한 환경에서 벗어나는 것은 정말 황홀했다. 우리가 강의 빠른 물살을 거슬러 유유히 항해할 때 검은 구름의 골짜기 뒤에서 달이 불쑥 솟아나오면서 강 건너 절벽의 울퉁불퉁한 아웃라인이 변신의 실재를 보여주었다. 한밤중임에도 나는 느긋하게 물의 포말과 거품을 가지고 장난치며 놀았다. 나는 강에 있는 작은 섬에서 며칠 노닥거렸는데, 햇볕이 뜨거울 때는 뱃놀이를 멈추다가, 식사용으로 바다 새를 잡고 아침 끼니로 깊은 물에서 물고기를 건져 올릴 수 있는 밤과 황혼녘에 주로 항해를 했다. 빠른 물속으로 뛰어드는 것은 얼마나 기쁜 일인지! 그리고 섬의 시원한 그늘에서 얼마나 많이 물속으로 첨벙 뛰어들었던지! 한가하게 장난치면서 보낸 며칠 동안 근심과 걱정은 사라졌고, 몇 달 동안의 여행이 주는 긴장과 두 번의 원정 때문에 겪은 고생으로 지친 마음은 원기를 되찾을 기회를 얻었다. 그리고 섬에 있는 사찰에서 즐거운 몇 주간을 보냈는데, 강화의 높은 봉우리에 자리 잡은 암자의 내 방 창문에서 몇 마일이고 펼쳐진 경치를 구경할 수 있었다.

바닷물이 들어오는 한강의 입구는 바람이 세고 깊어서 선박들과 작은 배들이 드나들었다. 강 자체는 입구에서 20마일 정도 올라와야 시작되며, 그 사이에 있는 물길은 정확하게는 바다에 속한다고 할 수 있다. 강의 흐름이 전혀 느껴지지 않는 제물포에서는 유속이 시속 5노트쯤 되고, 강폭이 좁아지는 곳에서는 유속이 빨라진다. 바닷물과 강물이 만나는 곳은 거칠지도 잔잔하지도 않은 한 줄기의 파도로 나타난다. 이곳에서 물은 언제나 쉬지 않는 깊은 곳의 정령들을 시적으로 연상시키며 거품을 내고 부서진다. 한강은 경성으로 연결되는 길이다. 철로가 있기 전에는 경성으로 가는 길은 강의 많은 사구(砂丘) 중 하나에서 밤을 보낼 것인가, 아니면 조랑말을 끌고 작은 사하라에서 모래찜질을 맛보며 육로로 뒤처진 여행의 위험을 감수할 것인가의 선택이었다. 그 시절에는 '육로로만' 가는 길을 '육로와 수로 시스템'보다 선호하는 사람들이 많았다. 정크선이나 증기선으로 시험 삼아 여행하다 보면 배가 좌초하고, 또 맨발로 물을 건너야 하는 일이 많아서 결국 '육로와 수로 시스템'의 꼴이 되는 경우가 다반사였다. 그러나 지금은 철마가 길을 지배하고 있다.

24장

강화도의 간략한 역사·은둔하는 피정, 이상적 휴식·밤 방문객
한밤중의 군중·경성으로의 귀환·긴 여행을 위한 준비·폭동과 혼란

내가 편안한 상태에서 항해를 하고 있는 강화도는 만의 북동쪽에 자리 잡고 있다. 그것은 해안선이 한강 입구까지 북쪽으로 쭉 뻗어나가기 전에 오른쪽으로 약간 휘면서 생긴 만이다. 강화도는 남쪽과 남서쪽이 탁 트인 바다로 향하고 있다. 북쪽으로는 한강 입구에 의해 본토와 분리되어 있다. 동쪽으로는 200야드가 채 안 되는 좁은 해협이 있는데, 그곳을 통해 제물포에서 경성까지 운항하는 선박들이 지나가며 그 해협에 의해 섬은 본토와 분리된다.

섬의 지리적 특징으로는 분명하게 구분되는 세 개의 산맥이 있으며 정상의 고도가 약 2,000피트 정도 된다. 동쪽에서 서쪽으로 펼쳐진 넓고 비옥한 골짜기가 이 산맥을 갈라놓고 있으며, 주민들은 이러한 탁 트인 공간에서 농사를 짓는다. 농사를 짓는 사람들이 사는 마을은 골짜기 옆을 따라 움푹 들어간 곳에 아늑하게 자리를 잡아서 겨울의 혹독한 추위로부터 피할 곳을 확보한다. 해안에서 골짜기까지 이르는 수백 에이커의 평지는 엄청나게 튼튼하고 긴 둑을 세워서 지난 2세기 동안 바다로부터 개간한 것이다. 이 육중한 둑이 없다면 지금은 좋은 농지가 된 이곳이 한사리가 일어날 때마다 씻겨 내려가는 펄에 지나지 않았을 것이다. 바다가 계속 침식하면서 한때 모든 저지대 농지가 없어질 뻔한 적도 있다.

지금은 아름다운 폐허로 전락해버린 높은 방어용 요새들과 흥미로운 절이 있는 강화도는 조선의 초기 역사에서 중요한 역할을 했다. 강화도는 적의 침입을 물리쳤고, 전란이 있을 때에는 왕실과 조정에 피할 곳을 제공했다. 대담무쌍한 위치 때문에 강화도는 공격을 당하는 첫번째 전초기지이자 지켜야 할 가장 중요한 기지가 되었다. 13세기에는 외국의 침입을 받아 수도가 두 번이나 강화로 천도된 적이 있다. 1592년에 도요토미 히데요시(豊臣秀吉)가 이끄는 일본의 공격과 1894~1895년의 중일전쟁을 제외하고는 지난 8세기 동안 조선의 평화를 깨뜨리는 모든 외국 정벌대의 공격을 강화도는 모조리 겪어야만 했다. 대표적인 것이 13세기의 몽고군의 침략, 17세기의 만주의 침략, 1866년의 프랑스와 1871년의 미국의 침략이다. 게다가 강화도는 1876년에 조선과 일본 간의 최초의 조약으로 최종 결론이 난 협상이 이루어진 곳이다. 조선을 세계에 개방시킨 일련의 조약 중 첫번째라 할 수 있는 그 문서의 실제 조인식이 강화시에서 거행됐었다. 현 조선 황제의 전임자는 1831년에 강화에서 태어나서 경성에서 은둔하다가 1849년 즉위했다. 가끔 강화는 폐위된 군주, 귀찮은 왕족 자손, 불명예를 당한 재상들의 적절한 귀양지로 간주되어 왔다.

동쪽에 있는 좁은 해협에는 승객들을 본토로 실어 나르는 나루터가 두 곳 있다. 강물이 낮은 절벽 밑으로 급작스럽게 회전하는 강성은 1871년에 미국 원정대가 왔던 곳이다. 해협의 남쪽 입구 근처와 나루터 근처에는 미국의 선봉대를 격퇴했던 요새가 있다. 그 악명으로 인해 해변을 지나는 사람들에게 공포를 주는 선돌목의 유명한 급류와 소용돌이가 바로 옆에 있다. 이 섬의 해변에는 수많은 요새들이 흩어져 있는데 영국의 마르텔로 타워를 연상시킨다. 이들이 모두 한 번에 건축된 것은 아니다. 그들 대부분은 숙종 초기에 건축된 것으로 17세기 말에서야 시작된 것이다. 아래의 해협과 강을 내려다보고 있는 동쪽 해변의 성벽은 1253년에 세워졌다. 고려의 고종은 그해에 몽고의 침입을 피하여 조정과 수도를 송도에서 강화로 옮겼다. 두번째 나루터가 있는 갑곶진은 강성 너머 몇 마일 떨어진 곳에 있다. 문수봉은 나룻배가 다니는 해안 기슭으로부터 200피트 높이에 솟아 있다. 해변에서 조금 떨어진 정크선에서 보면 강화의 절벽이 본토 쪽으로 너무나 가까이 다가가 있는 것을 알 수 있다. 이 작은 장소가 1866년의 프랑스 원정대의 본부가 되었다.

섬의 수도인 강화시는 총안이 있는 요새로서 원주가 15리나 되는 성벽이 있고, 정자가 있는 4개의 성문이 있다. 그곳은 푸른 경치와 오래되고 무너진 성벽이 어우러진 아름다운 요새 도시이다. 조선의 많은 고도에 치명타를 입혔던 중일전쟁은 강화의 옛 영광을 쇠퇴하게 했다. 이 전쟁이 있기 전 260년 동안 강화는 송도, 광주, 수원, 춘천과 함께 황제의 안전을 책임지는 다섯 개의 요새 중 하나였다. 강화는 수비대 1만 명을 통솔했고, 각종 관리들이 거의 1,000명에 달했다. 조선 왕국의 운명에 변화가 생기면서 섬의 운명도 전기를 맞았고, 지금은 그다지 중요하지 않은 관리가 행정을 맡고 있다. 그러나 넓은 지역을 통괄하는 지방 행정의 소재지이며, 약 3만 명이 사는 무역과 산업의 중심지이다. 농업이 주업이며 채석과 돗자리 제작은 주민들이 살아가는 다른 수단이다. 해변 쪽에는 염전이 있다. 약간의 어업, 도자기 제조, 제련, 농부의 아내들이 매달리는 삼베짜기 등이 주민들의 직업이다. 한때 강화의 명물이었던 말 사육은 이젠 완전히 없어졌다.

이 섬의 행정 구역상에는 아홉 개의 절이 있는데, 일곱 개는 섬에 위치하고 있다. 이들 중 가장 큰 절이 방어시설을 갖춘 전등사로서 강화에서 30리 남쪽에 있는 이 역사적인 절은 한때 국가 방어의 중추 역할을 했고, 1866년에 프랑스 군대가 패배를 당한 곳으로도 유명하다. 본토를 면하고 있는 문수사는 석모도에 있는 또 다른 절 보문사처럼 불교 은둔처들이 모인 작은 군락에 속해 있다. 보문사는 때 묻지 않은 경치와 산등성이에 있는 자연석 암자로 유명하다. 전등사의 승려들은 최근까지 군대 계급을 가지고 있었는데, 그들은 국가 위기시에 군인으로 간주되었다. 그들은 항상 전시에 대비할 수 있는 상태를 유지하기 위해 정부 지원금, 식량, 무기를 지급받는다. 불교는 1266년 전부터 존재해왔지만 이제 섬사람들에게 영향력을 많이 잃었다. 강화에는 트롤로프(Trollope) 목사가 주재하는 영국 선교부가 있는데, 그가 이 섬에 대해 쓴 논문이 내가 조선에 머무는 동안 왕립 아시아학회지에 발표되었다.

나는 이 책의 뼈대를 준비하면서 강화의 절에서 5주를 머물렀다. 기껏해야 고작 1주일 정도 머물려고 갔던 나는 조용하고 호젓한 그곳이 고통으로부터 해방된 성소이자 마음을 편안하게 해주는 만병통치약임을 발견하고 그곳을 떠나기 싫었다. 이곳에 오는 도중에 지체가 되면서 제물포에서부터 나를 실어준 조선 정크선에서 며칠 동안 꼼짝 못하고 갇혀 있다가 해변에 내려 팔다리를 펴니 아주 살 것 같았다. 어느 날 동틀 무렵 상륙한 나는 아무런 의심도 하지 않는 영국 선교부의 트롤로프 신부의 보호 하에 떨어졌고, 그날 늦은 시간에 섬을 가로질러 절로 갔다. 스님들은 나의 침입에 전혀 동요되지 않았다. 금강산만큼 낯선 사람들이 그렇게 많이 찾아오는 것은 아니지만, 낯선 사람들이 와도 그들은 온 이유에 대해 아무런 질문도 하지 않는다. 방문객은 이들의 무관심 속에 자유롭게 활동을 할 수 있고, 이 경우 그렇게 하는 것이 그들을 매우 예의 바르게 대하는 것이다. 주지는 내가 온다는 연락을 받았고, 약간의 설명을 들은 다음, 바람이 잘 드는 곳에 거처를 마련하여 나를 맞으라고 명령했다. 그곳은 지상에서 상당히 높은 곳에 있었고, 대웅전 마당 바로 위에 자리 잡고 있어서 절 전체를 멋지게 볼 수 있었다. 멀리서 섬의 농지들과 물에 반짝이는 햇볕이 보였다. 내가 있는 곳 가까이에는 두 곳의 우물과 개울, 시원하고 향내 나며 숲이 우거진 산비탈이 있었다. 사찰은 나뭇잎의 바닷

속에 모습을 드러냈고, 그 사이로 흐르는 훈풍이 부드러운 음악소리를 냈다. 이 영빈관 한쪽 끝에는 조리와 식사 도구들이, 중간에는 내 간이침대가, 그리고 경치를 내려다보는 곳에서는 책과 서류들이 있는 작업 테이블이 있었다. 나의 작은 캠프의 환경에는 불편한 요소가 전혀 없었다. 매일 아침 주지스님은 새로운 하루의 영광으로 나를 환영했다. 저녁에 우리는 통역관의 도움으로 놀라울 정도로 다양한 주제—부처와 예수, 이승과 저승, 파리, 런던, 미국—에 대해 이야기했다. 사찰에서의 의무 때문에 이 새로운 친구들은 어떤 날 밤에는 올 수가 없었다. 그러나 그들은 자신들의 부재에 대해 언제나 미리 연락해주었고, 나의 작업을 결코 방해하지 않았으며, 불시에 내게 들이닥치지도 않았다. 이들이 보여준 배려와 예절은 다양한 방법으로 표현되었다. 내가 갚을 수 있는 작은 보답은 오히려 그들 앞에서 나를 부끄럽게 했다. 종종 자정쯤에 나의 등(燈)이 여전히 불타고 있을 때 주지스님은 자신의 거처에서 걸어와서 나의 원고를 자기 손으로 덮고 침대로 고갯짓을 하면서 부드러운 압력과 미소로 잠자리에 들기를 강권했다. 내가 있는 건물 앞에는 아무런 휘장이 없었고, 따라서 그들이 이방인을 그들의 문 안에서 관찰하는 것이 언제나 가능했다. 감시는 언제나 조용히 진행되었다. 실제로 내가 경내 마당으로 눈을 돌리면 단단한

줄에 매달려 바람을 쏘이고 있던 나의 가방의 내용물이나 간이침대의 구조를 관찰하고 있던 사람들은 유령처럼 휙 하고 사라졌다. 그러면 나는 평화롭게 하던 일로 돌아와 명상하고 주변의 아름다운 경치를 다시 바라볼 수 있었다.

이 절에 머무는 동안 식사 준비는 언제나 소박했다. 쌀과 계란과 가금류는 절 밖의 마을에서, 쌀가루나 야채는 절에 물건을 대주는 사람으로부터 구할 수 있었다. 아침 식사는 오전 10시에, 저녁 식사는 오후 6시에 하는 것이 내 계획이었다. 중간 시간은 내가 글을 쓰는 시간이었고, 완전히 몰두할 수 있었다. 아침 식사 전에 나는 산책을 하거나 그날 쓸 내용의 메모를 했다. 저녁 식사 후에는 방문객들을 맞았고, 그들이 가고 나면 흥미로운 것들을 기록했다. 대개 한밤중엔 승려들의 회합을 구경했고, 절의 큰 종이 쿵하고 울리는 소리와 볼륨은 작지만 날카로운 음색을 지닌 작은 종들이 같이 울리는 소리를 즐겁게 들었다. 이 놀라운 소리들이 밤 공기에 퍼질 때 공기의 진동은 키 큰 나무들을 멜로디로 적시고, 깊은 계곡을 정령들의 음악과 같은 신비한 곡조로 채웠다. 자정 예불이 끝나고 메아리가 잦아들 때 그 순간의 기쁨은 최고였다. 극도의 피곤함과 완벽한 만족감이 어우러진 가운데 나는 영빈관의 높은 공간 속에서 모기장의 보호 아래 몸을 뻗고 잠을 청했다.

내가 머무는 동안 전등사에는 방문객이 잦았는데, 외국인이 있다는 소문을 듣고 찾아온 사람도 있었고, 부처에게 제사를 올리려는 순수한 마음으로 찾아온 사람도 있었다. 어느 날 아침 지체 높은 가문의 두 명의 부인이 집안에 어려움을 당하자 벗어나게 해달라는 기도를 드리기 위해 찾아왔다. 사찰 기금으로 10실링에 해당하는 조선의 불전(佛錢)을 드린 후 그들은 주지스님과 함께 대웅전에서 밤 예불을 드리기 위한 준비를 시작했다. 오후 내내 승려들은 예불이 열릴 불당을 준비했다. 그들은 주지의 방에서 조선화가 새겨진 고급 휘장을 불당으로 옮겼다. 또 최고급 품질의 쌀로 많은 양의 밥을 지었다. 사탕과자와 제사떡을 원추 모양으로 높이 쌓아서 제단 앞에 있는 큰 구리 접시에 놓았고, 제단에는 세 개의 불상이 신령한 명상의 포즈로 앉아 있었다. 각각의 불상 앞에는 조각을 하고 금박을 입힌 12인치 높이의 명패가 있었고, 음식은 그 맞은편에 놓았으며 접시 사이에는 향을 피운 그릇을 놓았다. 긴 막대기 모양의 촛불이 제단 양쪽에 놓였다. 그 위에 중간에는 긴 금줄에 달린 램프 역할을 하는 백옥 그릇이 매달려 있었고, 거기에는 불을 붙인 심지가 연기를 내며 타고 있었다. 수많은 보조 제단들도 비슷하게 장식되었다. 불당의 집기로는 큰 북과 13세기에 주조된 무겁고 금이 간 종과 두 개의 징이 있었다. 승려는 다섯 명이 있었다. 두 명의 여인은 주지의 왼쪽에 침묵 상태로 앉았다. 네 명의 승려가 오른쪽에 자리 잡았다. 한 명은 종, 한 명은 북, 두 명은 징을 맡아서 번갈아 연주했다. 불당의 주 제단 좌우의 들어간 부분에는 열 명의 판관의 벽화가 있었다. 더 음침하고 기괴한 분위기가 돌게끔 하는 제단의 조명 외에는 건물 전체가 암흑에 싸였다.

예불은 부처를 모시는 의례적인 기도로 시작했다. 주지는 대나무 지팡이를 탁탁 쳤다. 모든 사람이 얼굴을 숙이고 이마를 바닥에 대며 엎드렸다. 손바닥은 경배와 겸손의 자세로 머리 앞으로 뻗었다. 이러한 엎드린 자세는 주지 자신이 뼈로 만든 손잡이로 놋쇠 목탁을 치면서 읊는 티베트 염불과 함께 계속되었다. 그곳에 모인 전체 참여자가 더 많은 절을 했고, 이번에는 여자들도 같이 참여했다. 대부분의 시간 동안 여자들은 한쪽 구석에 조용히 경건한 태도로 앉아 있었다. 여러 예불이 끝나자 주지는 주 제단 위의 예물들을 작은 제단 앞의 지정된 장소로 옮겼고, 기도가 새로 시작되었다. 열 명의 판관의 벽화 앞에서 긴 서곡이 진행되었고, 그 앞에서는 예불이 완전한 합창처럼 되었다. 한 승려가 놀랍고 기괴한 스텝으로 춤을 추었는데, 징 소리에 맞춰 한쪽 발바닥이 바닥에 닿으면서 다른 발이 공중으로 뛰어오르는 아프리카 카피르 족의 전쟁 춤을 연상시키는 춤이었다. 또 다른 승려는 깨진 종을 쳤고, 세번째 승려는 북으로 지루하고 단조로운 쿵쿵 소리를 계속 냈다. 그들의 예불을 보고 내가 느낀 이 승려들의 역할은 온갖 소음의 메들리로 밤의 거룩한 정적을 깨뜨리는 것이었다. 중간중간에 북, 징, 큰 종의 불협화음 가운데 승려들은 염불을 외웠고, 그것은 또한 주지의 놋쇠 종과 목탁 소리로 중단되었다.

그것은 불행하게도 내가 들어본 것 중에 가장 시끄럽고 찢어질 듯한 소음이었다. 남아프리카 원주민이 창과 방패를 가지고 추는 것처럼 팔을 넓게 휘저으면서 치다가 높이 던져 올린 후 날쌔게 잡아서 다시 두드리는 꽹과리 소리가 끝나자 그것을 연주하던 승려는 일행들 속으로 돌아왔고, 다른 동료가 그를 대신했다. 자신이 직접 하는 연주가 끝난 그는 옆으로 서서 동료들이 하는 염불 소리가 안 들릴 정도의 큰 소리로 웃으며 동료와 이야기했다. 그러고는 꽹과리를 치느라 가빠진 숨을 가다듬으면서 완벽한 무관심으로 부채질을 하다가 마지막으로는 소매 단을 살피며 이를 잡았다. 이를 잡고 난 다음 그는 다시 바닥에 있는 자기 자리로 돌아와 다른 이들과 함께 목소리를 높였다. 주 제단과 좌우에 있는 제단에 제사와 염불을 드린 후 앞서 차렸던 밥, 과자, 향, 떡과 함께 사과, 대추, 밤을 차린 테이블이 휘장 앞에 놓인 작은 제단 앞에 다시 차려졌다. 밥은 밥그릇에 가득 담겼고, 다른 승려들은 제사를 지내는 동안 불당 안에서 자기들끼리 웃으며 이야기를 했지만, 두 여인은 제단으로 다가가 세 번 절하고 나서 손가락으로 각각의 음식에 손을 댄 후 절을 하고 다시 구석으로 돌아갔다. 그와 동시에 세 명의 승려들이 문간에서 이야기를 나누고 있던 무리로부터 빠져나와 불당 중앙의 제단으로부터 7, 8피트 떨어진 기도 방석에 앉았다. 한 사람이 두루마리에 적힌 것을 조선어로 기도를 드리는 동안 다른 승려는 놋쇠로 된 종을 계속 울렸고, 세번째 사람은 목탁을 두드렸다. 이 예불이 진행되는 동안 다른 사람들은 떠들썩하게 이야기했고, 마침내 그들도 감사의 합창과 찬가를 함께 한 뒤, 낮고 절제된 음조로 단조로운 염불을 계속했다.

내가 묘사한 예불은 밤새도록 되풀이 되었다. 어떤 때는 더 시끄럽고, 어떤 때는 덜 시끄럽다가 가끔은 아무 소리가 없었으며, 나중에는 졸린 승려들이 불경을 지치고 떨리는 목소리로 외우는 소리만 들렸다. 눈을 크게 뜨고 앉은 여인들은 관심을 가지고 지켜보며 매우 흡족해했다. 승려들은 지루해 보였다. 개인적으로 나는 소란스러움으로 인해 지치고 멍하고 어리벙벙했다. 이 이상한 예불이 진행되는 동안 나는 금강산의 주요 사찰의 승려들의 큰 특징이었던 헌신적인 열정이 전혀 없는 것을 보고 무척 당황했다.

예불은 곧 대웅전으로부터 그 앞에 있는 넓은 마당으로 자리를 옮겼다. 여기서는 횃불을 무수히 피운 후에 주지와 세 명의 승려, 그리고 두 명의 조선 여인이 행렬을 이루며 움직였다. 그들의 행진은 수많은 목탁과 종소리와 함께 이루어졌다. 스님들은 소나무 가지를 무더기로 쌓아올려 만든 화톳불 주위에서 기도를 올렸다. 염불과 기도가 되풀이 되었고, 이전과 같이 온갖 타악기들이 연주되었다. 예불 드리는 사람들이 불당 안으로 돌아간 것은 폭우가 퍼붓고 나서였다. 나는 이 소나기가 반가울 따름이었다. 아침에 통역관은 마당에서의 행진은 비가 내리게 해달라는 특별한 기도의 일환으로 이루어졌다고 설명했다. 만약 그렇다면 그건 아주 신기한 우연의 일치였다. 다음날 내가 아침을 먹을 시간에 예불을 계속하려는 바람들이 있었다. 내 머리는 그전 날의 종소리, 목탁소리, 징소리의 거슬리는 불협화음으로 여전히 지끈지끈 아팠는데, 예불을 준비하는 광경을 보자 내 입맛이 싹 가셨다. 아침 식사는 불가능하게 되었다. 나는 평화를 구하는 기도를 하기 위해 아침을 포기했다. 다행히 이 축복은 이루어졌고, 더이상의 예불을 드리지 않고—내 생각에 이제 비가 내렸으므로—음복을 하기로 결정이 내려졌다. 그날 하루 종일 스님들과 두 분의 손님은 제사 음식을 먹었다. 따라서 그날은 방해받지 않고 조용히 지내는 날이었고, 나의 기도도 응답이 되었으므로 우리 모두 만족스러웠고, 우리는 행복한 한가족이 되었다.

나의 작은 휴가는 너무나 빨리 지나갔다. 어느 날 나는 슬픈 마음으로 경성으로 돌아갈 준비하고 있는 자신을 발견했다. 일단 경성으로 돌아오자 내가 여행을 준비하고 있다는 소식이 나의 하인들을 통해 밖으로 퍼졌다. 이 시절에 스테이션 호텔의 구내에는 골동품 상인들이 득실거렸는데, 나는 엠벌리 부부의 친절한 배려로 여전히 그곳에 살고 있었다. 경성에서는 살 것이 별로 없었다. 신기한 모양의 놋쇠 조리기구, 은이 박힌 인두, 담뱃갑, 옥으로 된 물잔, 부채, 휘장, 두루마리 등이었다. 내가 산 것이라고는 몇 개 없었는데, 조선의 가구, 육중한 찬장, 구리판이 달린 캐비닛, 작은 차 탁자가 무엇보다 내 관심을 끌었다. 황제는 벌써 비단과 부채 선물을 호텔로 보냈고, 몇 가지 남은 물건들을 합치면 조선에서 내가 모은 물건은 일단락되었다. 상인들은 집요했고, 우리로 들어오려는 양떼처럼 호텔의 내 방으로 밀려들었다. 아무리 항의해도 소용없었고, 이들의 귀찮은 관심을 해결하는 방법은 발로 거세게 차는 것이 상책이라는 것을 발견했다. 그들은 때리는 것을 농담으로 받아들였고, 마당으로 물러나가 거기서 중간중간 노예의 보물을 알현해주시라고 폐하께 간청하는 것처럼 구슬프게 울부짖었다. 하지만 폐하께서는 구경을 다 끝낸 상태였다.

더울 때 경성의 공기는 정말 나빴다. 대기는 수증기로 가득 차 있어 낮에는 후텁지근하고 밤에는 습했다. 나는 경성의 찌는 듯한 더위로 인해 서둘러 떠나는 것이 지혜롭다는 생각을 하였고, 약간 오한이 들고 목이 아픈 것을 느끼며 나의 탈출을 재촉했다. 하인, 가이드, 말을 구하는 힘든 일이 끝 모르게 진행되었고, 마침내 나의 출발이 결정되고 실제 출발 시간도 정해졌다. 앞일에 대한 전망은 매혹적이었다. 경성에서 거칠고 황량한 지역을 지나 블라디보스토크로 거의 800마일을 여행하는 일이 내 앞에 놓여 있었다. 그 대부분이 미답의 지역이었다. 이것은 일생에 한번 올까 말까 하는 기회였고, 이 일에 착수하면서 나는 매우 기뻤다. 마지막 인사를 하고 마지막 방문도 했으며 경성의 환대는 결코 잊지 않을 것이다. 출발일이 마침내 다가왔고 말들이 마당에서 발길질을 하고 있었다. 내 개인용품, 총, 간이침대, 텐트와 물건들이 모두 포장되어 로프로 묶였다. 말에 짐을 싣고 호텔비가 계산이 되었을 때 하인들이 한 사람 당 멕시코 달러로 10달러씩(1파운드) 월급을 인상해달라고 조르고 있다고 통역관이 조용히 내게 말했다. 엠벌리 씨는 이런 거래에 강력히 저항했다. 나는 절반으로 무마하려고 했다. 그들은 고집을 부렸다. 위기가 닥쳐오고 있는 것처럼 보였다. 그들과 승강이하기에 나는 너무 지쳤고 짜증이 났다. 나는 8달러로 내 제안을 올렸다. 그것이 거부되고 하인들은 해고되었다. 마당에서 소동이 일어났고 엠벌리 씨가 내 마지막 제안인 멕시코 달러 8달러를 수락하라고 하인들을 설득하면서 진정되었다. 통역관의 형인 하인들의 우두머리가 이 거래를 거부했지만 이처럼 인상한 것은 큰 의미가 있었다. 단호한 입장을 취하는 것이 필요했다. 지금 생각하니 처음에 지불 기준에 어떤 변화를 받아들인 것이 현명하지 못했던 것 같다. 2달러를 더 지불하는 문제에 대해서는 나는 단호한 입장을 취했다. 한 푼도 더 줄 수 없었다. 통역관은 형이 안 가면 자기도 남겠다고 알려왔다. 나는 잠시 그를 쳐다보다가 마침내 수작을 알아차리고는 그를 때렸다. 그는 마당으로 도망치며 죽는다고, 살인을 당할 거라고 고함을 질렀다. 말을 돌보던 마부들이 그의 주위에 모여 크게 편을 들었다. 엠벌리 씨는 그들을 불러 자초지종을 설명했다. 나는 마당으로 걸어갔다. 마부의 리더가 내게 다가와서 이미 받아들였던 조건에서 조선 화폐로 30달러의 인상을 요구했다. 게다가 계약금의 4분의 3을 선불로 달라고 했다. 원래는 4분의 1만 주기로 했었다. 나는 30달러를 거부했고 그를 채찍으로 때렸다.

바로 그때 나의 여행은 그야말로 끝장이 났다. 마부의 리더가

씩씩대며 들어오더니 사람들 사이를 발광하며 헤집고 다녔다. 그러고는 큰 바위를 가지고 내게 달려들었고, 내가 그의 관자놀이를 치자 소동이 시작되었다. 내 짐은 말에서 떨어졌고 돌덩이가 공중을 날아다녔다. 나는 나를 공격하는 사람들을 때렸고, 한동안 아주 고약한 상황의 중심이 되었다. 하인들과 마부들, 통역관, 그리고 몇몇 구경꾼들이 싸움이 계속되는 동안 맹렬히 논쟁을 벌였다. 마침내 엠벌리 씨가 마당을 치우고 나의 물건들을 회수했다. 그러나 나는 이마가 약간 찢어졌고, 오른손은 복합골절을 보이고 있었다. 조선 사람 머리는 때리기 힘든 대상이다. 이제 여행을 연기할 수밖에 없었다. 건강에 대한 나의 두려움이 현실화되었다. 이 소동이 벌어진 날 밤이 되자 아픈 징조가 나타났다. 오른손과 팔의 통증이 가중되었고 머리는 아팠으며 목은 부었다. 나는 즉시 일본으로 떠나라는 충고를 받았다. 다음날 나는 요코하마로 가서 거기서 블라디보스토크로 가서 러시아 본부에서 원정을 시작할 요량으로 배를 탔다. 그러나 배가 일본에 도착했을 때 나는 장염을 앓게 되었다. 더이상의 여행은 말도 안 되는 일이었고, 사람들이 나를 요코하마의 호텔에서 영국으로 데려갈 일본 증기선의 객실로 옮겼을 때 나는 마음속으로 이 세계에 속한 나라들에게 작별 인사를 고했다. 왜냐하면 내가 죽어가고 있다고 의사가 말했기 때문이다.

부록

1. 철도 일정표

출발역	요일	도착역
뤼순, 다롄	화요일, 목요일	모스크바 13일 2시간 42분 소요

그러나 모스크바에서 출발한 열차는 다롄과 뤼순에 수요일과 토요일에 도착한다.

열차는 1등실과 2등실, 그리고 식당차로 구성되어 있다.

증기선 여객과 비교할 때 철도 여행의 비용은 거의 여행을 하지 말라고 하는 것과 같은 수준이다.

철도 여행은 매우 불안정하고 많은 장애가 발생한다

열차가 도착하면 중국 동부철도공사의 기차가 한국으로의 연계를 위해 대기하고 있다. 24시간에서 48시간이 걸린다.

서울~부산 철도(경부선)가 완공됨에 따라 한국과 일본 간의 여행은 대략 44시간 정도 걸릴 것이다.

제물포/서울에서 부산까지: 10시간
부산에서 일본의 모지까지(배로): 4시간
모지에서 고베까지: 15시간
고베에서 도쿄까지: 15시간

2. 1902년 개항장에 들어온 모든 물품의 내역

국적	제물포				부산			
	무동력선		증기선		무동력선		증기선	
	함선수	총무게(톤)	함선수	총무게(톤)	함선수	총무게(톤)	함선수	총무게(톤)
영국			3	7,198			1	4,800
한국	167	4,031	187	34,877	12	308	77	32,633
중국	73	406						
프랑스					1	1,744		
독일			1	1,379				
이탈리아							1	2,791
일본	205	12,945	299	186,050	943	28,447	685	326,858
노르웨이							1	25
러시아			42	58,332			21	12,555
미국	6	162	1	15				
총계	451	17,544	533	287,851	956	30,499	786	379,662
1901년 계	571	18,839	465	220,053	765	30,147	686	312,029
1898~1902 평균값	596	19,968	415	206,996	726	27,086	569	287,725

국적	원산				진남포			
	무동력선		증기선		무동력선		증기선	
	함선수	총무게(톤)	함선수	총무게(톤)	함선수	총무게(톤)	함선수	총무게(톤)
영국								
한국	5	190	94	22,057	412	6,897	200	26,898
중국					264	3,113		
프랑스								
독일								
이탈리아								
일본	77	8,238	189	106,755	126	5,349	52	31,263
노르웨이			1	25				
러시아	4	294	41	22,752				
미국					53	1,408	31	465
총계	86	8,722	325	151,589	855	16,767	283	58,626
1901년 계	65	6,333	259	112,583	870	18,424	203	35,826
1898~1902 평균값	63	6,085	243	121,791	716	14,678	195	36,793

국적	목포				군산(1899. 5. 1. 개항)			
	무동력선		증기선		무동력선		증기선	
	함선수	총무게(톤)	함선수	총무게(톤)	함선수	총무게(톤)	함선수	총무게(톤)
영국								
한국	9	154	92	20,694	35	666	101	13,478
중국	1	4			1	8		
프랑스								
독일								
이탈리아								
일본	62	3,672	281	144,422	33	818	66	22,297
노르웨이								
러시아								
미국								
총계	72	3,830	373	165,116	69	1,492	167	35,775
1901년 계	75	4,572	320	133,494	111	2,731	141	36,163
1898~1902 평균값	100	4,655	278	121,014				

국적	마산포(1899. 5. 1. 개항)				군산(1899. 5. 1. 개항)				총계			
	무동력선		증기선		무동력선		증기선		무동력선		증기선	
	함선수	총무게(톤)	함선수	총무게(톤)	함선수	총무게(톤)	함선수	총무게(톤)	함선수	총무게(톤)	함선수	총무게(톤)
영국											4	11,998
한국	1	31	2	847			92	14,298	641	12,277	845	165,782
중국									339	3,531		
프랑스									1	1,744		
독일											1	1,379
이탈리아											1	2,791
일본	61	796	205	28,902	9	858	127	30,646	1,516	61,123	1,904	877,193
노르웨이											2	50
러시아							9	7,583	4	294	113	101,222
미국									59	1,570	32	480
총계	62	827	207	29,749	9	858	228	52,527	2,560	80,539	2,902	1,160,895
1901년 계	72	1,033	169	20,223	4	294	196	32,565	2,533	82,373	2,439	902,936
1898~1902 평균값									2,331	75,352	2,053	833,334

주) 일본(일본 유한회사, 오사카 상선회사, 호리 컴퍼니)과의 교역이 1위인 것은 당연한 일이다. 한국 무역의 양은 점점 증가하고 있고, 러시아 증기선은 예전보다 더 물류량이 늘었다.

3. 1901~1902년 개항장을 통해 외국에 수출한 주요 물품의 내역

품목	단위	1902		1901		1898~1902년 5년간 평균
		양	금액(파운드)	양	금액(파운드)	
보리	파운드	359,600	395	100,133	111	1,165
콩류	파운드	107,887,600	186,293	114,273,600	194,115	185,839
해삼	파운드	312,666	6,517	447,466	6,820	7,199
가축	파운드	6,552	19,383	13,611	17,288	11,514*
구리	파운드	264,400	4,041	300,533	6,448	–
생선(가공된 것 포함)	파운드	4,909,600	8,418	7,645,066	14,814	11,782
인삼(홍삼)	파운드	85,201	122,304	24,575	25,670	77,386**
인삼(백삼)	파운드	3,333	213	16	121	109
금	–	–	5,409	–	7,205	–***
가죽	파운드	3,981,600	70,815	3,500,400	66,396	53,652
기장	파운드	213,333	309	439,866	437	1,539
오배자	파운드	67,866	875	99,866	1,308	1,866
종이	파운드	173,066	3,164	133,200	2,575	3,161
쌀	파운드	126,401,066	359,804	184,566,266	427,459	314,081
해초	파운드	2,596,666	9,354	3,027,600	9,118	8,744
모든 종류의 피혁	개수	29,660	2,239	21,077	1,392	2,039
우지	파운드	421,466	3,015	306,266	2,185	1,055
고래 고기와 기름	–	–	4,737	–	22,858	11,410
밀	파운드	11,751,333	18,022	2,757,866	3,682	9,523
기타	–	–	20,727	–	26,822	44,641
총계			846,034		836,824	746,705

* 블라디보스토크 외 여러 지역에서의 수요가 늘어나면서 큰 폭으로 값이 올랐다.
** 한국 정부가 중국에 보낸 것
*** 1898년 내역이 존재하지 않는다.

4. 1901~1902년 외국 주요 수입물품의 내역

품목		단위	1902		1901		1898~1902년 5년간 평균 거래액
			양	금액(파운드)	양	금액(파운드)	
면세품							
셔츠 흰색, 회색	영국	점	380,730	172,515	402,156	176,892	159,763
	일본	점	18,926	3,934	19,236	3,933	2,328
티셔츠		점	18,771	4,169	29,789	6,782	4,400
능직	영국, 미국	점	20,045	9,274	34,070	16,250	9,546
	일본	점	2,032	1,036	919	188	298
터키 레드	영국	점	6,857	1,873	6,815	1,928	1,934
	일본	점	9,763	1,539	10,274	1,904	1,726
한랭사, 모슬린		점	100,513	10,135	95,460	9,750	12,915
모사직		점	33,602	8,797	38,897	10,296	9,062
시트	영국, 미국	점	134,282	57,342	189,554	80,177	60,164
	일본	점	173,907	72,098	171,235	72,303	52,961
렙(골지게 짠 직물)		점	21,094	9,461	28,412	14,598	7,707
일본산 피륙		점	658,462	65,407	909,811	88,069	75,405
비 일본산 피륙		점	39,356	3,054	39,699	3,517	8,600
방적사	영국, 인도	파운드	111,333	3,923	120,933	4,193	5,641
	일본	파운드	4,154,533	98,933	5,028,800	119,781	105,454
	중국	파운드			4	12	–
기타 면제품				23,282		33,235	42,003
합계				546,772		643,808	559,919*
모직물				7,846		16,618	8,235
기타 피륙				1,701		1,645	1,148
금속류				59,266		74,156	54,218
잡화류							
무기, 군복, 탄약				9,556		38,606	17,979
가방과 끈				31,408		28,464	25,011
의복과 남성용 장신구				21,918		17,916	14,260
면	면화	파운드	239,066	3,806	447,866	7,883	5,244
	솜	파운드	652,666	12,340	688,533	14,650	14,596
염료		파운드	259,333	8,361	327,466	13,791	8,814
밀		파운드	1,937,066	7,433	1,899,966	7,860	6,724
곡물과 콩		파운드	3,998,266	9,337	3,110,133	6,348	14,495
모시				57,310		53,979	46,823
기계류				14,608		12,546	8,816
성냥		그로스	576,629	18,110	562,338	17,747	15,991

품목		단위	1902		1901		1898~1902년
			양	금액(파운드)	양	금액(파운드)	5년간 평균 거래액
채굴장비				46,659		39,267	28,859
등유	미국	갤런	3,461,980	77,988	2,463,631	62,833	55,691**
	일본	갤런	760	17	19,260	530	1,873
종이		파운드	878,666	7,654	901,733	8,033	6,475
식량				19,154		19,359	15,695
철도 공사용 자재				46,112		27,963	33,816
쌀		파운드	11,447,466	40,675	10,963,200	40,924	24,348***
술(청주와 백주)				15,924		14,228	13,247
소금		파운드	17,491,733	7,998	28,845,200	13,879	13,031
비단				86,444		125,381	81,911
설탕		파운드	2,501,600	15,039	1,992,933	12,588	10,984
담배				20,273		17,425	14,576
기타 잡화				188,642		161,838	135,910
합계				766,766		764,038	615,169
총 합계				1,382,351		1,500,265	

* 합계는 559,907인데 원 표의 계산이 틀려 있음(역주)

** 미국 화물선으로부터의 대량 직접 수입.

*** 국가적 기근을 해소하기 위해 정부가 사이공(베트남)으로부터 대량으로 수입.

5. 개항장 사이에서 이루어진 토산 생산물의 연안 거래

항구	1902		1901	
	수입	수출	수입	수출
제물포	2,517,819	91,443	1,991,757	98,364
부산	443,235	587,513	455,256	445,963
원산	514,936	573,025	306,909	626,965
진남포	83,805	803,828	34,662	708,561
목포	105,577	817,359	104,926	456,632
군산	73,691	527,187	57,122	472,850
마산포	10,896	191,547	15,173	110,968
성진	64,997	84,892	78,439	74,829
계	3,814,955	3,676,794	3,044,244	2,995,132
총계*	7,521,956		6,039,376	

* 교통의 편의성에 따라 매년 증가.

6. 관세 수입

연도	총량		환율(교환 비교)
	원	파운드	
1902	1,204,776	122,783	2s 1/2d
1901	1,325,414	135,303	2s 1/2d
1900	1,097,095	109,710	2s
1899	902,955	90,296	2s
1898	1,000,451	101,087	2s 1/2d
평균		111,836	

7. 금 수출

연도	양		환율(1원 당)
	원	파운드	
1902	5,064,106	516,961	2s 1/2d
1901	4,993,351	509,738	2s 1/2d
1900	3,663,050	363,305	2s
1899	2,933,382	293,338	2s
1898	2,375,725	240,047	2s 1/2d

출항	금액(원)		
	1902	1901	1900
제물포	2,538,101	2,556,095	1,927,665
부산	104,915	122,968	121,809
원산	1,361,580	1,668,245	1,425,576
진남포	1,053,800	646,043	158,000
목포	5,710	—	—
	5,064,106	4,993,351	3,633,050

나라	금액(원)		
	1902	1901	1900
중국	59,806	136,150	567,670
일본	5,004,300	4,857,201	3,065,380
	5,064,106	4,993,351	3,633,050

8. 광물표

광물	지역
금	함경도, 평안도, 황해도, 경기도, 강원도, 충청도, 전라도, 경상도
은	함경도
은과 납	함경도, 강원도, 경기도, 충청도, 경상도, 전라도, 평안도
주석	전라도
철광석, 자철광, 강철광	함경도, 황해도, 경기도, 충청도, 전라도, 경상도
수은	경상도, 함경도
망간	경상도
석탄	평안도, 경상도, 함경도, 경기도, 강원도

주) 이 광물들은 여러 지역에서 생산된다.

몇 년 전 한국문학번역원에서 '그들이 본 우리 시리즈'로 『조선의 소녀 옥분이』를 번역한 후 다시 한 번 서양인의 눈에 비친 우리의 모습을 그린 책을 번역하게 되었다. 여성 선교사의 눈에 비친 어린이, 병자, 서민들의 이야기를 따스하게 묘사하고 있는 『조선의 소녀 옥분이』에 비해 이번에 번역한 앵거스 해밀튼의 책은 내용과 성격이 판이하게 달랐다.

한 세기가 끝나고 새로운 세기가 시작되는 격동기에 한반도를 둘러싼 중국, 러시아, 일본뿐 아니라 미국, 영국, 독일 등 열강들의 정치적 세력다툼과 이권 문제를 다루고 있는 이 책은 정치, 사회, 역사, 민속 등 많은 지식을 요하는 책이다. 그는 영국인의 입장에서 한반도가 특히 중국과 일본의 야심에 희생자가 되어 가는 것을 안타까워하면서 동시에 영국이 무한한 가능성이 있는 시장에 발 빠르게 대응하고 있지 못하는 데 대해 영국 정부와 기업들에게 비난의 화살을 돌리고 있다. 광산 개발, 어업권, 철도부설권 등 모든 분야에 있어서 일본이 악착같이 자신의 이익을 위해 온갖 계략과 권모술수를 부리는데 비해 영국은 조선에 대해 너무나 미온적으로 대처하고 있음에 통분해 하는 모습이 여러 곳에서 눈에 띈다.

이처럼 이해관계가 걸린 편향된 시각 탓인지 몰라도 여러 군데에서 역사적 사건에 대한 해석이나 인물에 대한 이해는 문제점이 있는 것처럼 보인다. 가령 중국과 만주에서 일본군에 대한 태도가 우호적이라든가, 조선이 발전한 것은 일본의 덕이며, 교류를 계속해야만 발전에 도움이 된다는 식의 입장은 반론의 여지가 있는 부분이다. 그렇지만 새로운 문물을 받아들이면서 변화해 가는 세기말 조선의 모습이 이방인의 눈을 통해 색다르게 그려지고 있다는 점이 이 책의 장점이다. 그는 정치적 신분과 네트워크를 통해 조선 조정의 자세한 내막까지 알게 되었으며 황실의 매력과 문제점도 동시에 묘사하고 있다. 황제가 조상들의 신주를 모시기 위해 행차하는 광경의 묘사는 그의 뛰어난 관찰력을 보여준다.

그의 통찰력이 돋보이는 또 다른 대목은 전국을 여행하면서 노상에서 마주쳤던 사람들, 가옥들, 산과 들에 대한 묘사이다. 농부들이 얼마나 부지런히 일하는지, 자연 속에서 살아가는 사람들의 삶이 얼마나 평화로운지, 사람이 다니지 않은 곳에는 얼마나 많은 비경들이 있는지를 묘사하는 대목은 우리 국토와 국민에 대해 다시 한 번 돌아보게 하는 부분이다. 물론 저자는 조선의 불결한 위생상태, 여성에 대한 차별과 억압, 또한 동물에 대한 학대 등 부정적인 면도 지적하고 있다. 조선 조정의 부패상, 관료들의 타락상, 가슴을 드러내는 여성들의 복장, 벌거벗고 뛰노는 아이들을 묘사하는 대목에서는 발전된 나라 사람으로서의 우월의식과 타국 문화를 비하하는 식의 시각도 엿볼 수 있다.

이 책이 역사적인 문서로서 많은 중요성을 지니고 있다고 알고 있다. 한국 근대사의 전문가가 아닌 입장에서 단지 본문에 충실하려는 목적으로 번역하는 과정에서 여러 오류와 실수가 발견될 수 있으리라 생각한다. 그 오류는 저자 자신의 것일 수도 있고 또 번역자의 역사적 지식 부족으로 발생한 것일 수 있다. 번역하면서 어려움을 겪은 것은 지명을 비롯한 고유명사의 표기이다. 현재와 명칭이 달라진 곳도 있고 아무리 조사를 하여도 도저히 알 수 없는 지명들도 있다. 그러한 경우에는 영문을 같이 병기함으로써 이해를 돕고자 하였다. 가령 '영원한 평화(Lasting Peace)'는 어떤 산을 지칭함인지, 뭄사암(Mumsaam)은 어떤 암자를 말하는지, 남푸(Nampu)는 어디를 말하는지 찾아내기 힘들었다. 'Temple of the Tree of Buddha'를 '불목사'라고 번역했지만 실제로 그런 절이 있었는지는 알아낼 수 없었다. 이 분야의 전문적인 지식을 가진 독자들의 제안으로 앞으로 수정되기를 희망한다.

문체 또한 번역하기 쉽지 않았다. 가능한 한 원문의 문체를 살리면서 가독성을 높이려했지만 어색하거나 읽기의 흐름이 자연스럽지 못한 곳이 있으리라 생각한다. 끝으로 이 책이 서양인의 눈에 비친 우리의 모습을 되돌아보는 귀한 기회가 되기를 바라며 '그들이 본 우리 시리즈'에서 귀중한 역할을 담당해주기를 희망한다.

2010년 11월

옮긴이 이형식

러일 전쟁 당시 조선에 대한 보고서
: 1899~1905년 사이의 격동과 성장

펴낸날	**초판 1쇄 2010년 12월 10일**

지은이	**앵거스 해밀튼**
옮긴이	**이형식**
펴낸이	**심만수**
펴낸곳	**(주)살림출판사**
출판등록	**1989년 11월 1일 제9-210호**

경기도 파주시 교하읍 문발리 파주출판도시 522-1
전화 **031)955-1350**   팩스 **031)955-1355**
기획 · 편집 **031)955-1388**
http://www.sallimbooks.com
book@sallimbooks.com

ISBN   978-89-522-1534-5   03910

책임편집 **김대환**